Rolf Potthoff, Achim Nöllenheidt (Hg.)

Nylon, Pütts und Rock 'n' Roll

Erinnerungen an die 50er Jahre im Ruhrgebiet

Die Herausgeber danken Andrea Joseph-Stefl
und Fred Eschbach für ihre wertvolle Mitarbeit.

1. Auflage Dezember 2012
Satz und Gestaltung: Achim Nöllenheidt
Umschlaggestaltung: Volker Pecher, Essen
Titelbilder: Ursula Hickmann, Renate Hannwacker,
ullstein bild – Jochen Blume
Druck und Bindung: Druckerij Wilco B.V. / NL
© Klartext Verlag, Essen 2012
ISBN 978-3-8375-0879-6

KLARTEXT   www.klartext-verlag.de

Inhalt

Rolf Potthoff / Achim Nöllenheidt

Die 50er

Die 50er – kaum ein anderes Jahrzehnt nach dem Zweiten Weltkrieg hat eine so ungestüme Entwicklung erlebt wie diese dramatische Dekade. Anfangs glichen die niedergebombten Städte vielfach noch einer bizarren Szenerie aus Trümmern und ausgebrannten Ruinen, noch waren die Spuren des Kriegs allgegenwärtig und die Wunden, die er dem Land zugefügt hatte, längst nicht vernarbt. Doch als das Jahrzehnt ausklang, war Deutschland-West unter den Augen einer staunenden restlichen Welt zu einer bedeutenden Wirtschaftsnation aufgestiegen. Ende des Jahrzehnts war das Wort „Wirtschaftswunder" in aller Munde und der Herkunftshinweis „Made in Germany" wurde zu einem Markenzeichen für ausgewiesene Qualität. Aber das „Wunder" fiel nicht vom Himmel – es war das Ergebnis harter Arbeit, des Willens zum Erfolg und des festen Glaubens daran.

Doch die 50er waren auch Jahre der Not, der Mühen und des Verzichts und gerade auch Jahre krasser Gegensätze: Hier versuchen Flüchtlinge und Vertriebene nach dem Verlust ihrer Heimat und all ihrer Habe noch einmal ganz von vorn anzufangen. Und dort fährt jemand, der vom rasanten Aufschwung der Nation bereits profitiert hat, im Opel Kapitän oder einer Limousine mit dem Mercedes-Stern vor.

Gerade das Ruhrgebiet, das „Land der 1000 Feuer", hatte dank seiner Schwerindustrie, dank Kohle und Stahl einen entscheidenden Anteil an dem faszinierenden Wiederaufbau, und die Menschen im Revier sind stolz darauf.

Aus dieser Region stammen die Geschichten in diesem Buch. Sie wurden von Frauen und Männern geschrieben, die einem Aufruf der WAZ an ihre Leser folgten, aus „ihren 50ern" zu berichten. Die Reaktion war überwältigend, es wurde eine Sammlung spannender, anrührender, packender, aber auch ganz alltäglicher Erlebnisse und Erfahrungen daraus. Es sind Lebenserinnerungen von Menschen an die 50er Jahre, Erinnerungen an das Ruhrgebiet der 50er Jahre.

Wie sah es aus in der Welt jener Jahre?

Als hätten die Menschen aus dem gerade erst beendeten verheerenden Weltenbrand nichts gelernt, donnern wieder die Kanonen: Der Korea-Krieg fordert seine Opfer. Die Welt ist in Lager geteilt. Feindselig stehen sich die Militärbündnisse des Ostens, der Warschauer Pakt, und des Westens, die Nato, gegenüber. Zunehmend verhärten sich die ideologischen Fronten des „Kalten Kriegs" zwischen dem kommunistischen Osten, der von der mächtigen Sowjetunion dominiert wird, und den Demokratien des Westens, wo die USA die tonangebende Rolle als Führungs- und Schutzmacht übernehmen.

Es ist ein Jahrzehnt, in dem Wissenschaft und Technik erhebliche Fortschritte machen. Mit dem Start des ersten Satelliten in die Erdumlaufbahn durch die Sowjetunion, „Sputnik I", beginnt das Zeitalter der Weltraumfahrt und der Wettlauf zwischen den Großmächten UdSSR und USA um die Vorherrschaft im All nimmt seinen Lauf.

Ohnehin sind die 50er ein Jahrzehnt eines unbekümmert und unkritisch genutzten technologischen Fortschritts, der vor allem aus Amerika kommt, und manch eine deutsche „Fachzeitschrift" gibt sich gar sicher, im Jahr 2000 würden die Menschen mit atomgetriebenen Autos zum Brötchenholen fahren …

Wie sieht es im Deutschland jener Tage aus?

Die Wohnungsnot gehört anfangs zu den alles bestimmenden Problemen. Zahllose Menschen leben noch in Notunterkünften, sogar in Kellern zerbombter Gebäude und in provisorischen Wellblech-Behausungen, „Nissenhütten" genannt. 1950 wird die Zahl der in Westdeutschland fehlenden Wohnungen auf mehr als fünf Millionen geschätzt. Viele junge Paare leben selbst nach der Hochzeit noch lange getrennt oder bei ihren Eltern.

Doch allen Nachkriegsproblemen zum Trotz geht es unentwegt aufwärts. Während sich in Ostdeutschland eine Parteiherrschaft – die der SED – nach sowjetischem Vorbild etabliert, bindet CDU-Bundeskanzler Konrad Adenauer die junge Bundesrepublik fest an den Westen und wird zum Garanten für politische Stabilität und Demokratie. Zwar wird leidenschaftlich um das Für und Wider einer deutschen Wiederbewaffnung gestritten, doch die Bundeswehr wird gegründet und der Typ des „neuen Soldaten" soll der „Staatsbürger in Uniform" sein.

Wirtschaftsminister Ludwig Erhard wird zu einem Symbol für den wirtschaftlichen Aufschwung, der immer mehr Deutsche erreicht. „Wohlstand für alle" ist Erhards Losung, und die soziale Marktwirtschaft leitet das „Wirtschaftswunder" in der zweiten Hälfte des Jahrzehnts ein.

Des deutschen „Wunders" anderer Teil spielt sich im fernen Bern in der Schweiz ab. In einem dramatischen Endspiel besiegt die deutsche Nationalmannschaft am 4. Juli 1954 die hoch favorisierte Elf Ungarns und wird Fußball-Weltmeister. Dieser Sieg ist mehr als „nur" ein sportlicher Triumph, er reißt die Deutschen aus der Nachkriegs-Depression. Was viele Menschen bei all diesen „Wundern" empfinden, lautet schlicht: „Wir sind wieder wer!"

Wer es sich schon leisten kann, macht sich mobil mit einem winzigen Messerschmidt „Kabinenroller", einer eintürigen (die Tür ist vorn!) BMW Isetta, auch als „Knutschkugel" bekannt, einem Lloyd 600 oder gar einem VW-Käfer, von dem bis August 1955 bereits eine Million Exemplare gebaut worden waren. Mit dem lassen sich auch anspruchsvollere Urlaubsträume verwirklichen, etwa im Süden: Bella Italia lockt. Im voll besetzten Käfer mit 30 PS über die Alpen – wer es je tat, vergaß es nie.

Zwar stellt sich die Ära Adenauer gesellschaftlich eher starr und spießig dar, doch dank der Mode der Jugend zieht endlich Buntheit ins Land. Der „Petticoat" der Mädchen und jungen Frauen wird zum Symbol seiner Zeit.

Noch gibt es nur wenige Fernsehgeräte und das Kino wird zum beliebtesten Freizeitvergnügen. An der Kasse steht man Schlange für die (meist) heile Welt der Heimatfilme, Romy Schneider bezaubert als „Sissi" ein Millionenpublikum und als Hildegard Knef in „Die Sünderin" nackte Haut aufblitzen lässt, ist der Skandal perfekt.

Freddy Quinns Fernweh-Lieder drehen sich auf den Plattentellern, auch „Lili Marleen"-Ikone Lale Andersen bedient romantische Seelen („Blaue Nacht am Hafen"), Caterina Valente („Ganz Paris träumt von der Liebe") weckt Reise- und Liebeslust. Aber von Übersee dröhnt schon der Sound der neuen Zeit herüber: Bill Haleys „Rock around the clock" läutet den Rock 'n' Roll ein. Der junge Film-Rebell James Dean trifft das Lebensgefühl der Jugend und Elvis Presley bricht zu einer Weltkarriere auf.

Übrigens: Am 28. Oktober 1958 traten Bill Haley and His Comets in der Essener Grugahalle auf. Und so schließt sich ein Kreis vom Weltgeschehen bis hin zum Leben im Ruhrgebiet in den 50er Jahren, wovon dieses Buch in weit mehr als hundert Geschichten erzählt.

Meine

50

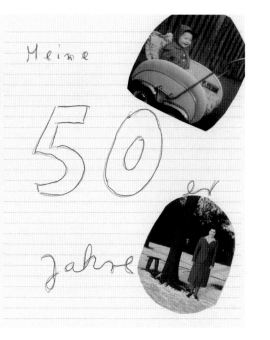

er

Jahre

Ich arbeitete schon als kleines Mädchen gern in Garten hatte auch ein eigna Beet, mit Erdbeern, Rabarber, Stachelbe, Blume - Lupinen.

Wir hatten wenig Geld aber Sonntags und an der Feiertagen machte man sich fein. Die Frauen trugen Kostüme und Kleider, die Männer Anzuge und Krawatte das fand ich gut. Mein Vater hatte so einige Krawatte und ich lernte schon früh den Krawatte = knoten.

Oma hatte eine Kachelofen zum kochen, heizen und Bügeleisen erhitzen. — Abends gab es zur Kaffee zeit Muckefuck — den mochte ich nicht. Sonntags und an Feiertage gab es Bohnenkaffee, der war lecker, der schmeckte mir schon als Kind.

Wir hatten nur ein Zimmer Wohn- und Schlafraum hier sitzt meine Mutter am Tisch und liest. Wir Frauen und Mädchen trugen Schürzen

Meine Oma und meine Mutter. Oma hatte zwei Zimmer, also auch eine Küche Sie kochte gerne. Batschi suppe (Rote Beete Suppe). Die aß ich gerne.

Es gab ein Radio und ein Platten abspiel gerät, die alten Schelackplatten knackten, und doch die Musik war gut, ich tanzte gern und manchmal spielte ich eis tänzerin, hatte kurze an die Füße und rutschte nach der Musik. Fernseh hatte ich nur bei den Nachbarn erlebt.

Die Zeit der 50er Jahre war eine romantische Zeit — Es war die Zeit der Petticoats, Rock an Roll. und gut find ich auch noch heute der Schlager von dem Pumpernickel: „Das hab ich in Paris gelernt, und zwar im Hand um dreh ·····"

von Helga Jöster, Essen

KINDHEIT

HINKELN, MOLCHEJAGD UND „KRIEGSERKLÄRUNG" SPIELEN

Der falsche Sauerbraten

1950 bin ich eingeschult. Ich erlebte eine wunderbare Kindheit mit Oma, Opa, Eltern und Geschwistern. Wir hatten einen großen Garten mit Blumen, Obstbäumen, Gemüse und vor allen Dingen Kaninchen, die ich immer mit „Kettensalat" versorgen musste. Schule aus, Kettensalat pflücken! Meine Kaninchen hießen alle „Hansi".

Mutter holte das Gemüse aus dem Garten, es musste immer in der Waschküche in einer großen Wanne gewaschen werden, das war immer viel Arbeit. Aber ich tat es gerne. So auch alle Obstsorten, die wir zusammen pflückten und Mutter davon Marmelade kochte und wir das in Gläser hineingaben. Der Winter war ja lang, es musste Vorrat geschaffen werden. Auf jeden Fall hatten wir durch Garten und Tierhaltung immer genug zu essen. Oma kochte immer gutbürgerlich.

Nun gab es an einem Sonntag „Sauerbraten" mit Klößen und Rotkohl. Mittwochs legte

Die Liebe zum Haustier verdarb manchen Appetit

Oma den schön ein, Essig, Wasser, Lorbeerblätter und Senfkörner und Zwiebeln. Oma holte den Braten immer beim Pferde-Metzger, „Perz-Pit" genannt. Es waren notgeschlachtete Pferde und sauberes Fleisch. Oma stand da, schmorte und wendete den Braten, der Geruch zog überall hin, durchs ganze Haus. Oma gab natürlich an, dass sie dieses Mal beim richtigen Metzger gewesen ist. Aber wir Blagen waren schon so schlau, wir wussten, das muss vom „Pferdemetzger" gewesen sein, sie hatte sich mal verbabbelt. Der Sonntag kam, Oma stellte alles hin und wir, die gesamte Familie, saßen um den Tisch. Angeblich hatte der Pferdemetzger Betriebsferien. Wenn wir das wussten, dass es vom Pferd war, gab es Schelte, weil wir nichts aßen. Die Pferde taten uns immer leid, weil wir selber zwei Pferde hatten, die wir immer streichelten. Abends gab es keine Schnitte, sondern Sauerbraten von Mittags. Die Heulerei war groß. Aber dieses Mal glaubten wir der Oma, weil sie uns mit ihren Dackelaugen so anschaute. Alles war friedlich, die Teller gefüllt. Onkel Otto schmatzte, so dass er allen Appetit anregte. Tante Minna machte die Bemerkung, das Fleisch zergeht auf der Zunge, das war aber ein junges Rindvieh. Ich war mir immer noch nicht sicher. Als ich den ersten Bissen zu mir nahm und mein Bruder Erwin unter dem Tisch wie ein Pferd trabte, da wusste ich Bescheid: Oma hat gefudelt, oh war ich sauer, täuschte Zahnschmerzen vor und machte mir einen Wickel um den Kopf. Bruder Erwin war übel und er ging, alle anderen kauten munter drauf los. Es war etwas Besonderes. Zu der damaligen Zeit, wer hatte schon Geld für einen guten Rinderbraten?

Am schlimmsten war für uns, wenn ein Kaninchen geschlachtet wurde, auch da aßen

Ein Muss für kleine Mädchen war die „Hahnenkamm"-Frisur, 1958

Posieren für das Fotoalbum, im Hintergrund Wohnhäuser „Auf der Bochumer Landwehr", 1959

wir nicht. Morgens zur Schule, einen Tag vorher noch gefüttert, und dann fehlte eins. Wir kamen nach Hause und es roch ebenfalls durchs ganze Haus, wir ahnten Schlimmes. Mutter deckte den Tisch, Kartoffeln, Gemüse und Fleisch, das schon in Stücke geteilt war. Wir haben keinen Hunger, wir wollen spielen gehen, wir haben in der Schule noch Kakao getrunken und unser Butterbrot gegessen. Ja gut, dann gibt es dasselbe heute Abend. Der Spielenachmittag war vorbei, wir gingen nach Hause, und der Hunger machte sich breit. Nun stellte Mutter das Gleiche von mittags hin, und wir rümpften die Nase. Wir wollten es nicht essen. Mutter sagte, das ist ein „Huhn", das könnt ihr essen. Aber wir Blagen waren ja schlau, wir hatten die Kaninchen gezählt, es fehlte eins. Die Heulerei war jedenfalls wieder groß.

Gisela Angenendt, Oberhausen

Würstchen mit Kartoffelsalat – ein Festessen!

Die 50er Jahre in Bottrop waren für mich, geboren 1951, geprägt von sehr einfachem, aber dennoch zufriedenem Leben. Mit meinen Eltern lebte ich in einer kleinen Mietwohnung, wie es damals üblich war, ohne Bad. Gebadet wurde in der Waschküche, die von unserer Wohnung direkt zu erreichen war, in einem großen, gemauerten Waschtrog, der von unten beheizt wurde und in dem ansonsten Wäsche gekocht wurde.

Im Sommer spielte sich das Leben draußen im Garten ab. Man erntete Obst und Gemüse aus dem eigenen Garten. Meine Mutter kochte viel ein, so dass wir im Winter darauf zurückgreifen konnten. Viele hielten sich seinerzeit auch Nutztiere.

Die Elterngeneration war jedoch geprägt von den Kriegserlebnissen. Ständig wurden diese Erlebnisse in allen Details neu erzählt. Vielleicht eine Art der damaligen Aufarbeitung, in der das Wort Therapie ein Fremdwort war.

An meine frühe Schulzeit habe ich schlechte Erinnerungen. Es gab Schläge für banale Vergehen. Bei vergessenen Hausaufgaben wurde uns mit einem Stock auf die Hände geschlagen.

Damalige Geschenke zur Erstkommunion waren u. a. Kette, Uhr, Topfhortensien, Sammeltassen, gefüllt mit Pralinen und die damals üblichen Taschentuchbehälter, von denen ich gleich drei bekam. Einkäufe wurden einmal pro Woche im Tante Emma-Laden mit Bedienung getätigt. Kaffee wurde bei uns per Sammelbestellung bei Eduscho bestellt. Die Kaffeebohnen befanden sich in zugenähten Taschentüchern, die dann aufgetrennt und benutzt wurden.

Bekleidung wurde selten gekauft. Wer konnte, nähte selbst. Highlights für mich waren die seltenen Bekleidungseinkäufe, die in Essen getätigt wurden. Dort gab es an der Limbecker Straße AREG, ein Schnellrestaurant. Nach dem Einkauf kehrten wir dort ein. Etwas Besonderes waren die Würstchen mit Kartoffelsalat. Für uns ein Festessen.

Annemarie Krein, Witten

Luftgetrocknete Würste im Schlafzimmer

In unserer Gemeinschaftsschule war ich nur mittelmäßig begabt. Neben Erdkunde, Zeichnen und Geschichte gab es nicht viel, was mich sonderlich interessierte.

Doch das „Einmaleins", das konnten wir Kriegskinder so ziemlich alle gut. Denn wenn wir am Ende der Unterrichtsstunde vor der ganzen Klasse die gestellten Aufgaben im Kopf schlagfertig und sicher lösen konnten, durften wir nicht selten eine viertel Stunde eher nach Hause gehen. So ein bis zwei Kilometer mussten die meisten Kinder von ihrem Elternhaus bis zur Schule laufen. Denn Schulbusse gab es damals für Kinder nicht.

Außerdem bekamen wir in den Herbstmonaten fast täglich stundenweise Schulfrei, damit wir den Bauern auf ihren Feldern bei der Ernte helfen konnten. Diese „Kinderarbeit bei den Landwirten" wurde damals selbstverständlich und vielfach gefördert.

Einerseits fehlten die Helfer bei den Bauern, weil viele junge Männer im Krieg ihr Leben lassen mussten. Andererseits bekamen wir Kinder neben einem Taschengeld von zwei Mark und fünfzig Pfennige für vier Stunden Feldarbeit (also gut 60 Pfennige pro Stunde) danach auch richtig gut und satt zu essen.

Dazu sollte man wissen, dass es nach dem Krieg noch viele Kinder in Deutschland gab, die unterernährt waren. Dadurch, dass meine Eltern einen großen Garten besaßen, hatten wir zu Hause meist Kartoffeln, Gemüse und durch das gehaltene Vieh auch Fleisch genug für unsere Familie zu essen.

Durch das Schlachten der Hühner, Kaninchen, Schafe oder einem dicken und fettem Hausschwein waren meistens die Einweckgläser im Keller gefüllt. Wenn die Schweine heute bereits nach fünf Monaten geschlachtet werden, so lebten unsere Sauen damals solange, bis sie mindestens drei Finger breiten Speck angefuttert hatten. Dann wog das Schwein gut und gerne 300 Kilogramm und war fast ein Jahr alt. Das Futter bestand zum größten Teil aus Essensresten und wurde von meinem Vater und mir in der Nachbarschaft oder bei Freunden und Bekannten gesammelt.

Abschlussfeier im Kindergarten

Ziemlich genau und gerne erinnere ich mich heute an den kalten Winter im Jahr 1954. Der Januar hielt draußen alles unter einer hohen Schneedecke verborgen und der klirrende Frost sorgte für wunderschöne Eisblumen an den Scheiben der Fenster. Die Luft war klar und die Zeit der Hausschlachtungen war gekommen. Kühl – oder Gefrierschränke die gab es damals für uns einfachen Bürger noch nicht und so wurde die kalte Jahreszeit genutzt das Vieh zu schlachten.

Die geschlachtete Sau hing einen ganzen Tag lang, aufgeschlitzt und kopfüber, draußen an einer Leiter bis der Tierarzt kam, eine Probe nahm und die Sau danach zur Weiterverarbeitung frei gab. Das war bei uns zu Hause dann

immer ein großes und ganz besonderes Fest.

Alle Freunde, Verwandte und Futterlieferanten bekamen etwas davon ab.

Ich bekam jedes Mal die Blase der geschlachteten Sau vom Metzger, als Fußballersatz, die dann sogar die Luft beim Bolzen darin einige Tage lang hielt.

Alle Sorten Würste hingen dann an einem Besenstiel aufgehängt in unserem Schlafzimmer. Die mussten Luftgetrocknet werden und einige Zeit bis zum Verzehr dort hängen. Später kamen der geräucherte Schinken und einige Seiten fetten Speck dazu.

Immer dann, wenn ich an diese Zeiten nach dem Krieg zurück denke, als wir Kinder uns noch über alles Neue so besonders und herz-

Straßenfest in der Steinhausenstraße in Essen-Holsterhausen, 1952

lich freuen konnten, dann wünsche ich mir etwas mehr Demut in die heutige Zeit zurück, in der es den meisten Kindern in diesem Deutschland zum Glück bedeutend besser geht. Vielleicht ist es ja ganz gut, dass wir aus der damaligen Zeit wieder einmal hören, dass es auch einmal andere und viel schlechtere Zeiten in Deutschland gab.

Friedrich W. Frahne, Witten

Aufgewachsen im Kinderparadies

Ich habe fast ausnahmslos gute Erinnerungen an meine Kindheit. Meine Mutter war nicht berufstätig und hatte deshalb meistens Zeit für mich und meine Freundinnen. Wir hatten

eine große Familie, deren Wurzeln in Italien sind. Der Zusammenhalt war groß. Man traf sich regelmäßig, und es wurde jede Gelegenheit genutzt um mit der ganzen Familie die verschiedenen Anlässe wie Weihnachten, Ostern, Pfingsten, Geburtstage oder Karneval gemeinsam zu begehen. Obwohl das Platzangebot klein war (maximal eine Dreieinhalb-Zimmer-Wohnung), wir eine solche Wohnung oft mit bis zu 20 Personen bevölkerten und es nur Kartoffelsalat und Schnittchen gab, entwickelten sich alle Treffen zu einem freudigen Ereignis.

Wir wohnten in einem Sechsfamilienhaus, das mit anderen Mietshäusern einen geschlossenen Innenhof bildete. Dort trafen sich die Kinder zum Spielen. Den Jahreszeiten entsprechend vertrieb man sich die Zeit mit Seilchenspringen, Puppen- und Puppenwagen, Murmeln (Knickern), Diabolos, Hula-Hoop-Reifen, Rollschuhen, Rollern oder Schlitten. Im Herbst entstand auch schon mal ein Drachen aus Papier (der mit einer Kartoffel geklebt war). Es fanden Gesangswettbewerbe statt oder man tauschte die wenigen Glanzbilder.

Beliebt waren die gemeinsamen Ballspiele z. B. Fußball, Völkerball oder Prellball. Der Phantasie waren keine Grenzen gesetzt. Da beileibe nicht jeder ein Fahrrad, Roller oder Rollschuhe besaß, übte man sich im sozialen Miteinander und lieh die Sachen auch an die Kinder aus, die so etwas nicht besaßen.

Ein kleines Hof-Fest, an das ich mich erinnern kann, wurde mit einfachsten Mitteln organisiert: Im Sommer 1953 fand auf unserem Hof ein Kinderfest statt. Bevor es soweit war, baten einige Mütter in Geschäften um Spenden wie Kekse, Plätzchen oder Dauerlutscher, denn jedes Kind sollte etwas Süßes bekommen.

Fähnchen und Luftballons wurden besorgt. Dann bastelte man Wimpel, Hüte und Kränzchen. Eine kleine Handkarre, in der die Kleinsten sitzen konnten, wurde ebenfalls geschmückt. Für das Kinderkönigspaar wurden goldene Kronen und aus Laken Umhänge gefertigt. Das alles nahm einige Tage in Anspruch. Die größeren Kinder halfen eifrig mit, die kleineren schauten zu.

Am Morgen des Tages, an dem die Feier stattfinden sollte, trug die Gemeinschaft Tische, Bänke und Stühle heraus. Die Tische bekamen eine Tischdecke aus weißem Papier, und in Wassergläser kamen gepflückte Wiesenblumen. Als dann die Mütter mit Kakao und selbstgebackenem Kuchen kamen,

konnte das Fest beginnen. Jedes Kind erhielt ein Fähnchen, die Jungen zusätzlich einen Papierhut. Es wurde gesungen, gegessen, getrunken und zum Schluss ein Umzug über den Hof gemacht.

Am Ende stellten wir uns alle für ein Foto zusammen.

Rosemarie Schwarz, Oberhausen

Lass uns „Kriegserklärung" spielen

Meine 50er Jahre begannen am 27. April in Essen-Werden. Da wurde ich geboren. Eingeschult wurde ich in der Heckerschule, in deren Keller eine öffentliche Waschanstalt untergebracht war. Daher war es dort immer feucht und roch nach Wasserdampf. Ich schrieb noch mit Griffeln auf die Schiefertafel, in die vom vollen Drücken und Kratzen, vom vielen Schreiben und Löschen schon ganz tiefe Riefen eingegraben waren. In dem Holzrahmen der Tafel war oben und an der Seite das Alphabet eingebrannt.

In der dritten und vierten Klasse waren wir dann auf der Heckstraße in der Luciusschule untergebracht. Dort stand noch ein riesengroßer runder Metallofen im Klassenraum, daneben die Kohlentröte, aus der im Winter immer wieder Eierkohlen zum Heizen in den Ofen nachgefüllt werden mussten. Zwei Stunden in der Woche lernten wir „Schönschrift" in Sütterlin bei Herrn B., der oft einen dünnen Bambusstock drohend in der Hand hielt.

Der Schulweg nach Hause, fast bis Grenze Heidhausen, dauerte mindestens 20 Minuten. Ich brauchte immer viel länger – es gab so viel zu gucken. Am Porthofplatz kam ich an der Kneipe „Schlunken" vorbei. Dort konnten wir oft beobachten, wie das Eis für die Bierkühlung angeliefert wurde. Es hielt ein Lastwa-

50er Jahre-Idylle mit Kinderwagen und Geburtstagsfeiern

gen, ein Mann mit großem Lederschutz über der Schulter stieg aus. Er zog dann mit einer Eisenstange, die vorne zu einem Haken gebogen war, einen langen Eisklotz (ca. 25 x 25 x 125 cm) aus der offenen Ladefläche und trug ihn auf der Schulter in die Kneipe.

In Gesprächen und Spielen von uns Kindern kam oft der Begriff „Der Russe" oder „Der Franzose" vor. Auch spielte ich gern „Deutschland erklärt den Krieg gegen …" Da malten wir einen großen Kreis auf die Straße – wir konnten ja noch auf der Straße spielen. Alle Kinder bekamen ein gleich großes Segment zugeteilt. Jedes hatte ein anderes Land. Wer „dran" war, erklärte den „Krieg" gegen irgendein Land, und das Kind, dem dieses Land zugeteilt war, musste schnell wegrennen. Wurde es von dem „Kriegserklärer" gefangen, durfte dieser ihm ein Stück seines Segments, so groß wie ein Schuh, wegnehmen und sein Land darauf schreiben. So konnte er auch später zum Fangen auf seine okkupierten Flächen in „anderen Ländern" und dadurch seinen „Fangradius" erweitern.

Ich erinnere auch mich an Trümmergrundstücke, aber nicht in Werden, sondern auf der B224, wenn wir mal mit dem Bus nach Essen fuhren.

1957 feierten meine Onkel Fritz und Tante Else ihre Silberhochzeit. Es gab wie üblich Bowle, und sie hatten da schon eine „Musiktruhe"! Eine Holzanrichte, in der ein Radio und ein Plattenspieler untergebracht waren. Leider hatten sie nur eine Schallplatte: „Der lachende Vagabund."

Kurz darauf bekamen auch wir eine Musiktruhe mit Schiebetüren. Mein Vater bekam eine Schallplatte mit Volksliedern, meine Mutter eine mit Wiener Walzern und eine Langspielplatte von „Friedel Hensch und den Cypris

– als Oma noch kniefrei ging!" Diese Diskothek wurde dann aber auch nicht mehr erweitert, und ich kann daher noch heute fast die ganze Langspielplatte auswendig. Die Zwischentexte sprach übrigens Peter Frankenfeld.

Ingrid Brozio, Dorsten

Molchejagd

Wir hatten drei Methoden, um Molche zu fangen: Das Krautdrehen, die Kescherjagd und das Wurmangeln. Am einfachsten und ergiebigsten war das Krautdrehen. Man steckte einen Stock in das Tümpelkraut und drehte dann zügig. Die Wasserpflanzen wickelten sich um den Stock wie Spaghetti um die Gabel, und alles, was darin saß und krabbelte, wurde mitgewickelt und dann an Land gehievt. Es gab Zeiten, da fanden wir in dem Kraut nichts außer ein paar langweiligen, silbrigen Wasserinsekten, und es gab Zeiten, da wimmelte es in dem Kraut von Molchen. Manche hatten gezackte Rücken und gezackte Schwänze und sahen aus wie kleine Drachen. Manche waren gestreift, andere gepunktet. Die Bäuche waren gelb, orange oder rot oder sie schillerten türkis oder grünlich. Sofort versuchten die Molche, sich aus dem verdrehten Kraut zu befreien und das rettende Wasser zu erreichen. Wir sammelten sie ein, so schnell wir konnten und verfrachteten sie in einen Eimer. Es herrschte ein hektisches Arbeiten. Wir hatten alle Hände voll zu tun, wir mussten die Augen überall haben.

„Pass auf, da vorne rennt einer ins Wasser!"
„Schnell … Pass doch auf!"
„Mensch! Jetzt ist er weg!"
„Da rennt wieder einer!"
„Halt ihn! … Mensch, halt ihn doch!"
„Vorsicht! Da klettert einer aus dem Eimer!"

Der Wasserspiegel im Eimer durfte nicht zu hoch sein, weil die Molche sich sonst mit den Vorderpfoten am Eimerrand hochzogen und herabsprangen.

Das Fangen mit dem Kescher machte noch mehr Spaß als das Krautdrehen. Den Kescher bauten wir selber. Wir nahmen eine Astgabel, an der wir einen alten Socken oder einen alten Nylonstrumpf befestigten. Wir hielten den Kescher im Wasser bereit und warteten, bis ein Molch zum Luftholen an die Oberfläche kam. Dann bewegten wir den Kescher vorsichtig unter den Molch und zack – hatten wir ihn.

Zum Wurmangeln benötigten wir nichts weiter als einen Stock, einen reißfesten Zwirn und Regenwürmer als Köder, die wir unter Steinen und Holzstämmen fanden. Wir verwendeten keine Angelhaken sondern banden den Regenwurm einfach am Schnurende fest. Auf Regenwürmer waren die Molche ganz wild. Wir mussten nie lange warten, bis ein Molch herankam und nach dem Köder schnappte. Sobald der Molch den Widerstand der Schnur bemerkte, zerrte er und biss sich fest. In seiner Fressgier war er völlig blind für jede Gefahr, und er dachte auch dann noch nicht ans Loslassen, wenn er schon durch die Luft schwebte – und erst als er sich in der Wiese wiederfand und unsere Menschenköpfe über sich sah, dämmerte ihm langsam, dass da merkwürdige Dinge mit ihm passiert waren. Aber da war es für ihn bereits zu spät, und er fand sich im Eimer wieder bei den anderen Molchen, denen es genauso ergangen war wie ihm. Einmal im Eimer, hoben die Molche nur noch sehnsuchtsvoll die Köpfe nach oben. Wir warfen ihnen zum Trost Regenwürmer in den Eimer. Aber die Molche hatten kein Auge mehr für ihre Lieblingsspeise. Man konnte ihnen den Wurm direkt vor ihr Maul halten, sie beachteten ihn nicht. Die Molche hatten nur noch eines im Sinn: Raus aus dem Eimer und zurück in den Tümpel.

Das Folgende mag sich wie Anglerlatein anhören, aber ich hebe meine rechte Hand zum Schwur, dass ich die Wahrheit sage und nichts als die Wahrheit. Also – es war so: Ich hielt meinen Stock mit dem Zwirn und dem angeknoteten Wurm in der Hand, als plötzlich ein besonders heftiges Zerren einsetzte. Ich holte die Schnur ein, und meinen Augen bot sich ein unglaubliches Bild. Drei Molche kamen zum Vorschein, die alle drei gleich aussahen: Sie hatten Zacken und feuerrote Bäuche. Der erste hatte sich am Wurm festgebissen, der zweite am Schwanz des ersten und der dritte am Schwanz des zweiten. So hingen sie fanatisch aneinander, blind vor lauter Futterneid, und keiner von den Dreien wollte loslassen. Die drei Molche kamen erst wieder zu Verstand, als sie sich alle drei als Gefangene im Eimer wiederfanden.

Wir verbrachten schöne Stunden am Molchteich, und bevor wir wieder gingen, ließen wir die Molche frei. Das Freilassen machte fast noch mehr Spaß als das Angeln, denn wir ließen die Molche um die Wette rennen. Jeder von uns nahm sich einen Molch, und wir hielten sie auf einer Linie fest:

„Achtung, fertig, los!"

Wir ließen die Molche los. Sie rannten gleich in Richtung des Teiches, und wir schrien wie auf einer Sportveranstaltung, und jeder feuerte seinen Molch an, damit er als erster das Wasser erreichte.

„Schneller! Schneller!"

„Lauf, lauf!"

„Mensch, bleib doch nicht stehen, du blöder Molch. Renn! Renn! Renn!"

Klaus Schühly, Bochum

ILLUSTRIERTE
bunte
BLÄTTER

SONNTAGSBEILAGE »WESTDEUTSCHE ALLGEMEINE«

SAMSTAG, 21. AUGUST

WAZ-Bilder: Marga Busshoff

trostlos

gefährlich

SO SPIELEN UNSERE KINDER

ES FEHLT DER PLATZ FÜR DIE JUGEND — LESEN SIE DAZU HEUTE AUF DER SEITE „DIE FRAU": BALLSPIELEN VERBOTEN!

gelangweilt

aus der WAZ vom 21. August 1954

Spielende Kinder in der Hüttensiedlung (Gutehoffnungshütte), Oberhausen, 1950er Jahre

Die Kinder-Schützenfeste waren das Größte

Ich bin in Essen-Borbeck mit der „Ruhrpott-Sprache" aufgewachsen, was es mir in der Schule schwer gemacht hat. In der Volksschule war Hochdeutsch gefragt.

Zuhause sprachen wir in kurzen Sätzen, mit Wörtern wie: „Ratzen" war schlafen, eine „Knifte" eine dicke Scheibe Brot, ein „Dubbel" war ein Butterbrot. Einen „Tacken" bekam ich von meinem Vater zur Kirmes, das war eine Zehn-Pfenning-Münze. Mit Vorliebe machten wir „Schellemännchen", das heißt, wir klingelten bei irgendwelchen Leuten und liefen dann schnell weg. Zuhause hatten wir einen „Ötsch",

also einen kleinen Vogel. Gerne spielten wir „Pitschendopp", wobei mit Schlägen einer selbstgebastelten Peitsche ein kleiner Holzkegel möglichst lang in Drehung gehalten wird.

Ich wohnte in der Wüstenhöferstraße und die Kinder-Schützenfeste waren in meiner Kindheit das Größte. Nach dem Krieg, als wir alle nicht viel besaßen, richteten die Anlieger solche „Schützenfeste" für uns Kinder aus. Als ich die Königin war, trug ich ein Nachthemd, an das eine Goldborte aus Papier angenäht war. Der Schleier war eine Gardine und es gab auch eine Schleierträgerin.

Alle Leute brachten etwas zum Essen mit und auf den Hinterhöfen wurden Tische auf-

Zwei Brüder im Garten

zogen wir an, wenn wir ins Kino gingen. Er musste ganz steif gestärkt sein wie ein Brett. Sitzen konnten wir damit kaum.

Ursula Röthig, Essen

Hinkeln im Hof

Ich bin 1950 geboren. Meine Jugendzeit war sehr schön. Wir hatten ein Haus, einen großen Hof und einen riesig großen Garten. Rundherum waren auch große Gärten, in denen Gemüse aller Art und Blumen angepflanzt wurden, vor allen Dingen Möhren, die ja aus den Nachbargärten viel besser schmeckten als die aus dem eigenen Garten. Also ging man in die anderen Gärten und nahm sich dort mal als Kostprobe eine Möhre. Manche würden „klauen" sagen, aber das war es nicht.

In der Nähe war ein Bauernhof, bei dem wir zur Kartoffelerntezeit auf einem riesigen Feld Kartoffeln auflasen. Am Ende dieses riesigen Kartoffelfeldes wartete die Bäuerin mit Kaffee mit ganz viel Milch darin und Stuten mit Marmelade, mmmmmh... das war lecker! Man bekam nach getaner Arbeit am Nachmittag einen kleinen Obolus. Das war dann mein Taschengeld.

Wenn man schnell genug war, konnte man beim Bauern auf dem Trecker vom Feld aus mit nach Hause fahren. Das war dann schon ein Erlebnis.

An Büchern las ich Lassie, Corky und der Zirkus, Die Mädels oder Kinder vom Immenhof. All das sah ich auch als Serie im Fernsehen. Wir hatten schon früh einen Fernseher und mein Bruder hat eine Folie vor den Fernseher gespannt und man konnte „dreidimensional" sehen. Aber ich glaube, dazu brauchte man noch eine Brille.

gebaut. An der Wäscheleine hingen Girlanden, und die „Königskinder" gingen unter einem geschmückten Bogen her.

Als ich verheiratet war, 1958, kauften wir einen Fernseher. Weil wir dafür keinen Platz im Wohnzimmer hatten, schlug mein Mann ein Loch in die Wand und stellte den Fernseher dort auf einem Brett hinein. Der Apparat war sehr lang und ragte mit dem hinteren Teil ins Klo hinein. So konnten wir, wenn wir auf dem Klo saßen, die Sendungen wenigstens hören, wenn es spannend wurde. Bei den Fernsehabenden am Samstag standen Süßigkeiten auf dem Tisch.

Elvis war mein Favorit. Wir Mädchen schmolzen dahin, wenn er sang. Den Petticoat

Viel fotografiertes Ereignis: der erste Schultag

Schon seltener im Bild festgehalten wurden Szenen in der Klasse ...

... oder Gruppenporträts mit Lehrern

Evgl. Volksschule
Bochum-Laer
Wittener Str.445   An
                              Gudrun Grahler
                         Bochum-Laer, ...Laafeld...Str.93

Liebe-r Gudrun ....!

Zu Deinem ersten Schultage am Donnerstag, dem 25. April 1957, laden wir
Dich hiermit herzlich ein. Wir treffen uns um 9 Uhr in unserer Schule
und gehen gemeinsam mit Deinen Eltern oder auch nur mit Mutter oder Vater zum Schulgottesdienst, der für Euch Lernanfänger allein gehalten
wird.Anschließend gehen wir gemeinsam wieder zur Schule.
Wir hoffen, daß Du Dich auf diesen Tag freust. Deine Zuckertüte laß bitte zu Hause, damit Deinen Mitschülern, deren Eltern ihnen keine Tüte kaufen können, nicht das Herz blutet. Dafür hast Du doch sicher Verständnis.

                   Mit freundlichen Grüßen

                       Dein Rektor   W. Hindenberg

Bochum, den 9. April 1957

Der erste Schultag – und am Tornister hing noch der Tafellappen

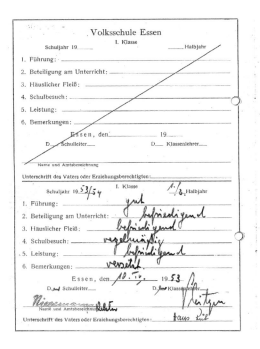

Wir hatten ein „Plumsklo" (so nannte man es damals), das war schon urig. Das war im sogenannten Stall. Aber wir hatten auch ziemlich früh eine Toilette mit Spülung.

Kaninchen hatten wir auch in unserem Garten, hinten im Kaninchenstall. Das waren sogar Angora-Kaninchen. Wir waren recht stolz darauf, jedoch wurden sie uns regelmäßig gestohlen, bis die Eltern es dann leid waren und wir keine Kaninchen mehr bekamen.

Gespielt haben wir auf unserem großen Hof. Zum Beispiel einen großen Hinkelkasten gemalt und gehinkelt. Oder Ball gespielt an der Hauswand (was heute kaum noch geht oder überhaupt nicht), oder Völkerball oder das Spiel „Deutschland erklärt den Krieg gegen das dumme Land und es heißt ..." Auch haben

wir uns verkleidet (wir hatten alte ausrangierte Kleidungsstücke, Stöckelschuhe und Perlonstrümpfe in einem alten Koffer gesammelt) und so spielten wir den ganzen Tag und es war wunderschön.

Gaby Wesselborg, Bottrop

Die „Rote-Kreuz-Kerze"

Der 17. Juni, der Tag des Arbeiteraufstandes 1953 in der „Sowjetisch besetzten Zone" war in der Bundesrepublik ein Feiertag. Zum Gedenken an die Opfer gab es in der Schule eine Feierstunde mit Reden, Gedichten und Musik. Die Teilnahme war verpflichtend.

Beeindruckend für mich war auch die sogenannte „Rote-Kreuz-Kerze". Diese rote Kerze mit weißer Banderole und rotem Kreuz und der Aufschrift „Ich leuchte für Dich" wurde zur Adventszeit in der Schule verteilt. Man hatte den Auftrag, so viele wie möglich inklusive Kerzenhalter für 0,20 DM das Stück innerhalb der Verwandtschaft zu verkaufen. Allabendlich sollte diese Kerze um 19.00 Uhr brennend auf der Fensterbank stehen und den „Brüdern und Schwestern in der Ostzone" signalisieren, dass wir im Westen an sie dachten. Für mich war das eine sehr abstrakte Angelegenheit, da ich niemanden aus dem Osten kannte und Einzelkind bin.

Monika Finke-Lindenau, Bochum

Beliebtes Instant-Getränk in den 50er Jahren

Bescheidene Welt

Vater arbeitete auf dem Pütt, Mutter war Hausfrau. Fernsehen hatten wir nicht, für mich gab es Micky-Maus-Hefte und Winnetou-Bücher. Ich war zufrieden, spielte oft Fußball und draußen in der Natur und fuhr gern mit dem Roller. Ich liebte Rock 'n' Roll, doch Mutter sagte: „Du bist verrückt, das ist nichts für dich." Die Petticoats der Mädchen fand ich super, beim Tanzen bewegten sie sich rhythmisch mit. Die Frauen sahen sonntags so elegant aus, im Gegensatz zu heute. Es gab noch die Tante-Emma-Läden, da wurde beim Einkaufen noch ein Pläuschchen gehalten. Alltags gab es Malzkaffee, sonntags Bohnenkaffee, selbst gebackenen Kuchen und auch selbst gemachten Schokoladenpudding.

Burckhard Jöster, Essen

Nur Fliegen ist schöner

In den 50er Jahren hatten die meisten Fußböden einen Linoleumbelag oder waren aus Holz. Ein besonderes Erlebnis war für mich

Wenn der Bohnerbesen zum Erlebnis wird ...

war es, wenn meine „Omma" Hanna den Fußboden nach dem Putzen gebohnert hat. Wer aus dieser Zeit kennt nicht das Bohnerwachs „Sigella"? Sein Geruch war einfach unverwechselbar!

Omma Hanna holte den Bohnerbesen aus der Kammer und ich durfte mich daraufstellen. Ich musste mich gut am Stiel festhalten und los ging es durch das gesamte Zimmer. Das war mindestens so toll wie auf dem Kettenkarussell fahren und ich habe es nie vergessen.

Angelika Tacke, Essen

Das Kind im Treppenhaus

Man nannte mich „das Kind im Treppenhaus"! Wir wohnten Ursulastr. 6, hatten zwei kleine Zimmer und ein Gemeinschaftsklo mit acht Leuten, die auch noch auf der Etage wohnten. Meinen Vater, den ich nie kennengelernt habe, galt in Russland als vermisst und meine Mutter musste meine Schwester und mich alleine „durchbringen". Sie arbeitete tagsüber als Haushälterin bei einem älteren Witwer und abends als Kellnerin im Essener Hauptbahnhof. Das hatte zur Folge, dass ich morgens angezogen und in den Hausflur gesetzt wurde, bis abends meine Mutter von der Arbeit kam.

Mir wurde eingetrichtert, niemals aus der Türe auf die Straße zu gehen, nur im Hausflur zu bleiben. In einem der Zimmer auf unserer Etage wollte mich meine Mutter nicht alleine lassen, weil das zu gefährlich war! Zur Toilette ging ich unten in die Waschküche, dort setzte ich mich auf einen Rost.

Manchmal bekam ich von den Leuten aus dem Haus ein Stück Brot, oder sie ließen eine Katze in den Hausflur, damit ich etwas zum Spielen hatte.

Wir schliefen zu Dritt in einem Bett, dessen Kissen noch mit Stroh gefüllt waren. Im Winter war alles klamm, feucht und kalt. Meine Mutter legte dann einen heißen Ziegelstein (eingewickelt) ins Bett, damit wir etwas Wärme hatten.

Heiligabend saßen meine Schwester und ich alleine in der kleinen Küche an einem Tisch mit einer Kerze und aßen Erbswurstsuppe. Eine Nachbarin auf der Etage schaute ab und zu nach uns und schenkte uns sogar ein Dominospiel. Unsere Mutter war über Weihnachten bei dem älteren Herrn, der Besuch hatte und bekocht und bewirtet werden musste.

Dann kam ich in den Kindergarten auf der Alfredstraße, der im Krieg ausgebombt worden war. Durch die Decken lief zwar noch das Wasser, aber unsere Mutter war froh, mich aus dem Treppenhaus zu haben, wenn auch nur für ein paar Stunden.

Wenn ein Milchzahn locker war, band Mutter um den Zahn einen Bindfaden und das Ende an die offene Küchentür. Dann musste ich auf dem Stuhl sitzen bleiben, und die Tür wurde zugeschlagen. Dann war der Zahn raus. So ging das!

Als ich in die Schule kam, wurde mir der Weg einmal gezeigt und von da an musste ich alleine die Strecke gehen mit einem schweren Tornister, mit Schiefertafel, Büchern (wenn man welche hatte! Die musste man ja auch noch selbst bezahlen), und an dem Tornister hingen ein dreckiges Schwämmchen und ein gehäkelter Trockenlappen. Den fünf Kilometer weiten Schulweg lief ich mit kaputten Schuhen im Winter, bei Regen und Schnee.

Für 20 Pfennig konnte man in der Schule eine kleine Flasche Milch oder Kakao kaufen. Aber meistens hatte ich das Geld nicht.

Zur Schule bin ich auch noch mit einem Henkelmann gegangen. Quäkerspeise! Wir bekamen dort eine Kelle Nudeln mit Corned Beef, und von einem farbigen Amerikaner bekam ich das erste Mal ein kleines Stückchen Schokolade und eine Apfelsine geschenkt – mit sechs Jahren!

Wir waren in der 1. Klasse 70 Kinder, und auch hier regnete es rein. Dann hatten wir noch schräge Pulte und kaputte Holzbänke. Ich bekam immer wieder Splitter in den Po, wegen der Herumrutscherei. Und wenn der Lehrer in die Klasse kam, mussten wir unsere kleinen Hände auf das schräge Pult legen. Er ging dann durch die Reihen und schaute, wer dreckige Fingernägel hatte. War das der Fall, zog er mit seinem Rohrstock einmal kräftig über die kleinen Finger. Das tat richtig weh, und man konnte doch nix dafür. Und wenn man dann auch noch einen dreckigen Hals hatte, dann musste man während des ganzen Schulunterrichts vorne mit dem Gesicht zur Wand in einer Ecke stehen. Das hatte zur

Stolz auf das erste Fahrrad, 1959

Trümmergrundstücke, für Kinder gleichermaßen anziehende wie gefährliche Spielplätze, gab es auch 1956 noch

Folge, dass die anderen Kinder in der Pause hinter einem herliefen und schrien: „Fit, fit, fit, Du spielst nicht mit!"

Erst hatten wir Griffel, die mussten immer angespitzt werden. Von dem Geräusch bekam ich immer Schüttelfrost. Später hatten wir Federhalter mit Federchen und Schönschreibhefte. Das Papier war nicht holzfrei und die Tinte lief immer aus – war nix mi Schönschreiben. Und wenn ich nach Hause kam, war niemand da. Ich saß wieder im Treppenhaus bis zum Abend, wenn Mutter nach Hause kam. Manchmal ging ich in den Park am alten Kruppschen Krankenhaus. Dort gab es eine Trinkhalle, an der mir ein sehr lieber älterer Mann schon mal

ein Brausetütchen Waldmeister-Geschmack schenkte. Kostete 2 Pfennig. Die Brause habe ich mir auf den Handrücken geschmiert und daran geleckt. War lecker. Und dann habe ich für die Mutter in einem Säckchen Bucheckern gesammelt. Die wurden abends in der Pfanne geröstet.

Zuhause war in der Küche immer das Radio an, Konrad Adenauer holte die deutschen Kriegsgefangenen aus Russland zurück. Unser Vater war nicht dabei. Er war im Krieg gefallen. 150 Kilometer südöstlich von Moskau in Riasan. Ein Mann, der mit Krieg nichts am Hut hatte und nicht mal wusste, wie man ein Gewehr hält! Von da an gab es als Kriegswitwenrente 40 Mark im Monat für meinen toten Vater. Da meine Mutter immer arbeiten musste, schickte sie mich zur Gaststätte Arnold an der Rüttenscheider Straße, um die Rente abzuholen. Dort stand ich mit dem Rentenausweis in einer langen Schlange vor der Tür. Da ich noch ein kleines Kind war, ließen mich die Erwachsenen manchmal vor. Das Geld, das ich in einem Tütchen bekam, musste ich sofort gegenüber auf der anderen Seite in einem Lebensmittelgeschäft „Dahmen" wieder abgeben. Da haben wir den ganzen Monat Margarine, Mehl und so was eingekauft. Es wurde in einem Heftchen angeschrieben und am Ende des Monats von der Rente bezahlt. Aber ich freute mich immer darauf, weil ich von Frau Dahmen ein Bonbon oder einen kleinen Dauerlutscher bekam.

Ausflüge mit der Klasse gab's höchstens nach Kevelaer (im Gepäck ein Glas mit Kartoffelsalat und ein Ei) oder in die Jugendherberge nach Niederwenigern. Das war schön, da spielte der Herbergsvater abends auf der Gitarre, und wir schliefen mit sechs oder acht Mädchen in einem Zimmer. Spielten Räuber und Gendarm oder Völkerball. Wenn jemand ein Stück Kreide hatte, dann spielten wir Hinkebein. Und wenn wir zwei oder gar drei Bälle hatten, dann Doppelball. Und Filippchen (Glanzbilder) waren was Tolles – wenn man davon welche hatte und tauschen konnte. Blumenkinder oder Engelchen. Ansonsten hatten wir ja nix!

Ich bekam eine Dauerkarte für die Gruga, damit ich nicht auf der Straße rumlungerte. In der Gruga fühlte ich mich wohl, vor allen Dingen wenn ich noch 10 Pfennig für Zauberkugeln hatte. Die konnte man lutschen, aus dem Mund wieder rausnehmen, dann waren sie blau oder grün, dann in den Mund wieder

rein – lutschen – wieder raus, dann waren sie gelb oder rot und die Zunge natürlich auch. Meistens hatte ich die Knie kaputt vom Schaukeln und landete in der Rot-Kreuz-Station. Das machte ich gerne, weil ich dort bemuttert wurde, ein Pflaster bekam, eine Brause oder ein Bonbon.

Geld verdiente ich mir auf einem Kartoffelacker an der Meisenburg. Dort habe ich mit der Hand im Bücken den ganzen Tag Kartoffeln aus der Erde geholt und auf den Traktor, der vorfuhr, geschmissen. Dafür bekam ich 50 Pfennig am Tag und abends einen Kanten Brot sowie einen Teller Milchsuppe mit Rosinen. Mit den 50 Pfennig bin ich dann Sonntagnachmittags nach Haarzopf gelaufen und dort ins Kino, das dort in einem Keller war, gegangen. Zorro geguckt mit Errol Flynn!

Dann gab's auf einmal Fernsehen. Auf der Rüttenscheider Straße in Höhe der Ludgeruskirche gab es ein Elektrogeschäft, und die hatten zur Krönung von Königin Elisabeth den ersten kleinen Fernseher im Schaufenster. 20 x 20 cm – schwarz weiß mit einer Riesen-Antenne, die laufend von Hand in die richtige Richtung gedreht werden musste! Hunderte von Menschen standen vor dem Schaufenster. Leisten konnte sich einen solchen Apparat ja keiner.

Später wurde die neue Grugahalle eingeweiht. Ich war mit dabei. Bill Haley gab sein erstes Rock-Konzert in der Grugahalle. 3.000 Leute waren „außer Rand und Band", und danach konnte die neue Halle direkt renoviert werden. Zuhause hörte ich abends immer um 19.30 Uhr Chris Howland – eine halbe Stunde lang Schlager. Toll! Später dann im Radio die Kriminalfälle: Paul Temple und der Fall ... Wenn ich mal wieder 50 Pfennig zusammen hatte, konnte ich auch ins Rütli oder Universum-Kino

Die Straße war der Spielplatz, 1959

in Rüttenscheid gehen. Heimatfilme mit Rudolf Prack und Sonja Ziemann waren toll, oder Musikfilme mit Caterina Valente, Peter Alexander, Bibi Johns oder Vico Torriani. Dann kam auch die amerikanische Welle. James Dean war unser Liebling. Aber man musste an der Kasse noch den Ausweis vorzeigen, ob man schon 16 Jahre alt war. Und das war ich ja noch nicht und das dauerte ... Zuhause hatten wir jetzt ein Radio oben zum Aufklappen, und da war ein Plattenspieler drin. Schallplatten waren teuer. Aber wenn ich zu Geld kam, dann kaufte ich Platten von Peter Kraus, Conny Froboess, Paul Anka. Nur der „Saphir" war immer verflust und dann waren die Platten zerkratzt und ich bekam ein paar hinter die Löffel.

Ins Ausland – nach Holland – kam ich zum ersten Mal 1958 und hab gerufen, mein Gott, wo kommt denn das ganze Wasser her! Getanzt haben wir in ausgebauten Kellerräumen zu der Musik von Chris Barber – Eiscream – und auf den Fingern Fingerhüte und ein Waschbrett vor dem Bauch. Um Punkt zehn musste man zuhause sein. Nicht viertel nach Zehn, dann war „Knüppel aus dem Sack" und man machte das nicht wieder. Coca Cola war beliebt und später dann Lufthansa-Cocktail, Bommi mit Pflaume, Samtkragen, Piss-Wichs (Apfelsaft mit Korn), Escorial grün (ein Teufelszeug) und an kalten Winterabenden wurde immer Rommé gespielt und heißer Grog getrunken.

Erika Klein, Nottuln

Wie kam der fremde Mann bloß in den Kasten?

Zwei Episoden aus meiner Kindheit:
Es muss Mitte der 50er Jahre bei Schmids gewesen sein, wo die Hausgemeinschaft neugierig angerückt war, um das erste Nachkriegsfernsehgerät fachmännisch vorgeführt zu bekommen. In einem ehrfürchtigen Halbkreis standen wir alle um einen großen Holzkasten herum – gespanntes, gebanntes Stillschweigen. Herr S. gockelte wichtigtuerisch um den Kasten herum, laut und aufgeregt unverständliches Zeugs redend.

Plötzlich tauchte ein Mann in dem Kasten auf und fing auch an zu reden. Ich sagte ihm, er sollte still sein, damit wir Herrn S. hören könnten. Aber er redete einfach weiter, tat, als hätte er mich nicht gehört. Da trat ich vor ihn hin und schimpfte mit ihm. Die Erwachsenen schimpften mit mir. Plötzlich war der Mann weg. War er rausgegangen? Ich lief schnell zur Wohnungstür: Nein, davor war keiner. Als ich ins Wohnzimmer zurückkam, war der Mann wieder da. Ja Donnerknispel – wie war er denn reingekommen? War denn in diesem Kasten überhaupt eine Tür? Ich lief um ihn herum, guckte an allen Seiten, guckte oben, guckte darunter: Nein, keine Tür. Ich trat wieder vor den Mann, fragte ihn, wie ... Aber da wurde ich schon von meinen hoch verlegenen Eltern weggezerrt, worauf wir eilig die Stätte verließen.

Die andere Geschichte handelt davon, dass die unbefestigte Corneliusstraße eine Teerdecke bekam. Große Aufregung! Ein neuer Abenteuerspielplatz mit Steinhaufen, Baufahrzeugen, Teerwagen, Dampfwalzen. Täglich waren wir zugegen und verfolgten jeden Fortschritt aufgeregt mit. Als nächstes kamen richtige Bürgersteige: Schotterschicht, dann Sandschicht, in der Mitte große Platten, am Rand kleine, dunkle, grau-grünliche Schiefersteine. Immer an der gespannten Schnur entlang, so dass es

Nicht immer beliebt bei den Kindern war der Sonntagsausflug

gerade wurde. Wir waren bald die reinsten Straßenbauexperten.

Kaum war die Straße fertig, kamen auch Autos durchgefahren. Die ersten begrüßten wir begeistert mit Straßensperren: ein Seil über die Straße gespannt, welches wir nur gegen ein paar Pfennige oder Bonbons oder wenigstens ein paar nette Worte vom Fahrer losließen. An regnerischen Tagen hielten wir Wettbewerbe ab: So oft wir konnten, rannten Uwe und Uli und ich zu unseren jeweiligen Fenstern und zählten die durchfahrenden Fahrzeuge. Gewonnen hatte, wer die meisten Autos mitbekommen hatte, Zusatzpunkte gab es für erkannte Automarke und festgehaltenes Kennzeichen.

Gudrun Pluta, Bochum

Familienglück unterm Weihnachtsbaum – mit dem ersten Fernseher, 1958

Unsere Familie
hielt immer zusammen

Wenn ich an meine 50er denke, fallen mir kalte Winter ein, in denen wir auf die zugefrorenen Scheiben hauchten, um durch die Löcher hindurch sehen zu können. Wir gingen zum Schlitten fahren auf den DT-Sportplatz, den es heute nicht gibt, und wer ganz mutig war, fuhr den Doppelberg bei uns in Bottrop hinunter. Ab Ostern wollten wir natürlich Kniestrümpfe tragen, egal wie kalt es noch war, und die Jungen trugen noch kurze Hosen.

Dann gab es heiße Sommer, in denen wir in Wilhelmsruh saßen, so hieß das Gartenhaus unserer netten Nachbarn, mit deren Söhnen wir eng befreundet waren. Wir tranken Bluna und aßen leckere Puddingschnecken, frisch aus ihrer Konditorei. Das Größte war, barfuß zu laufen, auch wenn wir uns auf der heißen Straße die Füße verbrannten. Wir Nachbars-

kinder organisierten Kinderschützenfeste, und wurden von unserer Elli Frins mit Würstchen gesponsert und unsere Mütter machten Kartoffelsalat dazu. Der König wurde ermittelt, indem er mit einem Knüppel eine Runkelrübe vom Nagel hauen musste.

In den Ferien fuhren wir alle immer mit Tante Klara, Onkel Karl und Cousine Angelika zur Gruga, in den Wuppertaler Zoo, oder in den Gelsenkirchener Zoo, und immer mit Straßenbahn, Bus oder Zug, denn wer hatte damals schon ein Auto?

Mit unserem ersten Fernseher schauten wir „Familie Schölermann" und am Samstagabend schaute die ganze Familie bei Erdnussflips und Salzstangen Kulenkampff.

Zu meinen 50ern gehört auch die Trauer meiner Mutter um ihre z.T. im Krieg verlorenen Angehörigen. Am Heiligen Abend war sie immer besonders traurig, und das war für meinen Bruder und für mich sehr belastend.

Wir hatten nicht viel Geld, aber meine Mutter hat es immer verstanden, etwas Besonderes auf den Tisch zu bringen. Sie war so eine gute Köchin, dass sie auf Empfehlung von fremden Menschen gebeten wurde, auf deren Familienfeiern und Hochzeiten zu kochen.

Das Wichtigste in dieser Zeit aber war unser Zusammenhalt in der Familie, sowohl bei uns zu Hause, als auch mit Onkeln und Tanten. Jeder half jedem und hatte für den anderen Zeit oder ein gutes Wort. Das ist lange her und das wird es in der Form auch nicht wieder geben.

Gabriele Protzek, Bottrop

Putz Meier, der freundliche Schupo

Zusammen mit meiner Mutter und mit meinen beiden zwei Jahre älteren und sechs Jahre jüngeren Schwestern gelangten wir auf der Flucht über die Ostsee nach Dänemark. Nach etlichen Irrwegen verschlug es uns ins ostwestfälische Haldem. Der Großbauer, der nicht begeistert war, dass wir bei ihm einquartiert wurden, wollte eigentlich einen Knecht und eine Magd, keine Frau mit drei Kindern. Der nette Dorfpolizist sorgte dafür, dass der Bauer seine Meinung änderte. Er kümmerte sich auch um Bekleidung für uns und den ersten Hausrat.

Der Schupo, der im selben Dorf wohnte, besuchte oft die Dorfschule, in die ich von 1948 bis 1951 ging. Er gab den Kindern Fahrrad-Unterricht, und auf seinen Streifengängen durchs Dorf haben wir ihn gerne und oft begleitet. Er hatte selbst ein Fahrrad oder aber eine BMW 250 ccm dabei. Gab es an unseren Rädern etwas auszusetzen, ermahnte er uns,

dass es beim nächsten Mal eine Strafe gebe. Die gab es nie, vorher haben wir alles gerichtet. Warum er allerdings Putz Meier gerufen wurde, weiß ich bis heute nicht.

1950 wurde ich der Dorfkirche St. Marien konfirmiert. Doch vorher brauchte ich einen Anzug. Die Anzüge im Konfektionsgeschäft waren alle mehrere Nummern zu groß, eine Änderung wäre zu schwierig, sagte der Besitzer. Er nahm bei mir Maß, es sollte einen geschneiderten Anzug geben. Nicht nur zur Freude meiner Mutter wollte der Besitzer kein Geld für den Anzug haben, er machte mir ihn zum Geschenk.

Mein bester Kumpel war Richard Wagner, der hieß wirklich so. Zusammen heckten wir manchen Schabernack aus. Wir banden eine Geldbörse an einen langen Faden und legten sie auf den Weg. So mancher Radfahrer, der anhielt, abstieg und sich nach der Börse bückte, staunte nicht schlecht, wenn die plötzlich mit einem Ruck im Gebüsch verschwand. Die Bauern stellten morgens ihre Milchkannen auf ein Holzgestell am Weg. Wenn der Milchwagen kam, um sie mitzunehmen, musste der Fahrer einige Male die versteckten Kannendeckel suchen.

1951 kam ich im fünf Kilometer entfernten Nachbardorf bei einem Bäcker in die Lehre. Der stellte sofort klar: „Wenn ich sage, das ist weiß, dann ist das weiß, selbst wenn es nicht so ist." Ich traute mich natürlich nicht, meinem Lehrherren zu widersprechen, zumal er mindestens 100 Kilo wog. Im Haus des Bäckers bewohnte ich eine kleine Kammer. Alle 14 Tage durfte ich nach Hause. Aber schon am Sonntagabend musste ich wieder in der Bäckerei sein. Kohlen holen, den Ofen anheizen und den Sauerteig ansetzen.

Günter Stobbe, Bochum

JUGEND

DIE „GOLDENE DIELE"
UND HEIMLICHE TANZABENDE

Untrennbar mit den 50er Jahren in Deutschland ist die Musikbox verbunden, die in der Besatzungszeit durch amerikanische Militärkantinen und Clubs bekannt wurde

Treffpunkt: Goldene Diele

1956 war ich 16 Jahre, da kam die Familie Schmeiß nach Duisburg-Ruhrort und gründete eines der bestbesuchten Lokale im Ruhrgebiet, die „Goldene Diele". Daraus wurde dann der Treffpunkt. Wir gründeten mit ein paar Jungens einen Rock 'n' Roll-Club. Dort habe ich auch später meine Frau kennengelernt. Mit ihr bin ich 50 Jahre im Oktober verheiratet.

Auch kamen noch andere Lokale in Ruhrort dazu: zum Beispiel Tante Olga, Kleto und andere Lokale. Dann gab es noch die Ruhrorter Altstadt mit vielen Lokalen.

Willi Schlößer, Duisburg

Heimlich zum Tanzabend

Die Zeit war einfach schön. Ich erinnere mich gern an die Zeit mit Petticoat, Ballerina oder

Zum neuen Lebensgefühl der Jugend gehörte auch der richtige „Wandschmuck"

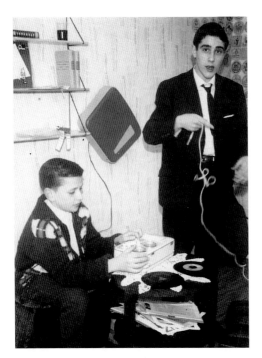

Gefeiert wurde viel und gerne, ob beim Hausball mit Anzug und Schlips sowie Petticoat (1959) ...

... oder im Partykeller, ob in Männer- oder Frauenrunden

Gute Laune in der guten Stube (o., 1956) und beim Tanzkränzchen (u., 1958)

die schicke lange Perlenkette, die mit „Knoten"
aufgepeppt wurde, an Peter Frankenfeld mit
seiner karierten Jacke – die Sendung hieß
„1:0 für Sie", die wir in unserer Dorfkneipe mit
Eltern und Freunden sehen durften (ich bin
bis zu meiner Heirat in einem kleinen Dorf
aufgewachsen in Altenbögge – heute Bönen).
Ich denke an meinen ersten Tanzabend mit
Rock 'n' Roll. Heimlich war ich dort mit einer
Freundin (angeblich war ich im Kino), aber
Mutti hat's rausbekommen. Das ganze Dorf
wusste es. Dafür habe ich mir eine Ohrfeige
und Stubenarrest eingehandelt. Aber schön
war's doch!

Wir hatten laut Testament die Eltern meines Mannes zu versorgen, sie hatten keine
Rente. Durch Adenauer bekamen sie dann
145 Mark. Es war keine schöne Zeit. 1961 bekamen wir von unserem Brunnen eine Wasserleitung ins Haus gelegt und ein Badezimmer. Dann gab es eine Herdheizung. Auf dem
Herd konnte man kochen und gleichzeitig
heizte der Herd die Zimmer. Es wurde mit
Koks geheizt.

Renate Hannwacker, Essen

Tanzkränzchen '58

Als junges Mädchen trug man Pferdeschwanz,
einen seitlichen Zopf oder Löckchen auf dem
Kopf und natürlich das ärmellose, taillenenge
Sommerkleid mit Petticoat. Die jungen Män-
ner trugen dunkle Anzüge und Krawatte, die
Haare kurz, manchmal ganz gewagt mit Elvis-
Locke.

Die Tanzfläche war Parkett und man saß
sich in westfälischer Manier in Stuhlreihen
gegenüber. Auffordern lernte man, wenn
man männlich war. Manch einer stürzte auch
manchmal der Länge nach auf dieses Parkett,

wenn er die Beine um die Stuhlbeine gewun-
den hatte und das vergessen hatte, weil er
unbedingt eine bestimmte Weiblichkeit auffordern wollte.

Es gab den Mittelball und den Schlussball
unter den Argusaugen der geladenen Eltern,
und man zeigte in wippenden Kleidern mit
viel Spitze und Tüll, dass man Cha-Cha-Cha
tanzen konnte und sogar den Wiener Walzer.
Weingläser standen auf den Tischen, alles war
ein bisschen förmlich und steif, aber missen
möchte das erste gesellschaftliche Ereignis
niemand.

Ingka Popis, Essen

Wo in der Lichtburg die Filmplakate gemalt wurden

Es war Anfang der 50er Jahre als die Filmindu-
strie uns Teenager in die Kinos zog. Ich gab
mein ganzes Taschengeld für Kinobesuche
aus. Manchmal war es die Mittagsvorstellung,
weil die am billigsten war. Ich habe alles gesehen, was für mich erlaubt war: Heimatfilme,
Revuefilme und einige amerikanische Cow-
boyfilme. Außerdem stand ich bei Premieren
in der Essener „Lichtburg" in der Schlange,
um die Stars zu sehen und wenn möglich ein
Autogramm zu ergattern. Einmal kam ich auf
die Idee, den Hintereingang der „Lichtburg" zu
suchen, um besser an die Stars zu kommen.
Als ich eine der vielen Türen öffnete, stand ich
plötzlich in einem riesigen Raum, in dem zwei
Männer die Filmplakate malten, die immer
über dem Eingang der „Lichtburg" hingen
und auf den aktuellen Film hinwiesen. Ich war
so fasziniert, dass ich fragte, ob ich zuschauen
dürfte. Von dem Tag an kam ich oft zum Zu-
gucken und freundete mich mit den Plakat-
malern an. Sie ermöglichten mir auch einen

Bis das Fernsehen aufkam, boomte das Kino in Deutschland. Es gab zahlreiche Lichtspielhäuser in den Vororten, selbst für die Großstadtbahnhöfe (im Bild: Dortmund 1960) gehörten „Bahnhof-Lichtspiele" (Bali) dazu

leichteren Zugang zu den Stars bei Premieren. So bekam ich viele Autogramme, z. B. von Curd Jürgens, Peter Alexander, Hildegard Knef und vielen anderen Stars.

Einer der Plakatmaler war auch ein bedeutender Hobby-Fotograf und -Filmer: Otto Häublein, dessen fotografischer Nachlass im Besitz des Essener Ruhrmuseums ist.

Margarete Eckstein, Hattingen

Endlich – ein neues Kino

Roxy, schon der Name des Kinos zerging auf der Zunge. Jeder Groschen wurde eisern gespart, um uns diesen „Luxus" möglichst oft leisten zu können. Wie groß die Freude war, wenn wir – meine Freundin und ich – das Geld für die langersehnte Eintrittskarte zusammen hatten, ist unbeschreiblich. Doch für welchen von den Filmen sollten wir uns entscheiden: für „Klettermaxe" oder „Die Trapp-Familie", oder doch lieber für „Piroschka", oder „Wenn der Vater mit dem Sohne". Und dann die Schauspieler: Heinz Rühmann, Rudolf Prack, Sonja Ziemann, Ruth Leuwerick, O. W. Fischer, Maria Schell, Conny Froboess, Peter Kraus, Curd Jürgens und, und, und. Wir hatten die Qual der Wahl.

Als nächstes überlegten wir: Kaufen wir eine Karte im Vorverkauf, dann haben wir sie zwar sicher, mussten uns aber auch zweimal auf den Weg machen, oder kaufen wir sie erst unmittelbar vor Beginn des Films. Doch dann konnte es passieren, dass die Kassen von Menschenmassen umlagert waren und bis wir dann endlich an die Reihe kamen, der Film ausverkauft war. Pech für uns. Hatten wir es aber geschafft, belohnten wir uns auch schon mal mit einem „Logenplatz" und fühlten uns wie im siebten Himmel.

Langsam rückte das Wochenende näher, und am Sonntag machten wir uns auf den Weg zum Roxy. Vorher mussten wir aber noch unbedingt an Hermine (eine bekannte Verkaufsbude in der Boy) vorbei, um Marschverpflegung für uns zu kaufen. Wir gönnten uns eine Tüte Salmiakpastillen und klebten sie als Sterne auf unseren Handrücken, um sie unterwegs oder im Kino genüsslich abzuschlecken. Manchmal kauften wir auch eine Tüte mit Brause, die kitzelte so schön in der Nase. Im

Ein Kinderstar zum Anfassen: Cornelia Froboess (r.) im Bottroper „Roxy", 1956

Früher Ruhm: Romy Schneider spielte sich in der Rolle der Sissi in die Herzen des Publikums

Kaleidoskop von Kinofilmen in den 50er Jahren – Dramen mit James Dean, Hollywood-Unterhaltung mit Errol Flynn und ein deutscher Kassenschlager

Sommer war es auch schon mal ein Eis mit zwei Bällchen Zitrone, einfach köstlich.

Im Kino brachte uns die Platzanweiserin zu unseren Plätzen und wir tauchten ein in eine Welt, von der wir nur träumen konnten, und die uns all das „Schlimme" vergessen ließ, das wir hinter uns hatten. Für diese unbeschwerten Stunden lohnte sich der Weg bei jedem Wetter.

Elsbeth Romahn, Bottrop

Der Beginn einer großen Liebe

Schöne Erinnerungen. Es war mein Jahrzehnt. Geboren bin ich am 1. Mai 1935 in Gehlenbede / Kreis Lübbecke. Ab Juni 1936 war ich ein Bochumer Kind. Meine Pflegeeltern: Hermann und Marie Wilk (Mutters Schwester).

Mein Berufswunsch war Gärtnerin. Mein Ausbildungsbetrieb war die Gärtnerei Thiele auf der Castroper Straße in Bochum. Von April 1950 bis April 1953 dauerte meine Lehrzeit. Es waren gute und schöne Jahre. Zwischen meinem Chef, vier Gehilfen und zwei Lehrlingen war ich das einzige Mädchen.

1953: Gärtnergehilfenprüfung. Theorie in der Schule. Praktische Prüfung in einem Betrieb in Herne. Mit Auszeichnung bestanden – Klassenbeste. Lossprechung in Bochum.

Mein Wunsch war nun, noch die Ausbildung zur Blumenbinderin – so steht es in meinem Gesellenbrief – zu machen. Heute nennt sich der Beruf Floristin. Aufgrund meiner guten Leistungen brauchte ich nur ein Jahr zu lernen, den Abschluss machte ich im April 1954.

Am 4. Juli 1954, ein Sonntag, sollte in Dortmund von der Fleurop eine Gründungsversammlung stattfinden. Dortmund und Bochum. Wir Bochumer Lehrlinge nahmen daran teil. Die Versammlung fand im Kolpinghaus statt. Nach Beendigung der Gründungsver-

sammlung zogen wir Bochumer Lehrlinge los zum Bahnhof. Unterwegs sahen wir vor einem Schaufenster eine große Menschenmenge. Hoch oben im Schaufenster stand ein Fernseher. Wir sahen den Rest der zweiten Halbzeit der Fußball-Westmeisterschaft Deutschland – Ungarn in Bern 3:2 gewonnen! Wir haben gejubelt, geschrien – gesehen haben wir nicht viel. Der Bildschirm war zu klein.

Silvester 1955 verlobte sich meine Freundin Charlotte. Die Feier fand im Familienkreis statt. Dort lernte ich meinen späteren Ehemann kennen. Um 1.00 Uhr musste ich nach Hause. Am Neujahrstag hatte ich Dienst im Blumenhaus. Der Weg führte an einem Friedhof vorbei. Ich hörte Schritte und hatte Angst. Es war der junge Mann von der Verlobungsfeier. Er brachte mich nach Hause. Auf seinem Rückweg fand er nicht mehr zum Haus zurück. Er musste in einer Wirtschaft einkehren, viele Leute fragen und das in einer Silvesternacht! Der Brautvater hatte Tauben. Ein Taubenvater wusste, wo eine Verlobungsfeier stattfand. Ende gut – alles gut. In der Silvesternacht 1955 war der Beginn einer großen Liebe.

Im Januar 1956 machte mein späterer Mann einen Antrittsbesuch bei meinen Pflegeeltern. Es war ein Montagmorgen. Der übliche Strauß: drei Stiele Flieder, fünf rote Nelken. Ich wusste von nichts. War am Abend, als ich von meiner Arbeit kam, sehr überrascht.

Am 1. Mai 1956 wurde ich 21 Jahre alt. Gefeiert wurde zu Hause. Beim Wunschkonzert im Radio hörte ich meinen Namen: Für Lieselotte Heuer aus Bochum … Mädelklein, Mädelfein, Mädel, du weißt es ganz genau – wirst meine kleine süße Frau.

Am 20. Mai 1956 fand unsere Verlobungsfeier statt.

Lieselotte Grieswald, Bochum

Beliebter Treffpunkt der Jugend: die Eisdiele, noch fest in italienischer Hand, hier das Eiscafé Pellegrini in Essen, Mai 1957

Kichererbsen

Es war im Jahr 1951. Ich hatte eine Lehre zum Dekorateur begonnen. Natürlich musste ich auch zur Berufsschule. Nach Beendigung des Schulunterrichtes hatte ich es jedes Mal eilig, in den nahe gelegenen „Kaufhof" zu gehen. Ich hatte einen guten Grund, einen ganz wichtigen: Da war doch unten das hübsche, zierliche Lehrmädchen, das die sogenannten „Herrenar-

tikel", also Hemden, Krawatten, Herrenunterwäsche usw. verkaufte! Ich sah sie immer nur lächelnd, immer freundlich, immer sehr gepflegt und für mich immer schöner werdend. War das ein Mädchen! Und dieses Bild bekam ich nicht mehr aus meinem Kopf, aber das wollte ich auch eigentlich gar nicht. Mein Gott, war ich verknallt. Sie aber sah mich nur wie jeden anderen Kunden an: Lächelnd, freundlich, gepflegt, schön, aber desinteressiert. Das machte mich traurig, aber es spornte mich auch irgendwie an. Ich konnte doch nicht, nur um sie auf mich aufmerksam zu machen oder gar zu gefallen, von meinem damaligen Lehrgeld in Höhe von 27 DM/Monat bei ihr neue Hemden oder Krawatten kaufen.

Aber bekanntlich „macht ja die Not erfinderisch: In der Lebensmittel-Abteilung des Kaufhofs kaufte ich ein halbes Pfund lose Erbsen. Mit der Erbsentüte bewaffnet schlich ich „völlig unauffällig" um die Herrenartikel-Abteilung und wartete auf „die günstige Gelegenheit". Es sollte mich ja niemand außer ihr wahrnehmen. Und die Gelegenheit kam – ich konnte, unbemerkt von ihren Kolleginnen, meine Erbsen „auf das Objekt meiner Begierde" abschießen. Jedenfalls einige, vielleicht 15 oder 20, die ich in der Aufregung natürlich nicht zählte. Zwischen Daumen und Mittelfinger funktionierte das recht gut. Und ich traf sogar. Ich traf sie, obwohl meine Hände zitterten und viele Erbsen sich auf dem Boden verteilten. Nach dem ersten Treffer sah ich in das leicht erschrockene, überraschte schöne Gesicht. Aber dann sah ich etwas, das ich bis heute nicht vergessen habe: Sie lächelte mich an! Und dann lachte sie. Lachte mich an. Mich! Ich konnte es kaum glauben. Ich hatte zwar auf diese Reaktion gehofft, aber nicht einmal im Traum daran geglaubt.

Ich muss wohl recht hilflos und verwirrt ausgesehen haben, und so habe ich mich auch gefühlt. Doch dann nahm ich allen Mut zusammen und sprach sie an. Ja, ich traute mich wirklich. Es hat sich wahrscheinlich krächzend angehört, denn mein Hals war völlig ausgetrocknet (Hinterher habe ich mir auf die Schultern geklopft: heldenhaft war ich.). Es war sicher nicht die mutigste Tat in meinem Leben,

jedoch die „wertvollste mit den schönsten Folgen", denn sie war mit einer Verabredung einverstanden. Ich war total „aus dem Häuschen", schwebte im siebten Himmel und war ein wenig enttäuscht, dass man es mir nicht schon von weitem ansah, aber unverständlicher Weise fragte mich damals niemand nach meinem Zustand.

Erst viel später habe ich erfahren, dass meine „heimliche Anmache", wie man es heute nennen würde, tatsächlich kaum bemerkt worden war, wirklich nur kaum: Die Abteilungsleiterin sagte zu „meinem Lehrmädchen", nachdem ich aus dem Kaufhof gestolpert war: „Jetzt sieh mal zuerst in der Wäsche nach, ob vielleicht in den Hemden oder Unterhosen Erbseneinschüsse zu finden sind. Die könnte Flecken hinterlassen."

Und ich Ahnungsloser war doch so vollkommen vorsichtig vorgegangen. Aber damals wusste ich noch nicht, dass man in „gewissen Situationen" einen getrübten Blick haben kann.

Ob ich im Jahre 1951 meine Traumfrau mit „Kichererbsen abgeschossen" habe, weiß ich nicht, aber ihr fröhliches Lachen ist geblieben. Bis heute. Sie war 15 und ich 17 Jahre alt, aber ich bin noch immer davon überzeugt, dass wir damals nicht zu jung waren. 1957, sechs Jahre später, haben wir geheiratet und haben einen Sohn. Vor fünf Jahren feierten wir unsere Goldene Hochzeit. Da hätte ich gern noch einmal mit Erbsen geschossen, doch auch ohne Erbsen lacht mich das „Mädchen aus dem Kaufhof" heute noch oft und schön an.

Siegfried Bakiera, Duisburg

Wir rasten mit Blaulicht über den Ruhrschnellweg

Ich war 19 Jahre alt und hatte gerade meinen Auto- und Motorrad-Führerschein gemacht.

An einem Samstagnachmittag fuhr ich mit meinem Freund auf dem Sozius auf unserem Vespa-Motorroller in Essen-Huttrop auf die Steeler Straße, um sofort links abzubiegen. Wegen der Straßenbahnschienen und weil ich ein Polizeiauto sah und wusste, dass ich meinen Führerschein nicht dabei hatte, wackelte ich mit dem Rollerlenker. Natürlich haben mich die Polizisten angehalten. Als ich den Beamten sagte, dass ich meinen Führerschein zu Hause hätte, erklärten sie mir, dass sie mich nach Hause fahren würden. Mein Freund wartete bei der Vespa. Er durfte nicht fahren, weil er noch keinen Motorrad-Führerschein hatte.

Meine elterliche Wohnung war nicht weit entfernt. Ich holte meinen Führerschein, die Polizisten warteten und waren sehr erstaunt, dass ich tatsächlich einen Motorrad-Führerschein besaß. Sie sagten, sie hätten mir nicht geglaubt. Eine Frau mit einem Motorrad-Führerschein war damals noch etwas Besonderes.

Als ich wieder ins Polizeiauto stieg, kam ein Funkspruch, dass ein Auto auf dem Ruhrschnellweg Schlangenlinien fuhr. Die Beamten sagten mir, mein Freund müsse noch warten und rasten mit Blaulicht und mit mir hinten drin auf den Ruhrschnellweg. Wir sahen den schwarzen Mercedes. Hinter dem Steeler Wasserturm wurde der Fahrer gestellt. Er setzte sich zu mir in den Fond des Polizeiwagens und lallte: „Da is' ja schon jemand!" Die Polizisten sagten ihm, sie würden mich eben noch wegbringen. Bei meinem wartenden Freund und der Vespa angekommen, wünschten sie uns noch einen schönen Tag und blickten lächelnd auf die Weinflasche, die aus der Manteltasche meines Freundes lugte.

Margarete Eckstein, Hattingen

Seifenkistenrennen waren in der 50er Jahren ausgesprochen populär

Das Seifenkisten-Rennen war ein voller Erfolg!

Es war nicht leicht, die Einzelteile für die Seifenkiste zu bekommen. Die Bretter musste ich mir in einer Bochumer Schreinerei besorgen sowie auch den Tafelleim. Bei einem Schmied in Bochum bekam ich Spanner, Schrauben und Drahtseile für die Bremsen. Schwierig wurde es bei den Rädern, die ich glücklicherweise im Eisenwarenladen Klusmeier in Bochum-Wiemelhausen erhielt. Es waren Kinderwagen-Räder.

Nachdem ich die Teile besorgt hatte, konnte ich gemeinsam mit einem Freund die Seifenkiste bauen. Von der Zeitung hatte ich einen Bauplan erhalten. Die Maße waren vorgegeben, Länge und das Gewicht mussten stimmen.

Vor dem Start wurden alle Seifenkisten geprüft. Am Ziel wurden die Seifenkisten dann auf einen Möbeltransporter geladen und wieder zur Startrampe gebracht.

Bei dem Rennen standen einige tausend Menschen am Straßenrand, es war eine tolle Kulisse. Der Renntag in Bochum war ein voller Erfolg!

Horst Schöpe, Bochum

Butter aus Amerika

Mein väterlicher Freund erzählte mir folgende Geschichte.

Anfang 1951 war ich in einem Knabenheim der Salesianer Don Bosco. In diesem Internat waren viele Jungen aus den zerstörten Städten oder auch Kinder ohne Eltern. Von vielen Jungen war der Vater im Krieg geblieben. Die Häuser waren noch nicht alle wieder aufgebaut. Der Krieg war gerade sechs Jahre vorbei. Es war noch eine Notzeit. Es gab zwar schon genügend zu essen aber es fehlte an Fleisch, Wurst und vor allem an Butter. Jeden Morgen beim Frühstück gab es genügend Brot und Marmelade aber kaum Aufschnitt und nur ganz wenig Butter. Wer großen Hunger hatte, konnte zwar so viel Brot essen wie er wollte, die Butter in der Größe eines Würfels vom Mensch Ärgere-dich-nicht-Spiel reichte aber noch nicht einmal für eine Schnitte.

Marmelade war schon ein wichtiges Ernährungsmittel, denn Zucker zaubert. Einige Zeit später kam ein Pater aus Bamberg als Direktor des Hauses und er übernahm auch die Küche. Er war ein Organisationstalent und ein Spitzenkoch. Das Essen wurde deftiger und wir Kinder nahmen an Gewicht zu. Übrigens, während des Essens war Silentium, und es durfte nicht gesprochen werden. Stillsitzen und schweigen fiel uns sehr schwer.

Wenn wir Fußball spielten mit den Schulkindern aus der Stadt, dann waren unsere Gegner immer einen Kopf größer als wir. Also haben wir immer verloren.

Nach einiger Zeit gab es plötzlich Butter aus Amerika. Dann ging die Verteilung los. Kindergärten, Kinderheime, Krankenhäuser, Internate und Schulen wurden vorrangig bedacht. Jetzt gab es auch in unserem Heim mehr Lebensmittel und vor allen Dingen Butter. Die Butter kam in kleinen Fässern und war stark gesalzen, da die Schiffe noch keine Kühlung hatten wie heute. Von da an bekam jeder Junge ein Stück Butter in der Größe von drei Dominosteinen. Diese Butter war die Leckerste, die ich je gegessen habe.

Josef Horz, Duisburg

Meine 50er

Der erste Kuss, das erste Bier,
das dritte Tor durch Helmut Rahn,
das erste Jahr im Lehrrevier,
die 50er mir zugetan.
Petticoat und flache Schuh',
Nylons hoch an Strapse dran,
die Musikbox spielt Peggy Sue,
Uschi still nicht sitzen kann.
Langspiel- und auch Singescheiben,
Musik außer Rand und Band,
Paul lässt Uschi um sich kreisen,
hält sie fest mit einer Hand.
Pferdeschwanz und Hochfrisur,
mit Dutt, auch hoch toupieret nur,
Röhrenhosen, Lederjacken,
das Haar wie Matten dicht im Nacken.
Rock and Roll und Nahkampfdiele,
Schmuseblues im Tanzpalast,
Prügelei um erste Liebe …
Weißt Du noch? – schön war die Zeit!

Manfred Sallatzkat, Gladbeck

ALLTAG

ZINKBADEWANNEN UND „WUNDERMASCHINEN"

Das Klo im Kuhstall

Wir haben am 16. Mai 1950 geheiratet. Was wir neu hatten war ein Schlafzimmer, die Möbel haben wir bei Beyhoff für 1.000 DM gekauft. Ein massives Holz. Der Kleiderschrank wird heute noch gebraucht. Es gab eine Wohnküche. Der Küchenschrank war von meinen Eltern, da sie zwei Schränke hatten. Der Tisch war noch von der Wehrmacht, den hatten sie zurückgelassen. Für den Herd mussten wir nach Essen zu Scheepers. Die Straßenbahn fuhr nur bis zur Brücke, die war kaputt, dann ging es zu Fuß weiter. Eine Liege bekamen wir für 100 DM. Stühle waren auch von den Eltern. Wir hatten einen Volksempfänger, keinen Fernseher.

Das Klo war hinter den Kühen im Kuhstall. Ein Auto gab es nicht. Mein Mann fuhr mit dem Rad nach Gelsenkirchen-Horst nach Gelsenberg. Wir hatten nebenbei eine kleine Landwirtschaft, ein Pferd, drei Kühe, zwei Schweine und zehn Hühner. Die Kühe wurden mit der Hand gemolken. Die Milch musste um sieben Uhr an der Bottroper Straße sein. Die Molkerei Schellberg holte die Milch ab. Die Schweine wurden geschlachtet und verwurstet.

Wir hatten laut Testament die Eltern meines Mannes zu versorgen, sie hatten keine Rente. Durch Adenauer bekamen sie dann 145 Mark. Es war keine schöne Zeit. 1961 bekamen wir von unserem Brunnen eine Wasserleitung ins Haus gelegt und ein Badezimmer. Dann gab es eine Herdheizung. Auf dem Herd konnte man kochen und gleichzeitig heizte der Herd die Zimmer. Es wurde mit Koks geheizt.

Margot Grosse-Venhaus, Bottrop

Zurückgestellte Wünsche

1950 wurde ich 22 Jahre alt. Ich lebte zu diesem Zeitpunkt bei den Eltern. Ich war im öffentlichen Dienst tätig. Mein Monatseinkommen belief sich auf ca. 170 DM netto. Bei diesem Einkommen war an eine eigene Wohnung nicht zu denken, abgesehen davon, ich hätte auch gar keine bekommen, denn wegen der Wohnungsknappheit hatten Familien mit Kindern einen vorrangigen Anspruch.

Mit den Eltern und zwei Geschwistern (Bruder und Schwester, 17 und 10 Jahre alt) lebte ich in einem Einfamilienhaus. Aber von den sieben Räumen standen für uns fünf Personen nur drei Räume zur Verfügung, denn in dem Haus hatte eine Tante noch ein Wohnrecht für einen Raum und in den restlichen drei Räumen waren Vertriebene zwangseingewiesen worden. Ein eigenes Kinderzimmer kannte ich nicht. Mit meinem Bruder schlief ich im ehemaligen Wohnzimmer. Für acht Personen stand in einem Anbau nur eine Toilette zur Verfügung. Es war alles sehr beengt. Dieser Zustand änderte sich erst Mitte der 50er Jahre, als die Tante ausgezogen war. Das tägliche Leben spielte sich in der Küche ab, in der meine Mutter das Essen zubereitete. Von montags bis donnerstags gab es im Wechsel eine Bohnen- oder Erbsensuppe oder Gemüseeintopf mit Schnibbelbohnen oder Sauerkraut oder Möhren je nach Jahreszeit, wobei der Rest vom Mittagessen am Abend noch mal aufgewärmt wurde. Dazu gab es ebenfalls im Wechsel eine Milchsuppe mit Reis oder Gries oder Sago. Freitags gab es im Wechsel Reibeplätzchen oder Weizenpfannkuchen. Am Samstag war wieder eine Bohnen- oder Erbsensuppe an der Reihe, dafür gab es am Abend Schnittchen mit Wurst oder Käse und zum Trinken Kakao. Nur an den Sonntagen bestand das Mittagessen aus Vorsuppe, Hauptgericht und Nachtisch, während das Abendessen wie an den Samstagen war.

Diese Lebensmittelkarte für Januar/Februar 1950 ist eine der letzten der Nachkriegszeit, zum 1. Mai 1950 wurde die Rationierung der Lebensmittel beendet

Eine meiner ersten größeren Anschaffungen war der Kauf eines Fahrrades. Der Kaufpreis lag bei etwa 150 DM. Hierfür habe ich mehrere Monate gespart. Mit dem erwähnten Einkommen waren keine großen Sprünge zu machen, zumal ich mich auch noch am Familieneinkommen beteiligt habe. Ich war ja in einem Alter, in dem man viele Wünsche hatte. Aber die mussten zurückgestellt werden, weil das Geld dafür einfach nicht vorhanden war. So war an ein Auto gar nicht zu denken, selbst ein gebrauchter PKW kam nicht infrage. Auch für ein Motorrad reichte es nicht.

Was die Unterhaltung angeht, so bestand an den Wochenenden die Möglichkeit, das Tanzbein zu schwingen. Oder man schaute sich im Kino einen Film an. Als das Fernsehen Ende der 50er Jahre aufkam, gab es auch die

Möglichkeit, sich in einem Lokal das Abendprogramm anzuschauen. Zu dieser Zeit gab es ja nur ein Programm und das in schwarz-weiß. Das Glas Bier kostete 30 Pfennig. Urlaubsreisen habe ich auch unternommen. Statt Flugreisen in südliche Länder – wie heute – wurden die Urlaubsorte mit der Bundesbahn angefahren.

Im Laufe der Jahre steigerte sich das monatliche Einkommen bis 1957 auf etwa 270 DM netto. Auch mit diesen Einkommen hätte ich mir eine eigene Wohnung nicht leisten können. Erst aufgrund eines Ortswechsels und den damit verbundenen Stellenwechsel im November 1957 erhöhte sich mein monatliches Einkommen auf etwa 420 DM netto. Das war natürlich ein erhebliches Mehreinkommen. Dadurch wurde ich in die Lage versetzt, mir einige Wünsche, die bisher zurückgestellt werden mussten, zu gönnen.

Zu diesem Zeitpunkt hatte mein Bruder das Elternhaus bereits verlassen, weil er in der Schweiz eine Arbeitsstelle bekommen hatte, die wesentlich besser bezahlt wurde. Für meine Eltern war das schon eine Entlastung, weil nur noch meine Schwester mit im Hause lebte.

Heinz Kamping, Rheinberg

Und immer zu wenig Haushaltsgeld

Mein Vater kam erst 1949 aus der Kriegsgefangenschaft nach Hause, ging dann zum Bergbau, um unsere Familie zu ernähren. Er war sehr sparsam und hat meiner Mutter abgezähltes Haushaltsgeld gegeben. Sie kam aber selten damit aus. Dann haben wir bei der Oma Geld geliehen. Als wir es dann zurückzahlen wollten, hat sie immer gesagt: „Haltet es, sonst kommt ihr ja nie klar."

Wenn mein Bruder oder ich etwas Neues zum Anziehen haben wollten, ging meine Mutter mit uns zu Defaka (heute Galeria), hat dort einen Kredit aufgenommen und uns Kleidung gekauft, heimlich, damit mein Vater nichts merkte. Auch Schulgeld musste damals noch gezahlt werden, was meine Eltern nicht davon abhielt, meinen Bruder zur Realschule und mich zur Handelsschule zu schicken.

Es war schon eine harte Zeit. Trotzdem denke ich gerne daran. Auch, dass wir auf der Straße Völkerball spielen konnten, ohne dass ein Auto störte.

Ingeborg Leyerer, Essen

Zinkbadewanne

Jeden Samstag, so am frühen Nachmittag, holte Papa die leicht verstaubte Volksbadewanne aus dem Kabuff unter dem Treppenaufgang hervor. Sie wurde in unserer Wohnküche aufgestellt. Damit die Füße keine Abdrücke im Linoleumteppich hinterließen, legte Mama Tücher unter. Sie schob drei Stühle zusammen und hängte eine Baumwolldecke über die Lehne. So schuf sie einen intimen Bereich. Ich hätte so gerne mit meinen kleinen Schwestern zusammen gebadet, doch Mama hatte wohl berechtigte Sorgen, dass es in einer Wasserschlacht ausarten könnte. Außerdem werde ich den Verdacht bis heute nicht los, dass sie uns so ein natürliches Schamgefühl anerziehen wollte.

Während Mama den gusseisernen Küchenofen aufheizte, hatte Papa in der Waschküche alle Hände voll zu tun. Zunächst füllte er Wasser in den kupfernen Waschkessel. Dann trugen wir Holz aus der nahe gelegenen Hütte heran. Die Scheite rochen nach Harz und wa-

Sorgte im Sommer auch für Abkühlung: die Zinkbadewanne

ren sehr scharfkantig. Papa entzündete aus Papier und Holzsprickelchen zunächst ein kleines Feuer im Ofen unter dem Kessel, dann kamen dicke Stücke darüber.

Wenn alles so richtig loderte, durften wir Kinder mit dem Prockelhaken im Feuer stochern. Dann schossen die Funken wie Raketen aus der kleinen Ofentür, und manchmal fielen wir vor Schreck nach hinten. Mama sollte eigentlich nichts wissen von dem faszinierenden Spiel mit dem Feuer.

Auch in der Küche gingen die umfangreichen Vorbereitungen weiter. Auf dem Herd standen inzwischen ein schwarz emaillierter, innen weißblauer Einmachkessel und ein Aluminiumschepper. In der Backröhre steckten

Ziegelsteine und Steingutflaschen, die mit Sand gefüllt waren. Nun war alles vorbereitet und Papa schleppte das Wasser über eine steile Außentreppe herauf. Ich weiß nicht mehr, wie viele Eimer es waren. Nur so viel ist mir in Erinnerung geblieben, dass die sogenannte Volksbadewanne ganz schön geräumig war. Vorsichtig leerte Papa die Eimer aus. Schwappte etwas daneben, gab es Ärger mit der Mama.

Mein großer Bruder durfte immer zuerst baden. Darum beneide ich ihn noch heute. Obwohl nach jedem Badegang Wasser abgeschöpft wurde, um heißes nachzugießen, blieb an der Oberfläche so ein Gekrüssel aus Kalk und Seife zurück.

Vorsichtig, aus Angst, das graue Ungetüm könnte umkippen, stieg ich nach meinem Bruder ins Wasser. Behutsam setzte ich mich auf den stumpfen Boden der Wanne. Sogleich legte die Mama mit der Kernseife los. Für sie war so ein Badetag Schwerstarbeit. Die Haare klebten ihr auf der feuchten Stirn. Zum Nachspülen der Haare kam der Schepper und das Wasser aus dem Kessel vom Ofen zum Einsatz. Da floss so manche Träne, wenn wir den Kopf nicht weit genug nach hinten gelegt hatten und Seifenwasser in unsere Augen gespült wurde.

Auch das Auskämmen meiner Haare war eine Tortur. Es ziepte und zwickte, aber es gab kein Entkommen. Die Mama spielte oft mit dem Gedanken, mir, wie meinen kleinen Schwestern einen Bubikopf schneiden zu lassen. Doch der Papa liebte meine dünnen Zöpfe mit den Propellerschleifen.

Einer nach dem anderen nahmen wir nach der Reinigungsprozedur auf dem Sofa zwischen den Kissen mit den groben Häkelhüllen Platz. Unsere Beine winkelten wir an, um sie unter dem selbst genähten, muscheligen Flanellnachthemd zu verstecken. Da gab es kein Herumtoben, weder vor noch hinter dem Vorhang. Schläfrig waren wir jetzt schon, doch der Hunger hielt uns wach. Denn es gab am Badetag kein Mittagessen. Mama hatte warmen Kartoffelsalat vorbereitet und in einer Aluminiumschüssel am Rand des Ofens warm gehalten. Jeden Samstag gab es den warmen Kartoffelsalat, der so lecker nach Speck und Zwiebeln schmeckte. Dazu tranken wir Kakao. Es war einfach nur köstlich.

Während wir aßen, nahm Mama die heißen Ziegelsteine aus der Backröhre, wickelte sie in Tücher und legte sie ans Fußende unserer Betten. Die warmen Steinhäger-Flaschen rollte sie über das Kopfkissen und Oberbett. Mama war, sozusagen, schon ein Profi in der Wärmetherapie. Sie wusste, dass wir mit kalten Füßen nicht einschlafen konnten und Wärme gleich Nähe und Wohlbehagen bedeutet. Später, so im Halbschlaf, hörte ich Papa rufen: „Jetzt hole ich heißes Wasser für uns!" Pfeifend stieg er die Treppe hinunter. Die Zinkwanne indes stand am nächsten Morgen wieder unter dem Treppenaufgang, um sich bis zum nächsten Badetag von Spinnen umgarnen zu lassen.

Waltraud Buhl, Bochum

Bade- und Waschtag

Am Samstag war Großkampftag. Jedenfalls für meine Mutter, mein Vater kam auch zum Einsatz. Samstags wurde gebadet! Nun darf man sich das nicht so vorstellen wie heutzutage: Stöpsel rein, warmes Wasser rein, noch ein duftender oder sprudelnder Badezusatz hinzugegeben – fertig ist die Laube.

Nein, der Badetag früher bedurfte einiger Vorbereitungen: Die Zinkwanne musste aus dem Keller geholt werden, das war schon die erste Aufgabe meines Vaters, das Ding war arg sperrig. Heißes Wasser in reichlicher Menge musste bereitgestellt werden. Das alleine war schon ein Akt: Einkochkessel auf den Kohleherd, kaltes Wasser hinein und dann kräftig den Ofen „anstochen" (heißt so viel wie: Kohle rein und mit einem eisernen „Stocheisen" kräftig im Feuer rühren, damit das Wasser auch zum Kochen kommt). Dies dauerte eine Weile. In der Zwischenzeit war meine Mutter damit beschäftigt, ihre Kinder einzufangen. Am längsten suchte sie immer nach mir. Im Gegensatz zu meinen beiden Geschwistern entfernte ich mich immer recht weit vom Haus. Und ich konnte mich immer so schlecht von

Badetag in der Zinkbadewanne, links einer der von Opel nach dem Krieg gebauten Kühlschränke „Frigidaire"

meinen Spielkameraden trennen ... Außerdem bedeutete der Badetag: Sobald ich gebadet war, durfte ich das Haus für diesen Tag nicht mehr verlassen. Das war blöd!

Wenn das Wasser nun kochte, wurde es mit vereinten Kräften – mein Vater war wieder gefragt – in die Zinkwanne gefüllt und mit kaltem Wasser auf eine gerade noch erträgliche Temperatur gebracht.

Meine Mutter fing mit der leichten Aufgabe an: meiner Schwester. Sie war ein eher stilles und braves Kind und war mit der Prozedur immer recht schnell durch. Mein Bruder machte auch keine großen „Fisimatenten". Es musste eben sein. Nachdem die ersten beiden Kinder schon in ihre Badetücher gehüllt auf dem Sofa saßen und ihren Belohnungskakao trinken durften, war ich an der Reihe.

Die meisten Mütter mit Töchtern hatten Glück. Die kleinen Engel saßen auf den Eingangstreppen der Häuser, spielten mit ihren Puppen und wurden so natürlich kaum schmutzig. Meine Mutter hatte Pech: Sie hatte mich. Mit Puppenspielen gab ich mich nicht ab. Ich lief Rollschuhe, ich kletterte an der Ruhr in den Felswänden und – falls erforderlich – prügelte ich mich auch schon mal. Aus praktischen Gründen trug ich, bis ich zur Schule kam, deshalb eine Lederhose. Bei mir ging das Baden nie ohne Gezeter ab. Das Haarewaschen und das anschließende Kämmen war übel. An einen Badezusatz kann ich mich auch nicht erinnern, außer: eine Brausetablette mit Fichtennadelduft. Wenn diese zum Einsatz kam, war es schon ein Fest.

Wenn ich die Prozedur überstanden hatte, durfte ich auch endlich zu meinen Geschwistern auf die Couch und bekam meinen Kakao. Aber das ganze hatte auch eine schöne Seite: Jeden Samstag gab es einen frischen Schlaf-anzug oder ein frisches Nachthemd. Im Sommer mit dem Duft von Gras (die Wäsche wurde selbstverständlich draußen getrocknet). Das hat für alles entschädigt! Wenn es richtig gut kam, war auch die Bettwäsche frisch. Süßen Träumen stand nun nichts mehr im Wege.

Anschließend badeten meiner Eltern (in frischem Wasser!) und danach alles ging wieder retour: Wasser raus, Einkochkessel runter vom Herd, Zinkwanne in den Keller. Meine Mutter war fertig!

Alle vier Wochen verschwand meine Mutter. Nicht, dass sie Mann und Kinder einfach so im Stich ließ. Nein, sie verschwand im Nebel, hervorgerufen durch kochend heißes Wasser, das auf dem Kohleofen heißgemacht und dann in die „Halbautomatische" von Miele verschwand.

So ein Waschtag gelang nicht ohne größere Vorbereitung: Zuerst einmal stand jeder Familie in unserem Mehrfamilienhaus eine bestimmte „Waschwoche" zu. Die Reihenfolge wurde von allen peinlich beachtet und sehr genau beobachtet.

Grundsätzlich begann der Waschtag (eigentlich war es fast eine ganze Woche) montags. Am Sonntag wurde bereits eine Suppe für die Familie vorgekocht, denn etwas anderes war zeitlich am Waschtag nicht drin. Meistens gab es Erbsensuppe, im Sommer auch frische Bohnensuppe (die Bohnen kamen natürlich aus dem eigenen Garten). Ich hätte zwar gerne an den Waschtagen was anderes gegessen als Suppe, aber der Vorteil an der Waschwoche war, dass meine Mutter kaum Zeit für mich hatte und ich frei und unbeaufsichtigt über meine Zeit verfügen konnte – abgesehen von der Zeit, die ich in der Schule verbringen musste.

Für Frauen Schwerstarbeit – das Wäschewaschen mit dem Waschbrett

Am Sonntagabend wurde die Wäsche eingeweicht. Das geschah in einem sehr großen steinernen Becken, das mit kaltem Wasser und Einweichmittel gefüllt wurde. Dahinein kam dann die Wäsche der letzten Wochen, um die Flecken und Verschmutzungen schon mal einzuweichen, die drei Kinder und ein Maurer (nämlich mein Vater) so produzierten. Gelegentlich gab es dabei für mich einen Extra-Spaß: Ich durfte in das große Steinbecken und mit den Füßen (natürlich vorher gewaschenen) die Wäsche stampfen. Ich hatte einen Heidenspaß dabei. So etwa drei bis vier Minuten. Dann wurde es langweilig. Aber dieses Becken hatte einen weiteren Vorteil: Wenn es im Sommer richtig heiß war verschwand ich manchmal in der Waschküche und legte mich in dieses Steinbecken, das wunderbar kühl war.

Am Montagmorgen also ging es los: Den Ofen anfeuern, er wurde mit Holzspänen und dann mit Kohlen auf ordentlich Temperatur gebracht. Als nächstes die Wäsche aus dem

Jederzeit in Stadt und Land
kochend Wasser aus der Wand

mit dem Elektro-
Kochendwasser-Automat

Reinlichkeit und Elektrisierung des Haushalts – die Industrie erfüllte die Wünsche der Hausfrauen

Von früh bis spät

AEG
HELFER IM HAUSHALT

im Fachhandel erhältlich!

6548

So viel schafft Pril!

Das Kinderzimmer strahlt! Denn Pril entspannt das Wasser und macht alles blitzsauber.

Innenansicht

Die neue
Doppel-Schnell-Waschmaschine

mit zwei Wellenscheiben — wäscht in 4 Min. ca. 3-4 kg Trockenwäsche äußerst schonend und blütenweiß.

Wilh. Plass K.G.
Waschmaschinenfabrik
Essen-Borbeck, Germaniastraße 188

Patent

Verlangen Sie unverbindlich Vorführung

„Für Dich wasch' ich perfekt!"

„Das sieht man Deiner ganzen Wäsche an!"

„Ja, und darauf bin ich stolz. Ich wasche nur mit Wipp-perfekt. Das ist das Beste, was ich kenne. Da weiß ich mit Sicherheit: Meine Wäsche wird so wunderbar schonend und gründlich sauber gewaschen, wie ich's mir besser nicht wünschen kann. Und ich wasche leichter und müheloser als je zuvor. Nichts geht über perfektes Waschen – darum wasche ich mit Wipp-perfekt!"

Ja, das ist perfekt:

Bei größter Schonung für die Wäsche, mit geringster Mühe ein wunderbarer Wasch-Erfolg!

Wipp-perfekt wäscht perfekt

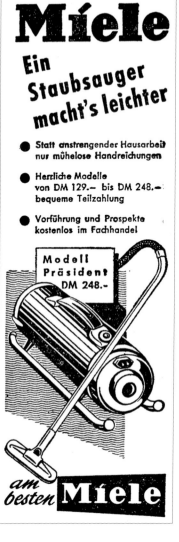

Miele

Ein Staubsauger macht's leichter

- Statt anstrengender Hausarbeit nur mühelose Handreichungen

- Herrliche Modelle von DM 129.– bis DM 248.– bequeme Teilzahlung

- Vorführung und Prospekte kostenlos im Fachhandel

Modell Präsident DM 248.–

am besten **Miele**

SIEMENS HAUSGERÄTE

HEIMBÜGLER

Schrankfertige Wäsche in halber Zeit!

Bequem im Sitzen können Sie die gesamte Wäsche, auch Herrenhemden, Nylon-blusen und Vorhänge, schrankfertig bügeln. Durch die große Bügelfläche arbeiten Sie erheblich schneller als mit dem Bügeleisen.

ohne Temperaturregelung 598,– DM
mit Temperaturregelung 668,– DM

Vorführung und Verkauf in jedem guten Fachgeschäft.
Kostenlose Einarbeitung
durch unsere Haushaltberaterinnen.

Gemüse und Obst bringen Abwechslung auf den Tisch.

nimm doch KONSERVEN

Einweichbecken mit einem Holzstab fischen und ab damit in die Halbautomatische. Wer die hatte, brauchte sich mit einem Waschbrett nicht mehr herumzuplagen und war schon ein wenig privilegiert. Aber die Arbeit war immer noch schwer genug. Denn es passte immer nur wenig Wäsche in die Maschine. Wenn die erste Fuhre aus der Maschine kam musste man sie auf fingerverträgliche Temperaturen herunterkühlen, denn die Halbautomatische war eben nur halbautomatisch und der Komfort ging nicht soweit, dass Wasser und Wäsche heruntergekühlt wurden. Deswegen kam der Holzstock (bei uns liebevoll der „Prengel" genannt) wieder zum Einsatz, mit dem man die Wäsche aus der heißen Maschine holte und dann in einem Eimer abkühlte. Von dort ging es dann weiter zur Mangel. Wenn ich nicht weit genug weg war oder irgendwo Rollschuhe lief oder mit dem Rad unterwegs war, forderte meine Mutter beim Mangeln meine Hilfe ein. Ich fand das aber ziemlich öde, die meiste Zeit musste ich nämlich warten. Das Mangeln selbst war auch nicht wirklich aufregend: man musste die Wäschestücke irgendwie zwischen zwei Rollen bugsieren und dann mit einer Drehbewegung das Wasser herauspressen. Wie habe ich gejubelt, als es die erste elektrische Schleuder gab, welche meine Mutter bestimmt über 35 Jahre im Dienst hatte, so sehr hat sie sie geschätzt.

War die Wäsche nun einigermaßen vorgetrocknet, kam sie auf die Leine. Im Sommer war das wirklich sehr schön, denn die Wäscheleinen waren auf der Wiese gespannt. So nahm die Wäsche beim Trocknen den Duft des Grases an und wir Kinder konnten uns hinter den großen Wäschestücken verstecken, das kam bei den Hausfrauen natürlich nicht gut an.

Meine frühe Erinnerung an meine Mutter besteht vorwiegend darin, dass sie wie eine Weltmeisterin für uns kochte und an ihre Beine, die ich an Waschtagen nur sehen konnte, wenn ich mich bückte. Der Rest verschwand in den Nebelschwaden …

Anette Friedhoff, Oberhausen

In den Nebeln der Waschküche

Ich, Jahrgang 1955, bin bei der Großmutter aufgewachsen. Besondere Erinnerungen habe ich an Omas Waschtage. Dann ging es hinunter in die Waschküche. Schon am Vorabend wurde unter einem großen Kübel mit Wasser Feuer entfacht und die Wäsche über Nacht dort eingeweicht. Am nächsten Morgen ging es dann schon ganz früh mit Oma in die Waschküche. Ich bekam eine kleine Fußbank hingestellt, etwas abseits vom feuchten und heißen Geschehen. Besonders im Winter entstand mit der Zeit so viel Wasserdampf im Raum, dass man die Hand nicht mehr vor Augen sehen konnte. Ich weiß noch, dass ich dann immer ein wenig Angst bekam und in den Raum hinein leise nach meiner Großmutter rief. Sie antwortete immer: „Hier bin ich, mein Kind!" Dann war wieder alles gut …

In Erinnerung geblieben ist mir auch, dass so ein Waschtag damals richtig Arbeit bedeutete. Zumal man meist nur ca. alle zwei bis vier Wochen „dran war". Denn die Benutzung der Waschküche ging im Haus reihum. Kein Vergleich mit der Bequemlichkeit von heute.

Rosemarie Schulte-Wilde, Herne

Mit Oma zur Rentenauszahlung

Mit meiner Oma ging ich jeden Monat in eine Gaststätte in unserem Stadtteil König-Ludwig in Recklinghausen Süd, um die Knappschafts-rente abzuholen. Im Saal der Gaststätte saßen drei Herren an einem langen Tisch, um die Geldbeträge auszuzahlen. Es war zu dieser Zeit alles öffentlich. Schon lange vor Beginn der Auszahlung setzten sich die bekannten Klatschbasen an den Auszahlungstisch, um genau zu registrieren, wer wie viel oder wie wenig Rente bekam.

Der Auszahlungsbeamte rief jeden Renten-empfänger namentlich auf und zahlte nach Bestätigung der Person auf einer Liste den Rentenbetrag aus. Natürlich wartete ich jedes Mal gespannt darauf, dass der Beamte scherz-haft eine Person mit Namen „Herr Übertrag" aufrief und dann jedes Mal bedauernd ausrief:

Plakat des DGB mit der Forderung zur Einführung der Fünf-Tage-Woche aus dem Jahr 1956

„Oh, so eine schöne Rente und niemand holt sie ab."

Nach Erhalt ihrer Rente ging meine Oma mit mir in den Schankraum der Gaststätte und spendierte mir eine Limonade. Dann bekam ich einen Groschen und durfte mir Nüsse aus dem Erdnussautomaten ziehen. Oma trank einen Kaffee und dann gingen wir nach Hause.

Nie habe ich gehört, dass jemals ein Rent-ner oder eine Rentnerin ausgeraubt wurde. Einer passte auf den anderen auf.

Helga Schick, Essen

Jetzt wird in die Hände gespuckt …

Nach den schweren Kriegsjahren mit Hunger und großer Not gab es nach der Währungsre-form wieder Hoffnung auf eine bessere Zu-kunft. Die Lebensmittelmarken wurden abge-schafft und die Läden füllten sich wieder mit Waren, die es lange nicht gegeben hatte. Bür-ger, die keine richtige Wohnung mehr hatten, beteiligten sich am Wiederaufbau. Die Berg- und Stahlarbeiter machten Sonderschichten und viele von ihnen leiteten Reviere und Be-triebsabteilungen. Als Lehrlinge hatten wir ausbildungsfremde Arbeiten auszuführen. Überall bekam man von Erwachsenen zu hören: „Lehrjahre sind keine Herrenjahre." Wichtig war, eine Lehrstelle zu haben. Im DGB-Jugendheim wurden wir durch unsere Gewerkschaft mit den Rechten und Pflichten des Ausbildungsrechts vertraut gemacht. Mit der Marktwirtschaft beschäftigten wir uns in Abendschulungen. Es gab unsoziale Aus-wüchse einer Wettbewerbswirtschaft, die keine Rücksicht auf Arbeitslose und sozial Schwache nahm.

In der Ruhrgebietsbevölkerung gab es einen großen Nachholbedarf an Konsumgütern. Im

Zwei Bilder wie ein Zeitraffer: Die Anfangsjahre der 50er standen noch im Zeichen des Wiederaufbaus, gegen Ende des Jahrzehnts konnte man das Erreichte genießen

Vordergrund stand eine bessere Ernährung und sich besser kleiden zu können. Die Menschen im Revier wollten auch besser wohnen. Wenn man sich ein Fahrrad anschaffen wollte, dann musste dafür lange gespart werden. Es gab Sonntagsschichten, damit es in der Wirtschaft wieder aufwärts ging. Am 1. Mai stand Anfang der fünfziger Jahre auf unseren Plakaten: „Samstags gehört Vati mir." Als der erste Tarifvertrag mit der Fünf-Tage-Woche abgeschlossen wurde, freuten wir uns über den gewerkschaftlichen Erfolg. Der soziale Fortschritt kam nicht von selbst. Alles musste erkämpft werden. Einigkeit und Solidarität haben geholfen, die Lebens- und Arbeitsbedingungen zu verbessern und auch die Mitbestimmung zunächst bei Kohle und Stahl durchzusetzen.

An die Anschaffung eines Fernsehgeräts war noch nicht zu denken. Wer schon ein moderneres Radiogerät hatte, konnte sich glücklich schätzen. Samstags hörten wir im Rundfunk die Sendung mit Peter Frankenfeld und anderen Unterhaltungskünstlern. Ein Jugendtreffen der IGBE in Bochum fand unter dem Motto: „Freie Zeit – Deine Zeit." Statt. In Neigungsgruppen verlebten viele Jugendliche ihre Freizeit und waren froh, in einer demokratischen Gesellschaft zu leben. Von ihren Vätern und Großvätern hörten sie, wie sie im Nationalsozialismus in der Diktatur aufgewachsen sind. Die Schlager von Caterina Valente und Conny Froboess sangen wir auch und kauften später die Schallplatten.

Dass nach der Nazi-Diktatur Deutschland geteilt war und in Ostdeutschland erneut eine Diktatur durch den Kommunismus entstand, war für uns unfassbar. Wir haben uns immer gefragt: „Hat das Volk aus der Vergangenheit nicht gelernt?" In der politischen Bildungsarbeit haben wir uns mit den verschiedenen Staatsformen auseinandergesetzt und den Wert der Parlamentarischen Demokratie schätzen gelernt.

Als junge Menschen haben wir uns gefreut, als Bubi Scholz 1958 Europameister im Mittelgewicht wurde. Außerdem hatten wir alle unsere verschiedenen Sportvereine, in denen wir aktiv waren oder von ihnen Fans wurden.

Die 50er Jahre erinnern mich an eine leistungsorientierte Zeit, die zum Aufbau eines demokratischen Staates führte. Für Gerechtigkeit in Frieden und Freiheit einzutreten wird sich auch in Zukunft lohnen.

Horst Weckelmann, Unna-Massen

„Schnippelmaschine" und „Kapsschabe"

Mein Vater war als Bergmann und Sprengmeister in Wechselschicht unter Tage tätig. Meine Mutter war für den Haushalt, die Versorgung der Familie und die Erziehung der Kinder zuständig, handarbeitete viel, nähte für den Haushalt und die persönliche Kleidung für meine sechs Jahre ältere Schwester und mich.

Als ich ein Jahr alt war, zogen wir in eine Doppelhaushälfte einer sogenannten Bergmannssiedlung ein. Die Gegend war ländlich, beschaulich, ziemlich genau zwei Kilometer südlich der Ruhr, die Straße nicht geteert. Ein Auto besaß noch keiner. In der Nachbarschaft gab es einen Fuhrunternehmer, der mit dem 1-PS-Vollblut Max und Wagen unterwegs war.

Mit „Bütterkes" und „Henkelmann" fuhr mein Vater in die Grube ein. Er brachte häufig „Mutterklötzkes" mit, die auf dem Hauklotz mit einer Axt in schmale Scheite gespalten wurden. Diese dienten zusammen mit der „Heimat am Mittag", der Tageszeitung vom Vortag, zum Anfeuern des großen Kohleofens, der in der (Wohn-)Küche stand, dem größten Raum im Haus. Hier spielte sich alles ab. Ein kleineres Zimmer war das „gute Wohnzimmer", das nur im Winter beheizt wurde. Das „Plumpsklo" befand sich in einem winzigen Raum ohne Heizung direkt hinter der Haustür. Elternschlaf- und Kinderzimmer im Obergeschoss waren ebenfalls nicht beheizbar, sodass in kalten Wintern Eisblumen wie eine Spitzendecke die Fensterscheiben zierten. Die Kohlen wurden damals mit Pferd und Wagen gebracht und mussten per Hand in den Kohlenkeller geschaufelt werden.

1956 wurde ich in eine Volksschule eingeschult, die insgesamt nur drei Klassen hatte. Es gab neue Kleidung, eine große Zuckertüte, den gebrauchten Tornister der älteren Schwester, eine Schiefertafel mit Griffel dazu ein Schwämmchen in der Dose und einen, von meiner Mutter selbstgehäkelten, Tafellappen. In der Klasse herrschte Zucht und Ordnung, Strafen wie „in der Ecke stehen", „vor die Tür gehen" und „Stockschläge" waren noch üblich. Der Klassenlehrer des 3. und 4. Schuljahres gab für gute Leistungen „Fleißkärtchen". Für einen besonders guten Aufsatz habe ich 1958 das Buch „Robinson Crusoe" von Daniel Defoe mit einer Widmung erhalten. Regelmäßig „bedienten" wir uns im Sommer auf dem Schulweg in den Streuobstwiesen, wobei Äpfel, Birnen, Pflaumen und Kirschen sofort verzehrt wurden. Angezeigt wurden wir deshalb nie.

Zum Haus gehörte ein großer Garten, der neben einem Blumenbeet und einer Rasenfläche überwiegend aus Nutzgarten bestand, den beide Eltern beackerten. Kartoffeln, Gemüse, Salate und Kräuter gab es dort, auch Erdbeeren, Johannis-und Stachelbeeren sowie einen Pfirsich-und Pflaumenbaum. Das meiste diente der täglichen Ernährung und auch ich musste bei der Gartenarbeit helfen.

Einiges wurde für den Winter in Weckgläser eingekocht. Ich stopfte viele Stangenbohnen in die „Schnippelmaschine" und pulte Bohnenkerne. Zur Sauerkrautherstellung musste ich eine „Kapsschabe" holen, die in der Nachbarschaft gegen 50 Pfennig ausgeliehen werden konnte. So gelangte der Weißkohl zerkleinert und unter Beigabe von Salz und Gewürzen in einen Steinguttopf, der mit einem Leinentuch, einem Holzbrett und einem schweren Stein abgedeckt wurde. Da die eigene Kartoffelernte den Winter über nicht ausreichte, wurden beim Bauern in der Nachbarschaft welche dazu gekauft. Vor der Einlagerung wurden die Kartoffeln durchgesehen und die faulen und beschädigten aussortiert. Da musste ich ebenfalls helfen. Außer den Hühnern gab es Kaninchen. Im Sommer war ich für das Sammeln von Kettenbüschen (bekannt als Löwenzahn) zuständig. Von Zeit zu Zeit, insbesondere an Fest- und Feiertagen, wanderten Hühner in den Topf und Kaninchen in die Pfanne, was uns Kindern möglichst verheimlicht wurde. Lebensmittel wegwerfen, das gab es nicht. Vom Mittagessen übrig gebliebene Kartoffeln wurden angebraten, zu Kartoffelplätzchen verarbeitet oder – in Scheiben geschnitten – aufs Brot gelegt. Reibeplätzchen, mal pikant, mal süß, wurden später kalt auf Schwarzbrot gegessen. Häufiger gab es „Arme Ritter", in Milch und verquirltem Ei gewendete Weißbrotscheiben, die goldbraun angebraten wurden.

Einige Male im Jahr fuhren wir mit dem Bus in die „Großstadt Bochum", um dort Einkäufe zu tätigen. Vor Weihnachten gab es im Kaufhaus Kortum Auftritte eines Kasperletheaters. Das durfte ich anschauen, während meine

Die Kioske waren im Ruhrgebiet ein wichtiger Anlaufpunkt – auch in schicker Garderobe

Mutter die Weihnachtseinkäufe machte. Es gab immer Würstchen im Brötchen am Stehtisch, Mutter oben, ich an der unteren Ebene. Bei der abendlichen Heimfahrt, schlief ich – sofern meine Mutter einen Sitzplatz hatte – auf ihrem Schoß ein, erschöpft von den Eindrücken der Stadt.

In den Ferien machten wir einen Ausflug nach Wuppertal. Wir fuhren mit Bus und Schwebebahn – das war schon etwas ganz Besonderes –, um den Tag im Zoo zu verbringen. Für ein Picknick hatten wir Kartoffelsalat, Frikadellen, auch schon mal ein Schweinekotelett und Limonade dabei.

Am Sonntagnachmittag gab es den Kinderfunk, da hörte ich „Emil und die Detektive". Ende der 50er Jahre bekamen wir einen Standfernseher. Der Bildschirm ließ sich durch zwei Lamellentüren, die abschließbar waren, verdecken. Heimlich fernsehen, unmöglich! Serien wie Fury und Lassie waren beliebte Sendungen, „Abenteuer unter Wasser" faszinierend!

Fernsehen nahm im Sommer nur einen Bruchteil der Freizeit ein, weil ich mich – wie viele Kinder aus der Nachbarschaft – lieber draußen aufhielt. Wiesen, Wald und Bachlauf waren angesagt. Im Winter wurde „Mensch Ärger Dich nicht", Mühle oder Karten gespielt und viel gelesen, notfalls mit einer Taschenlampe unter der Bettdecke. Die Taschenlampe diente auch dazu, meiner Freundin, die in der Nachbarschaft wohnte, vom Kinderzimmerfenster aus Lichtsignale zu senden. Wenn Schnee lag, war Schlittenfahren angesagt mit Einer, Zweier oder Bobs (möglichst viele Schlitten hintereinander gebunden), stundenlang, bis in die Dunkelheit und auf der abschüssigen Straße, denn Autos waren nicht zu befürchten, es wurde weder geräumt noch gestreut, ein Riesenspaß.

Die erste Reise durfte ich 1959 in den Sommerferien machen. Es war eine Kinderfreizeit der AWO nach Zwiesel im Bayerischen Wald. Die Speckknödeln zum Abendessen waren für mich „ungenießbar", der Aufenthalt erlebnisreich und voller neuer Eindrücke.

Heidemarie Lietz, Hattingen

Sonntags nach dem Fußball

Ich bin fünf Jahre alt und wohne mit Mama und Papa in der Schalker Straße. Ich heiße Anni (wenn Mama von mir erzählt, sagt sie immer „unser Anniken"). Jeden Tag gehen wir, wenn Papa schon zur Arbeit ist (auf Krupp in Essen), zu der Urgroßoma, die in der Herbertstraße wohnt. Dort leben auch Onkel Heini und Onkel Siegfried.

An einem Sonntag im Sommer 1956 (ich bin schon seit April in der Schule und gehe nicht jeden Alltag mit) sind wir wieder in der Herbertstraße. Mama hat ihre halbseitig gelähmte Oma versorgt, Heringe gebraten und eingelegt. Onkel Heini hatte sich als Nachtisch Dickmilch gemacht, die in einer Schüssel auf der Fensterbank im Schlafzimmer steht. Papa und die beiden Onkels sind mal wieder auf Schalke, zu Fuß.

Es ist Mittagszeit und Mama wartet schon mit dem gedeckten Tisch auf die Männer. Endlich kommen sie nach Hause, alle betrunken (Schalke hat gewonnen, sie trinken aber auch, wenn Schalke verloren hat). Sie kommen schwankend in die Wohnküche und verteilen sich auf die Stühle, einer muss brechen (in den Pipieimer, der nachts im Schlafzimmer benutzt wird, die Toilette ist nämlich eine Etage tiefer und oft besetzt; kalt ist es im Hausflur auch). Hunger hat keiner und Mama schimpft: „Ich habe Essen gemacht und ihr kommt

Sonntagsausflüge wurden in bester Kleidung unternommen, ob zu Fuß im Bochumer Stadtpark (o., 1957) oder auf der Essener Margarethenhöhe (u.l., 1952) oder mit dem Auto (u.r., 1956)

Vatertagsausflug (o., Ende der 50er Jahre), in der Essener Gruga (u.l., 1956), im Stadtpark Bochum (u.r., 1956)

schon wieder besoffen. Ihr könnt euch den Hering an den Hut stecken." Die Männer lachen. Oma klagt, dass ihr Taschentuch voll sei und ich hole eine Emaille-Schüssel, stelle die auf einen Hocker und wasche das Tuch mit Wasser und Kernseife. Mama meckert schon wieder: „Ihh, was machst du da für eine Schweinerei." Wieder lachen alle, und Urgroßoma strahlt und lobt mich.

Anni Baumann, Altenberge

Das Grün des Friedhofs als Kulisse für Fotos …

Fototermin auf dem Friedhof

Meine 50er Jahre begannen mit meiner Konfirmation in der Kapelle des Huyssenstiftes, da viele Kirchen vom Krieg noch zerstört waren. Fotos wurden auf dem Ostfriedhof vor grünen Büschen gemacht, weil in unserer Wohngegend nicht viel Grün vorhanden war. Montags – ich hatte schulfrei – wurden die Nachbarn zum Kaffee geladen und ich wurde reich beschenkt mit großen Hortensien, Sammeltassen, Gerstenkorn-Handtüchern, einer grünen Tischdecke mit Jagdmotiven u.v.m. Von Zeit zu Zeit habe ich mir meine Schätze angesehen.

Im Jahre 1951 bin ich aus der Schule entlassen worden mit dem Motto „Ausfahrt ins Leben". Mit meinem guten Abschlusszeugnis ging ich auf Arbeitssuche, denn ich wollte – warum auch immer – Verkäuferin für Kurzwaren werden. Nach vielen Bewerbungen bekam ich eine Anstellung als Anlernling für den kaufmännischen Beruf bei einer privaten Krankenversicherung in Werden. Hier kam ich zu der Erkenntnis „Lehrjahre sind keine Herrenjahre". Für meine Chefin ging ich in Werden einkaufen und musste einmal weißes in rosa Toilettenpapier umtauschen. Auch war jeden Morgen ein Huhn aus dem Kohlenkeller zu holen und es in einen Auslauf in den Garten zu set-

zen. Wer hatte nun mehr Angst, das Huhn oder ich?

Nach einem Jahr wechselte ich zu einer Kraftfahrzeug-Versicherung in Frillendorf. Hier war ich über zehn Jahre beschäftigt, war zufrieden und anerkannt. Da ich nun mein eigenes Geld verdiente, konnten mein Freund und ich einiges unternehmen. Mein Freund hatte die Tanzschule besucht und so gingen wir sonntags zum Tanztee ins „Rhein-Ruhr-Café" neben der Münsterkirche. Natürlich waren wir auch in der Lichtburg und saßen auf dem „Rasierplatz" (1. Reihe), denn da war es billiger. Wir erlebten Zarah Leander und viele andere Künstler. Noch heute habe ich das Autogramm von meinem Schwarz Bully Buhlau.

Mitte der 50er Jahre fuhren mein Freund Kalli und ich zum ersten Mal gemeinsam in den Urlaub. Wir fuhren acht Tage zum Rhein und wohnten natürlich in getrennten Pensionen – wie es sich gehörte!

Gerda Bonner, Essen

Weiße Kniestrümpfe, schwarze Lackschuhe

Die Wirtschaftswunderjahre – das Wunder der 50er Jahre erlebte ich ganz anders. Meine Eltern und Großeltern hatten nicht viel Einkommen. Beide Opas waren Bergleute „unter Tage", wie es hieß auf Rheinbaben, die Omas selbstverständlich Hausfrauen. Sie, die Eltern meiner Eltern wohnten damals in Bottrop-Eigen in der Rheinbabenkolonie. So kannten meine Eltern sich von Kindertagen an, es wurde Liebe. Nach der Arbeit – damals war mein Vater Lehrling zum Rohrnetzbauer bei der Rhenag – reinigte Mein Vater seine Gummistiefel unter einem Wasserhahn auf dem

Perfekt gekleidet zur Kommunion, 1953

Hinterhof und fragte meine Mutter, ob sie mit ihm gehen wollte. Das war 1950. Vier Jahre später wurde geheiratet. Die Hochzeit wurde auf dem Hof von Muttis Eltern gefeiert, die, wie früher üblich, auch die Hochzeit ausrichteten. Es ist ihnen sehr schwer gefallen, das Geld war mehr als knapp. Die Eltern meines Vaters beteiligten sich auch, mein Vater brauchte drei Monate kein Kostgeld zahlen. 1955 kam ich auf die Welt. Dieses freudige Ereignis einfach so zu verkünden – nein, das war nicht möglich. Davon erfuhren meine Großeltern auf Umwegen. Meine Mutter ging an den Geldtagen im Monat (damals wurde noch zweimal im Monat Lohn gezahlt) aushilfsweise bei Tapeten Becker auf der Hochstraße in der Bottroper Innenstadt arbeiten. Als wieder mal so ein Tag war, berichtete sie ihren Eltern, sie ginge arbeiten, um für einen Kinderwagen zu sparen.

Ich selbst verlebte eine wunderbare Kindheit in der Liebe und Geborgenheit meiner Großeltern, bei denen wir zwei Zimmer im Hause bewohnten. Ich hatte viel Gelegenheit, mit anderen Kindern zu spielen. Da kam jeden Morgen der Milchbauer, der frische Milch brachte und ich bekam meine zwei „Nanas". Das war dieses Eiskonfekt von Moritz. An einem Morgen ging es mir gar nicht schnell genug mit diesen beiden Nanas. Ich hörte den Milchbauern schellen mit seiner für mich übergroßen Messingglocke, nahm mein Körbchen – ein Drahtgeflecht, das einst ein russischer Kriegsgefangener angefertigt hatte, zum Dank, weil mein Opa ihn nach einem Grubenunglück untertage unter Einsatz seines eigenen Lebens gerettet hatte – und eilte die Treppe nach unten. Ich stolperte in der Eile über meine kleinen Beinchen und stürzte die Treppe runter, wobei mein Kopf mehrmals auf

Hochzeitsimpressionen

Auf dem Weg zur Kommunionsfeier, 1953

die Holzstufen aufschlug. Wie durch ein Wunder war nichts passiert. Es kam nicht nur der Milchbauer, es kam auch der „Fischkerl" und der „Lichtkerl". Die Brötchen wurden noch durch die Brötchenjungen gebracht und lagen jeden Morgen auf der Fensterbank des äußeren Flurfensterchens. Meine Mutter und ich waren jeden Morgen unten bei Oma Lene in der Wohnküche zum Frühstück. Oma Lene machte immer einen Eierpfannkuchen, den ich auch heute noch gern auf das Brötchen lege. Wundertüten waren Ende der 50er Jahre sehr begehrt. Ich hatte mir oft diese Überraschungen kaufen dürfen, sie waren immer gefüllt mit Puffreis und enthielten stets eine Überraschung, man wusste vorher nie, was

drin war. Sie kosteten einen Groschen. Es gab auch große Wundertüten für 50 Pfennig, die waren „nicht drin", bis die Zeit des Kultautos kam. Der VW-Käfer war in diesen großen Wundertüten, nur dass man vorher nicht die Farbe wusste. Mein Wundertütenkäfer war blau.

Hatte ich in der Woche herrlich und ausgelassen gespielt, so kehrte am Sonntag die Wende ein. Am Sonntag durfte ich mich nicht dreckig machen, der Sonntag war heilig. Papa und sein Vater sangen Sonntag beim Hochamt in der Liebfrauenkirche im Kirchenchor, dem auch Geschäftsleute angehörten. Das war bei manchen Gelegenheiten recht günstig. Ich war sehr schick angezogen: weiße Kniestrümpfe, schwarze Lackschuhe und ein

Weihnachten 1959

feines Kleidchen, dessen Rockteil sich über einem weiten Petticoat legte. Dieser Petticoat war herrlich: rosa Schaumstoff, auf dem eine weiße Spitze lag, Oberteil in Spitze mit Spaghettiträgern. Ich war regelrecht verliebt in dieses Ding und konnte nicht begreifen, warum ich dieses herrliche Stück nicht als Ballkleid tragen durfte. Diese Petticoats waren sehr hinderlich beim Toilettengang.

Ich war sonntags also sauber und schick angezogen. An Spielen war nicht zu denken. Aber ich durfte mit meinem Puppenwagen nach draußen, den ich mit feierlicher Miene durch die Eigener Straßen Am Venn und Schantzenstraße fuhr. Den Puppenwagen habe ich zu Weihnachten bekommen, darin saß eine große Puppe, 64 Zentimeter groß. Dieses Geschenk der großen Puppe hatte einen ganz besonderen Grund. In den sogenannten schlechten Zeiten war meine Mutter in einem Alter, in der sie auch eine große Puppe besaß, mit ihr aber nichts mehr anfing. Da ihre Tante und Onkel ebenfalls sehr arm waren und ihrer Tochter nichts schenken konnten, sollte meine Mutter ihre große Puppe abgeben, was sie sehr schweren Herzens tat. Muttis Mutter, also meine Oma, hat ihr versprochen: „Wenn du mal ein Mädchen bekommst, dann wird dieses Mädchen eine große Puppe von uns bekommen." Oma hat ihr Versprechen gehalten und an diesem Heiligabend stand ein hellblauer Puppenwagen

Mit heimischen Bieren ließ man es sich in der Kneipe oder bei diversen Festen ...

Stauder Pils

... im heimischen Wohnzimmer gutgehen

vor dem Tannenbaum und darin saß eine große Puppe, der ich den Namen „Christiane" gab. Dafür haben meine Großeltern damals eine Tonne Kohlen (Opa bekam ja sein Deputat) verkauft. Christiane lebt immer noch bei mir. Wenn ich dann mit meinem Puppenwagen durch die Straße fuhr, begegnete mir schon mal die zukünftige Schwiegermutter meiner Tante Elsbeth, von uns allen liebevoll „Oma Ida" genannt. Sie sprach mich öfter mal mit „Schulschwänzerin" an, weil ich den Kindergarten verweigert hatte. Die Schwestern und Erzieherinnen der Einrichtung „Liebfrauen" auf dem Eigen an der Buchenstraße waren allesamt lieb und freundlich – bis meine Mutter außer Sicht war. Danach herrschte ein strenges Regiment, böse Blicke trafen mich, wenn ich nicht zur vorgeschriebenen Zeit frühstücken wollte. Ich wurde gezwungen – wie, weiß ich nicht mehr. Es wird seinen guten Grund haben, warum mein Gedächtnis das ausgeblendet hat. Einmal brach ich alles wieder aus.

Bis mein Vater einen VW fuhr, ging er morgens zu seinem Kollegen in der Nachbarschaft. Dieser Kollege wurde von allen der „Kirchhellener" genannt. Er stammte aus diesem Ort, sein Vater war dort ein angesehener Bauer, im Krieg Bürgermeister. Dieser Kirchhellener besaß ein Dreirad, ein Tempomat, mit dem die beiden zur Rhenag auf die Scharnhölzstraße fuhren, um ihr Tagewerk zu verrichten: Gasrohre verlegen, schweißen. Dieser Tempomat war für mich ein eigenartiges Ungetüm, das ich aber auch irgendwie lustig fand. Später fuhren mein Vater und der Kirchhellener auf dessen schwarzem Motorrad zur Arbeit. Dieses schwarze Gefährt hat mich stets beeindruckt und bei mir den Wunsch hinterlassen, einmal selbst Motorrad zu fahren.

Um etwas Geld zu verdienen, machte mein Vater Bereitschaftsdienst. In der damaligen Zeit bestand dieser Dienst darin, zu überprüfen, ob alle Gaslampen auf den Straßen von der „Druckwelle" erfasst waren und brannten, also leuchteten. War dies nicht der Fall, nahm mein Vater eine Eisenstange mit einem Haken, den er in ein Glied einer an der Lampe hängenden Eisenkette schob. Er zog an der Kette und die Lampe ging an. Wir nannten diesen Bereitschaftsdienst „Lampen Fahren", an dem meine Mutter und ich oft teilnahmen.

Früher war es nicht üblich, sich zu Besuchen anzumelden, wie denn auch? So kamen wir einmal bei Tante Margret an, einer Freundin meiner Mutter, als diese eben schwer beschäftigt war mit Gartenarbeit. Doch sie ließ alles stehen und liegen und freute sich, uns zu se-

Familie beim Abendbrot, um 1956

hen. Wir alle, sie hatte eine Tochter in meinem Alter, haben dann einen schönen Nachmittag verlebt. Einmal kam Tante Margret zu uns, als Waschtag war. Da stand meine Mutter in der Waschküche bis zu den Knöcheln im Wasser. Alle vier Wochen montags hatte Mutti ihren Waschtag. Da stand sie um fünf Uhr auf. Sie half von Hand, den Wassermotor in Gang zu bringen. Montags wuschen alle, das war der Wasserdruck immer schlecht. Ich hatte mir schon damals oft die Frage gestellt, wieso keine von den Frauen auf die Idee kam, an einem anderen Tag zu waschen. Die heiße Wäsche wurde in der großen Volkswanne – in der damals auch immer freitags gebadet wurde – zum Spülen hin und hergeschwenkt, mit Hilfe einer großen Holzzange, anschließend mit derselben in eine Wäschepresse gestopft und durch Nachhelfen von Hand ausgewrungen. Eine unglaubliche kräftezehrende Arbeit – und Tante Margret ging wieder.

Und einmal, da war das Geld sehr knapp. Ich benötigte neue Pantöffelchen, meine Füße waren gewachsen. Aber es war kein Geld da. Oma, die hatte eine Weile gespart, weil sie auch neue Hausschuhe brauchte. Da hat sie dann ihre alten weiter getragen und Mutti das Geld gegeben, damit sie mir neue Pantöffelchen kaufen konnte. Oma Lene und Opa Josef waren immer für mich da. Hatten sie doch eine erbärmliche Kindheit und Jugend erlebt, konnten sie ihrem eigenen Kind nichts bieten aufgrund von Krieg, Arbeitslosigkeit und Hungersnot, so waren sie für mich immer da und Opa hatte bei meiner Geburt geschworen: Dem Kind soll es immer gut gehen, da werde ich für sorgen. Oma und Opa sind schon 25 Jahre tot, aber ich profitiere immer noch von ihnen.

Birgit Michaelsen, Bottrop

Wir waren 49 Kinder in der Volksschulklasse

Mein Elternhaus stand und steht noch immer in Bochum-Laer. Wenn ich an die 50er Jahre zurückdenke, fallen mir Stichworte wie diese ein:

Schule

Wir, 49 Schülerinnen und Schüler, hatten eine sehr strenge Lehrerin. Als Strafen setzte es Prügel bei den Jungen und sie mussten „in der Ecke stehen". Für Mädchen gab es „nur" Ohrfeigen. Fräulein K. duldete keine Kommunikation während des Unterrichts mit den Mitschülern. Einige Schüler waren Legastheniker, damals kannte man diese Schwäche noch nicht, also waren sie für uns Schüler und für unser Fräulein einfach nur „dumm und faul".

Ein Schüler aus der 8. Klasse hatte sich ein Fahrrad ausgeliehen, er bekam ein großes Schild um den Hals, darauf stand: Ich habe ein Fahrrad gestohlen. Er wurde im Beisein eines Lehrers durch alle Klassen geführt.

Der erste wichtige Satz, den ich als Kind lesen konnte, war: „Heiner ist lieb."

Es gab vor der Schule noch keinen Zebrastreifen, deshalb regelten Schülerlotsen den Verkehr auf der Wittener Straße.

Fernsehen

Einen Fernseher besaßen wir noch nicht, aber meine Tante hatte eine Musiktruhe mit einem kleinen Fernseher darin. Das Programm begann um 17 Uhr. Wir sahen die Turnübungen für Kinder „10 Minuten mit Adalbert Dickhut", Hohensteiner Kasperletheater und die süßen Gesellen „Fiete Appelschnut" und „Hein Segelohr". Bei unserer Tante Hilde sah ich mir auch den Bildersuchdienst des DRK (früher Rotkreuz) an. Viele verschollene Soldaten, Mütter und Kinder wurden darin gesucht. Es hatte auch einen persönlichen Hintergrund: Erst

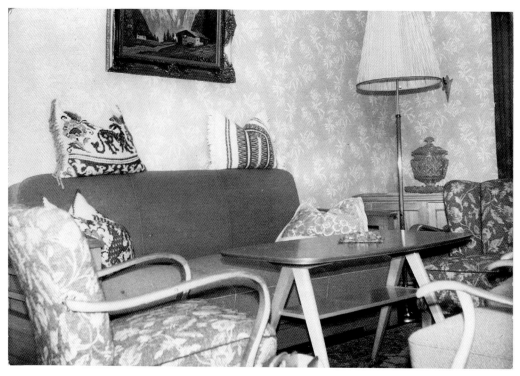

Wohnwelten mit Cocktailsessel, Nierentisch und Streifenteppich, zwischen 1956 (o.) und 1959 (u.r.)

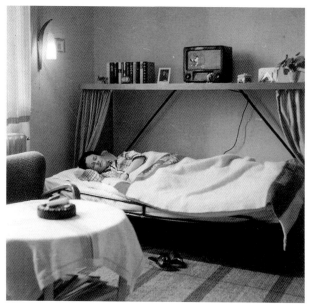

Mitte der 50er Jahre kam unser Onkel Kurt aus der Kriegsgefangenschaft zurück.

Lebensmittel

Samstags standen bei uns mittags Pellkartoffeln auf dem Speiseplan und abends nach dem Baden Reibeplätzchen. Sonntags gab es bei uns Fleisch, aber auch eine sehr strenge Tischsitte dazu: Es durfte bei Tisch nicht gesprochen und nicht gelacht werden, sonst gab es Ohrfeigen. Im Keller stand ein sogenannter Fliegenschrank. Er bestand aus Holz und war vorne mit Fliegendraht bespannt. Das war damals unser Kühlschrank.

Der Milchbauer brachte jeden Morgen mit seinem kleinen Lieferwagen die Milch. Alle Nachbarn versammelten sich mit ihren Milchkannen auf der Straße, wenn er mit der Glocke läutete. Der Gemüsebauer brachte die Einkellerungskartoffeln, Gemüse kauften wir nicht, das hatten wir selbst im Garten.

Das Einkaufen für sämtliche Nachbarn war üblich. Auch Zigaretten – Ernte 23 – und „Bergmann Bier" durften wir in der Gaststätte holen. Alles andere besorgten wir im Tante Emma Laden. Einen Supermarkt kannte ich damals noch nicht. Meinen Vater holten wir oft von der Straßenbahn ab, er hatte in seiner Tasche alte Brote, die sogenannten Hasenbrote, es war für uns Kinder damals wohl ein Leckerbissen.

Kleidung

Die Frauen trugen alltags fast nur Kittel und Kopftücher. Es wurde zwischen Sonntags-und Alltagskleidung unterschieden. Meine Mutter sah mit ihren schmucken Hüten immer aus wie eine „Dame von Welt". Sie hat viel Kleidung gestrickt und gehäkelt. Wenn ein Stoffpaket kam, ging es ab zu unserer Schneiderin. Diese pikste mich ständig bei der Anprobe mit ihren vielen Stecknadeln.

Wohnen

Wir besaßen nie einen Nierentisch, dafür aber einen Schrank in „Gelsenkirchener Barock". Der Fußboden wurde jeden Samstag gebohnert mit einem Bohnerbesen. Das ganze Haus war danach sehr glatt und es roch alles nach Bohnerwachs. Meine Tante kochte oft im Keller, damit oben in der Küche alles fein blieb.

DDR

Es wurden von uns viele Pakete zur Verwandtschaft „nach drüben" geschickt, als Dank gab es Christstollen. Die waren strohtrocken. Meine Oma in der Oberlausitz sagte einmal zu mir als Kind: „Ihr braucht nichts, ihr habt ja alles."

Gudrun Schäfer, Witten

Das Heulen der Sirenen hieß: Fenster zu, Ruß-Alarm!

In Königsberg/Ostpreußen 1943 geboren, hatte mich die Flucht vor den Russen mit meiner Mutter nach Lübeck verschlagen und die Arbeitssuche meines Vaters nach Siegen und schließlich nach Witten an der Ruhr. Hier im Kohlenpott fiel ich unter vielen Exoten als zugezogenes Kind nicht so auf. „Polacke", hatten mich Kinder im damals provinziellen Siegen gerufen, als ich mit norddeutschem Akzent zum ersten Mal den Mund auftat und über den s-pitzen S-tein s-tolperte. Meine Schulklasse in Witten hingegen bestand wohl zu drei Vierteln aus Flüchtlingskindern oder Zugezogenen.

Als wir in Witten, unserer neuen Heimat, ankamen, musste ich mir erst einmal die Augen reiben. Auf der Straße hatte mir der Wind gleich Dreck in die Augen getrieben. Dieser Industrie- und Kohlenstaub begleitete uns jahrelang. Die meisten Häuser wiesen einen Außenputz von grau bis schwarz auf, was mir nicht besonders gefiel. Wegen des Rußes wurden dauernd die Fenster, die Fensterbretter geputzt und die Gardinen gewaschen.

Unser Wäschewaschen geschah ab Mitte der 50er Jahre an einem bestimmten Wochentag ein oder zwei Mal im Monat kollektiv. In einem speziellen Waschhaus unserer Genossenschaftssiedlung standen den Mietern erste Waschmaschinen zur Verfügung. Das war ein Fortschritt, denn vorher musste die Wäsche in Lauge über Nacht eingeweicht, dann in einem Waschkessel gekocht, in Handarbeit ausgewrungen werden usw. Das Waschbrett hatte ausgedient. Es standen auch ein Trockner, der nur selten benutzt wurde, und eine Heißmangel zur Verfügung. Ein Gebläse führte die warme Abluft nach draußen. Das zog im Winter unsere kleinen Jungen an, die, egal bei welchem Wetter, meist kurze Hosen trugen. Franki, einen ganz lieber Nachbarbub, sehe ich noch vor mir, wie er sich vor Kälte bibbernd zur Wärmequelle begab und sich im warmen Wind des Waschhauses aufwärmte.

Am Waschtag halfen sich die Nachbarinnen gegenseitig, die feuchte Bettwäsche lang zu ziehen, um sie dann im Freien zum Trocknen aufzuhängen. Wehe, man vergaß, vorher die Leinen ordentlich abzuwischen. Dann hatte man einen schwarzen Strich auf dem weißen Tuch. Damals war die Bettwäsche überwiegend weiß und wurde manchmal, wenn die Sonne schön schien, trotz Rußgefahr zum Bleichen auf den Rasen gelegt.

Einmal, als ich nicht in der Schule war, sah ich, wie die Frauen die draußen die trocknende Wäsche zusammenrafften und

Kein guter Platz für weiße Wäsche: Industriekulisse mit der Kokerei Osterfeld, Oberhausen, 1950er Jahre

in Sicherheit brachten, als die Sirenen in der Stadt um 9.30 Uhr zu heulen anfingen. Mir erzeugen bis heute Sirenenheultöne unangenehme Gefühle, die vom unbewusst erlebten Krieg herrühren müssen. In Witten gingen jedes Mal morgens die Sirenen los, wenn die betreffenden Fabriken für jeweils eine halbe Stunde ihre Rußreinigung in die öffentliche Luft vornahmen. Mit dem Heulton wurde die Bevölkerung aufgefordert, die Fenster zu schließen und sich zunächst möglichst in Räumen aufzuhalten.

Zurück zum Waschhaus. Es hatte neben dem Waschen eine weitere Funktion: Es war auch das Zentrum von Tratsch und Kommunikation: Außer im Waschhaus traf und sprach man sich im Hausflur oder beim Einkaufen – auf dem Markt, im Fachgeschäft, von denen es viele gab und im Lebensmittelladen, den man später nach Tante Emma nannte. Selbstbedienung und Plastiktüten, exotische Früchte und Fertigprodukte, Verpackungsmüll – das kam erst viel später mit den Supermärkten auf. Im Gegensatz zu diesen waren wir Kunden im Tante Emma Laden persönlich bekannt. Viele unserer Nachbarinnen ließen anschreiben, wenn das Haushaltsgeld kurzfristig nicht mehr ausreichte. Das war sozusagen ein zinsloser Kredit, der am Zahltag des Mannes sofort zurückgezahlt wurde. Das alles wurde nicht heimlich oder verschämt vorgenommen, sondern geschah öffentlich und häufig genug vor meinen Augen. Oft erledigten das die Kinder der Familie. Kam ein älterer Kunde nicht wie gewohnt, wurde nach ihm geforscht.

Der Güterzug hat Vorfahrt: Bahnübergang bei Gelsenkirchen-Bismarck um 1952

Eisenbahnalltag im Ruhrgebiet vor den Übertagebauten der Zeche Shamrock in Wanne-Eickel

Die Waren wurden in jeder gewünschten Menge abgewogen und in braune Papiertüten gefüllt. Bonbons kauften wir Kinder einzeln, wenn wir mal eine 5-Pfennig-Münze oder gar das Doppelte, einen Groschen, ergatterten. Ab und zu hatten wir Glück und fanden eine Münze auf der Straße. Dann ging der Streit los, wer sie zuerst gesehen hatte. Aber letztendlich teilten wir dann die paar Bonbons brüder- bzw. schwesterlich.

Unbeliebt waren bei den Erwachsenen Bettler und Hausierer, die an der Tür schellten. An vielen Eingängen waren fertig zu kaufende Schildchen angebracht: Betteln und Hausieren verboten. Hausierer hielten auf ihrem Bauchladen Kurzwaren feil. Die Bettler baten nicht „haste mal ne Mark"', sondern um eine Stulle oder auch um ein gebrauchtes Kleidungsstück. Meine Mutter hatte Mitleid mit ihnen und gab ihnen das Gewünschte. Einer malte ein Zeichen neben unsere Tür. Das hieß für andere „Landstreicher": Hier gibt es was.

Eine weitere beliebte Nachrichtentauschbörse fand beim fahrenden Händler statt, der regelmäßig an bestimmten Stellen in der Straße Halt machte und dort Bedarfsgüter des Alltags feilbot. Einiges, was ich hier beschreibe, weiß ich nur über den Tratsch der Erwachsenen. Beim Friseur kriegte man auch einiges mit. Auf dem Laufenden waren nicht nur Rentner, aber auch jüngere Zeitgenossen, die oft zu zweit ihre Muße am offenen Fenster verbrachten, die Ellbogen auf ein weiches Sofakissen gestützt und das Treiben auf der Straße und dahinter beobachteten. Unkeusches Verhalten wie Zusammenleben ohne Trauschein wäre ihnen nicht entgangen und war durch den anerkannten Moralkodex der Zeit nahezu unmöglich. Nur die „Onkelehe" wurde toleriert, dass ein Rentnerpärchen nicht heiratete,

um nicht den Anspruch auf zwei Renten zu verlieren.

Fast alle Ehefrauen waren ausschließlich Hausfrauen und mit der Erziehung ihrer Kinder – im Durchschnitt nicht weniger als zwei – und dem „Betütern" des Familienvorstands, ihres Versorgers, vollauf beschäftigt. Die drei „Ks" waren ihr Lebensinhalt: Küche, Kinder und Kirche.

Wenn die Männer nicht zu Hause essen konnten, bekamen sie einen „Henkelmann", einen Blechtopf mit Tragebügel, samt Essen zur Maloche mit. Alle zwei Wochen kehrten die guten Ernährer mit einer vollen Lohntüte nach Hause zurück – ohne Umweg über die Kneipen, die es an jeder Straßenecke gab. (Gehaltsgiroüberweisungen waren uns unbekannt.) Andere Ernährer versumpften in den Kneipen. Das wurde manchmal verhindert, wenn die Frau ihren Mann am Zahltag direkt vom Werkstor abholte, „wie Frau Kubitzki vom zweiten Stock, wissen'Se".

Am Monatsende war bei uns das ohnehin schon knappe Haushaltsgeld öfters noch knapper. Dann bereitete meine Mutter meistens Reibeplätzchen zu. Ein andermal gab es Reibekuchen und zur Abwechslung Kartoffelpuffer – meist ohne Apfelmus. Äpfel waren lange noch Luxus. Wohl dem, der einen Garten hatte. Der konnte sein Zuviel an Obst sogar in einer Großstadt wie Witten zur Mosterei bringen. Ansonsten wurden die Äpfel auf Kellerregalen überwintert, so auch bis zur neuen Ernte die Kartoffeln zentnerweise in einer Horte, einer Art Gitterkäfig. Wir Kinder entfernten dann die Keimlinge vor dem Schälen der Schrumpel-Erdäpfel, denn Mittel gegen alles Ungemach gab es nicht wie Fungi-, Herbizide und Konsorten. Allergien waren uns auch unbekannt.

Im Keller lagerte die Kohle für die Bolleröfen in den Wohnungen. Es waren Einzelöfen, in jedem Zimmer einer. Die meisten unserer Nachbarn konnten sich nur einen einzigen beheizten Raum leisten. Das war üblicherweise die Wohnküche, wo ich auch unter den Augen meiner Mutter die Schulaufgaben machte. Während der Heizperiode wurde ich morgens ohne Wecker dadurch geweckt, dass im hellhörigen Haus ein zeitversetztes oder mehrstimmiges Gerappel losging, wenn in den Kohleöfen die restliche Asche auf dem Rost in die Auffanglade der Öfen gerüttelt wurde. Derjenige der Hausbewohner, der mit dem Schneedienst dran war, streute die Asche gegen das Ausrutschen auf dem Gehweg aus. Recycling und ökologisch-ökonomisches Wirtschaften gab es vermutlich in weit größerem Ausmaß als heute.

Inge Stempel, Witten

Die Sauerkrauträuber

Wie bei so vielen Familien stand in den fünfziger Jahren des vorigen Jahrhunderts in unserem Keller ein sogenanntes „Düppen", das war ein sehr großer Steinguttopf aus blaugrauer Salzkeramik. Er war gefüllt mit köstlichem Sauerkraut, das seit dem Spätsommer darin milchsauer vergoren war. So hatte die ganze Familie über den Winter die notwendigen Vitamine, wenn der Garten nichts Frisches mehr hergab.

Meine Mutter mochte nicht gerne die etwas umständliche und zeitraubende Prozedur, die mit dem Heraufholen des Sauerkrautes aus dem Keller verbunden war. Dies war meine Aufgabe, denn immerhin war ich 1955 schon stolze 11 Jahre alt und wusste genau, was zu tun ist, um an die deftige Köstlichkeit zu kommen. Zuerst mussten die Hände blitzblank gewaschen werden. Dann ging es mit dem Kochtopf und einer langstieligen hölzernen Gabel bewaffnet in den Keller. Obenauf lag bei dem Sauerkrautfass zur Beschwerung ein dicker Stein, ein sogenannter Blaukopf, auf dem Abdeckbrett aus Holz im Düppen. Der wurde von mir abgewaschen und auf ein sauberes Tuch gelegt. Nun waren die beiden halbmondförmigen Bretter mit dem Griffloch in der Mitte dran. Auch die mussten gründlich geschrubbt werden, denn es hafteten die für Kohl typischen Eiweißstoffe daran. Sie machten das Holz ziemlich rutschig und rochen auch nicht gut. Ich fand es ziemlich eklig. Zu guter Letzt kam das Abdecktuch an die Reihe. Soweit ich mich erinnere, war das ein Moltontuch aus der früheren Kinderpflege, das nun das Sauerkraut abdeckte. Auch dieses Tuch musste mehrfach ausgewaschen und wieder trocken gewrungen werden. Zum Glück lag nebenunserem Keller die Waschküche mit einem Wasseranschluss.

Endlich lag das Sauerkraut vor mir. Mit meiner langen Holzgabel füllte ich so viel davon in den mitgebrachten Topf, bis er die richtige Menge für fünf Personen enthielt. Niemals vergaß ich, jetzt selbst etwas von dem frischen rohen Sauerkraut zu naschen.

Eines Tages entdeckte mich ein Nachbarsjunge beim Kraut holen. Er forderte für sich und seine Schwester auch einen ordentlichen Happen. Da ich selbst noch kaute, gab ich den beiden auch etwas ab. Leider haben sie aber damit draußen auf dem Hof vor Spielkameraden damit geprahlt. Plötzlich stand eine ganze Meute Jungen, dabei auch einige Größere, in unserm Keller und verlangten lautstark: „Kappes her, sonst …" und nahmen dabei eine drohende Haltung ein. Sie drohten auch noch: „Wehe, wenn du deinen Alten etwas sagst!" Was blieb mir denn anderes übrig? Ich ließ mich also erpressen.

Etwa alle zwei Wochen musste ich aus dem Keller Kappes holen, und meistens waren dann auch die ungebetenen Mitesser schnell zur Stelle. Sie machten mir Angst, und beängstigend schnell leerte sich auch unser Sauerkrautfass.

Der Winter war noch lange nicht herum, da kam ich auch mit dem längsten Löffel nicht mehr bis ans Kraut heran, so leer war das Düppen mittlerweile. Beim letzten „Überfall" der Sauerkraut-Räuber musste ich mich bereits so weit über den Rand hängen, dass meine Füße keinen Bodenkontakt mehr hatten.

Als ich dann heulend und ohne Sauerkraut aus dem Keller heraufkam, musste ich den Eltern erklären, wo denn das ganze Sauerkraut geblieben war. Dass ich das nicht alles alleine genascht haben konnte, war meinen Eltern gleich klar. Ich musste ihnen erzählen, wie mich die fremden Jungen bedrängt und auch bedroht hatten. Sie konnten unseren Keller von außen nur betreten, weil ihnen unser direkter Nachbarsjunge die sonst verschlossene Tür geöffnet hatte, die zum Hof führte. Mutter sprach dann ein ernstes Wort mit unserer Wohnungsnachbarin und mit verschiedenen Müttern in der weiteren Nachbarschaft. Ich war froh, dass es mir künftig dadurch erspart blieb, nach einer solchen „Heimsuchung" die ganze Waschküche zu putzen, denn die Spitzbuben hatten überall herumgekleckert.

Auch heute noch esse ich mit meiner Familie gerne Sauerkraut. Heute kommt es allerdings aus einer Konservendose. Aber immer noch gönne ich mir zuerst einen Happen von der rustikalen Köstlichkeit. Natürlich nur, um zu prüfen, wie sauer es ist.

Agnes Tappe, Essen

Zwischen Polit-Literatur und Rock 'n' Roll

Eine Erinnerung an die Eickeler Gruppe der SJD (Sozialistische Jugend Deutschlands) „Die Falken" in den 50er Jahren: Die Bildung dieser Gruppe ist nicht auf den Tag festzulegen, nicht einmal auf einen Monat. Es war das Jahr 1946. Mitglieder, die früh dabei waren, wissen von ersten Heimabenden in der Johannes-Schule in Eickel. Es kamen Mädchen und Jungen aus Röhlinghausen, Wanne-Süd und Wanne dazu. Richtig gefestigt als Gruppe wurde sie erst mit dem Öffnen des Jugendheimes im Heisterkamp. Im Raum 2 gab es dienstags und freitags Heimabende.

Das Alter der Mitglieder lag zwischen 15 und 20 Jahren. Zu dieser Zeit war man erst mit 21 Jahren volljährig, also erwachsen. Wir waren, mit einer Ausnahme, alles Volksschüler, nur einer ging zum Gymnasium. An die Volksschule, deren Besuch nach spätestens acht Jahren abgeschlossen war, schloss sich gewöhnlich eine dreijährige Lehre an. Wir waren Lehrlinge oder schon Gesellen, Facharbeiter oder Angestellte.

Unsere Berufe umfassten Bergleute, Handwerker, z. B. Schlosser, Anstreicher, Elektriker. Die Mädchen waren Einzelhandelskauffrauen, würde man heute sagen, denn diese Ausbildung umfasste drei Lehrjahre. Wir hatten eine Friseurin und eine Konditorin unter uns. Nach meinem Lehrvertrag 1954 gab es 30 DM Lehrgeld im ersten Lehrjahr und zwölf Tage Jahresurlaub einschließlich der Samstage. Die Arbeitszeit betrug 48 Stunden. Es gab noch keinen Jugendarbeitsschutz.

Drei Karenztage im Krankheitsfall galten für Ausgelernte. Besonders arg hatten es die Verkäuferinnen. Nach Ladenschluss musste noch geputzt werden. Den Friseurinnen ging es nicht anders. Wie froh waren wir über das Ladenschlussgesetz, das endlich klare Regeln zum Schutz der Beschäftigten setzte.

Die Wohnverhältnisse in der Zeit waren – gelinde gesagt – beengt. Die meisten von uns hatten kein eigenes Zimmer, manche nicht einmal ein eigenes Bett. Es herrschte Wohnungsnot und dadurch Wohnungs-Zwangswirtschaft.

Mobil waren wir durch das Fahrrad oder öffentliche Verkehrsmittel. Trotzdem hatten wir unseren Spaß, wenn wir am Sonntag mit der Straßenbahn zur Jugendherberge nach Welper fuhren oder mit dem Zug nach Marl-Sinsen, um durch die Haard zu wandern.

Das Kino zeigte uns die große Welt, oder was wir dafür hielten. Der Sonntagabend war dem Kino vorbehalten. Informationen bekamen wir aus dem Radio oder der Zeitung. Fernsehen in den Familien gab es eher erst Ende der 50er Jahre. Meine Eltern kauften 1958 ein Gerät „Weltblick" von Neckermann. Wir lasen viel, alles, was kam. Von Wild-West bis zum politischen Buch.

Mode spielte zumindest für die Jungen kaum eine Rolle. Es gab damals noch den „Sonntagsanzug". Sonst viel Cord, den wir „Manchester" nannten.

Die Heimabende bei den Falken gestalteten wir mit Spielen und Singen. Es gab auch Abende, an denen gelesen wurde. An einem Abend wurde aus einem Buch über Kurt Schumacher vorgelesen. Wie dieser in seinen Reden den Menschen im zerstörten Deutschland und den vielen Flüchtlingen, die in die Bundesrepublik kamen, neuen Mut gab. An solchen Abenden lernten wir auch Kurt Tucholsky und Erich Kästner kennen. Die Beschäftigung mit dieser Literatur und die Erlebnisse der Kriegsjahre führten zum Pazifismus bei uns. Einige Jungen

verweigerten den Wehrdienst. Diese Haltung führte zwangsläufig zum Konflikt mit der SPD, die eine Landesverteidigung und die allgemeine Wehrpflicht bejahte.

In die Mitte der 50er Jahre fiel auch die Zeit der „Halbstarken". Zum ersten Mal widersetzte sich die Jugend in der Bundesrepublik der überkommenen Erziehungsnorm. Das äußerte sich durch die Begeisterung für eine andere Musik, vor allem durch Rock 'n' Roll-„Negermusik", wie die Alten sie nannten.

Aber wir lehnten uns auch gegen elterlichen Aussagen wie „Solange du deine Füße unter meinen Tisch stellst, bestimme ich" oder „Lehrjahre sind keine Herrenjahre" auf.

Dieter Maaß, Herne

Wie Vater das erste Radio kaufte

Da mein Vater und seine Mutter in Essen ausgebombt waren, wurden sie nach Beverungen geschickt. Dort heiratete er eine Beverungerin. 1954 kam ich als Hausgeburt auf die Welt. Im selben Jahr fuhren wir mit dem Zug nach Essen. Die Stadt Essen sollte wieder aufgebaut werden und es wurden Maurer und Bergleute gesucht. Wir bekamen eine 45 qm große Neubauwohnung mit einer Kochküche im Wohnzimmer und einem Bad mit eingebauter Badewanne. Abends wurde hier die Wäsche eingeweicht und am folgenden Morgen gewaschen. Eine Waschmaschine gab es nicht.

Beengt war der Wohnraum überall. So spielten damals alle Kinder zusammen auf der Straße. Autos fuhren nur wenige.

Pfützen nach einem warmen Sommerregen waren ein beliebtes Spielobjekt, ebenfalls der Hula-Hoop-Reifen, Eisenrollschuhe (wenige hatten schon Rollschuhe mit Gummirollen) und Roller (Holzroller und Ballonroller).

Ein Fernsehabend
mit Dackel und Frankenfeld

Tante Jette war die ledig gebliebene Schwester meiner Oma. Obwohl sie schon weit über 80 Jahre alt war, bemühte sie sich ständig über alle Themen auf dem Laufenden zu sein. Sie war zwar aufgeschlossen, aber auch neugierig. Besonders was die Verwandtschaft anbetraf, informierte sie sich regelmäßig über aktuelle Begebenheiten. Da niemand von uns Anfang der 50er Jahre ein Telefon besaß, machte sie immer unverhofft ihre Besuche. Wen sie zu Hause antraf, der musste dran glauben, denn sie hatte Zeit und Sitzfleisch.

Tante Jette rauchte Zigarillos, war trinkfest, konnte gut singen aber schlecht alleine bleiben. Irgendwann bekam sie Probleme mit den Beinen, da wurde ihr Erscheinen seltener. Mein Vater organisierte in unserer Verwandtschaft einen Besuchsdienst. Doch die Ausreden da nicht hinzumüssen wurden immer abenteuerlicher.

Ich lebte damals in einer Zechensiedlung in Gelsenkirchen-Erle und war acht Jahre alt. Ich fand es äußerst langweilig bei ihr in der kleinen Dachgeschoßwohnung. Da flatterte eines Tages eine Postkarte von Tante Jette ins Haus. Ich habe mir einen eigenen Unterhalter gekauft, schrieb sie, er heißt Peter Frankenfeld und wird mich in Zukunft noch oft besuchen. Wer ihn kennen lernen möchte, kann am Samstag bei mir eine Quizsendung mit ihm sehen. Ihr seid alle herzlich eingeladen. Solltet ihr über Mitbringsel nachdenken; Sitzgelegenheit und Kellergeister sind willkommen.

Das war der Hammer. Bislang hatten wir nur durch die Schaufensterscheibe von unserem Radiofritzen bewegte Bilder auf einem kleinen Fernsehschirm sehen können. Und so etwas

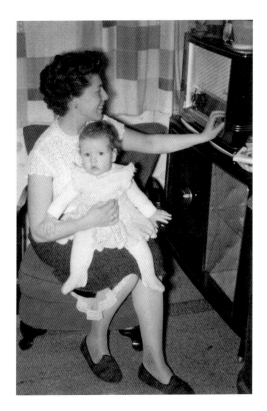

Trotz der Einführung des Fernsehens sorgte vor allem das Radio für Information und Unterhaltung

Meine Mutter und ich fuhren zusammen auf dem Ballonroller zum Einkaufen in die Innenstadt – in die Einkaufsstadt Essen. Unser erstes Radio kauften wir bei Schepers oder Althoff (später Karstadt) am Limbecker Platz. Der Verkäufer fragte, ob er es liefern lassen sollte, oder ob wir es sofort mitnähmen. Mein Vater kühl: „Mein Wagen steht vor der Tür." Der Verkäufer schleppte das große Ding vor das Haus und mein Vater verwies auf den Wagen: ein Kinder-Wagen. Stolz durfte ich als Zweijährige den Wagen mitschieben bis zur Euskirchenstraße in Essen-Altendorf.

Uschi Senftleben, Essen

Faszinierendes und geheimnisvolles Medium:
Der erste Fernseher

sollte nun in der Wohnung von Tante Jette zu sehen sein?

Toll, da kam Vorfreude auf.

Mit sieben Personen machten wir uns am Samstag auf den Weg. Ich mit meinen Eltern, Oma und Opa und Tante Matta mit Onkel Otto. Sechs alte Klappstühle hatte Opa noch auf den Trockenboden gefunden. In einer großen Tasche, die mein Vater trug, klapperten die Flaschen mit dem Kellergeister.

Mit Tante Jette bewohnten noch zwei andere Familien das Dachgeschoss. Als wir endlich über die steile Holztreppe in ihr Heimkino gelangten, konnte ich erst gar nichts ausmachen. Blauer Zigarettenqualm benebelte den Raum. Die Bude schien gut gefüllt.

Großes Begrüßungshallo allerseits. In einer Ecke neben dem Fenster thronte auf einem kleinen Tischchen der neu erworbene Fernseher. Mit einer Häkeldecke unterlegt stand darauf ein großes Metallgebilde mit einer weit ausholenden Rundung, ähnlich einer Schleife. Vier im Halbkreis aufgestellte Stühle waren von den beiden Nachbarehepaaren schon in Beschlag genommen. An der schrägen Wand lehnte ein grüner Ohrensessel. Dort saß Berta, die langjährige Freundin von Tante Jette. Sie war auch ledig, aber seit ein paar Jahren mit

Dackel Oskar liiert, der friedlich auf einer Decke neben dem Sessel lag.

Opa stellte unsere Klappstühle auf. Es wurde kräftig gerückt und geruckelt bis alle einen Platz hatten. Tante Jette war glücklich und öffnete die ersten Flaschen von dem Kellergeister. Es dauerte nicht lange, da wurde es immer fröhlicher. Der Wein brachte wohl alle in Stimmung. Ich war sauer, befürchtete nichts von dem Programm zu verstehen.

„Fernsehen ist keine Gefahr für Gesundheit"

KÖLN, 4. Mai

Der Zentralverband der westdeutschen Elektroindustrie in Köln wandte sich am Dienstag gegen die Behauptung, daß die Strahlung der Fernsehröhre gesundheitsschädlich sei und ein längerer Fernsehempfang den Augen und dem Herz schade. Experimente im radiologischen Institut der Universität Freiburg hätten vielmehr die völlige Ungefährlichkeit des Fernsehens bewiesen. Bei einem normalen Betrachtungsabstand von zwei Meter wirke sich die Strahlung praktisch nicht mehr aus. Zudem sei sie am Bildschirm selbst viel geringer als die eines Leuchtzifferblattes bei Armbanduhren. (dpa)

Das 1952 in Deutschland eingeläutete Fernsehzeitalter und seine frühen „Helden": Peter Frankenfeld mit seiner Show „1:0 für Sie" (o.), Heinz Maegerlein mit seinem Quiz „Hätten Sie´s gewußt" (u.l.), die „Familie Schölermann" (u.r.), ...

Doch es kam Gott sei Dank anders. Punkt zwanzig Uhr begann das Fernsehen mit einer Nachrichtensendung. Wie bei der Fox tönenden Wochenschau im Kino. Totenstille im Raum. Jeder sah gebannt auf den Bildschirm.

Da passierte es. Plötzlich flimmerten schmale Querstreifen durch die Mattscheibe. Es rauschte fürchterlich. Man sah zwischendurch verzerrte Köpfe und Gegenstände. „Die Antenne muss neu eingestellt werden", sagte Tante Jette. Da war mein Vater gefordert. Er hob das Metallgebilde auf dem Fernseher leicht an, drehte es langsam nach rechts. Sofort wurde das Bild klar.

„Prima, so kann es bleiben, Willi", riefen alle. „Ich kann aber nicht den ganzen Abend das

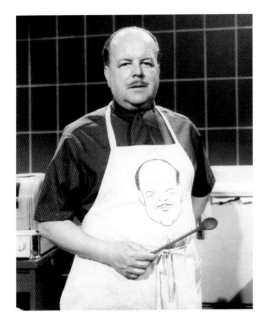

... der erste Fernsehkoch Clemens Wilmenrod (l.) und Ansagerin Irene Koss (r.)

Ding hochhalten", protestierte er. Da hatte Tante Jette eine Idee, ging zum Schrank und legte drei dicke Lexikon-Bänder unter die Antenne. „Die habe ich mir neulich vom Buchclub andrehen lassen", sagte sie.

Es war eine gute Entscheidung, denn das Bild war wieder klar. Eine hübsche Ansagerin wünschte soeben viel Spaß mit Peter Frankenfeld. Gleichzeitig spielte ein Orchester schwungvoll auf. Die Kamera schwenkte durchs Publikum. Einige, die es bemerkten, winkten.

Dann war der Moment da: Peter Frankenfeld begrüßte die Gäste im Saal und die, die es sich an den Bildschirmen bequem gemacht haben, um ihn zu sehen. Doch anscheinend gelang es nicht jedem. Tante Matta, die hinten an der Wand saß, protestierte heftig, weil sie durch den vielen Qualm im Raum den Frankenfeld nicht erkennen konnte. Meine Mutter tauschte mit ihr den Platz. Leider konnte sie selbst jetzt nicht mehr gut sehen, weil Tante Matta figürlich mehr breit als hoch war. Also wurde wieder geruckelt und geschoben bis alle zufrieden waren.

Fast alle, denn nun bellte Dackel Oskar den Fernseher an. Entweder jagten ihm die bewegten Bilder Angst ein oder er mochte den Frankenfeld nicht. Er bekam ein Stück Fleischwurst und beschäftigte sich nun damit. Der eingeladene Nachbar litt unter ständigem Hustenreiz.

„Steinstaublunge", erklärte seine Frau, als sie die nervigen Blicke der anderen Gucker deutete.

Schließlich stand er auf, ging nach nebenan in die eigene Wohnung. Gott sei Dank, dachte ich, aber dann kam er wieder, hatte sich nur eine neue Packung Zigaretten geholt.

Auf dem Bildschirm wurden zwei Paare dem Publikum vorgestellt, die ihre Geschicklichkeit testen sollten. Die Frauen trugen weit ausladende Glockenröcke, wohl mit mehreren Petticoats drunter. Frankenfeld umgarnte die Beiden, küsste ihnen charmant die Hand. Das hatte wiederum der Oskar nicht gern. Er bellte und knurrte. Nun stand fest, der Dackel mag den Frankenfeld nicht. Er beruhigte sich wieder, als das Fernsehballett über die Bühne schwebte. Dabei geriet Onkel Otto ins Schwärmen, „Ich würde gerne so einem schlanken Mädchen mal um die Taille fassen", sagte er. Den bösen Blick von seiner Frau ignorierte er großzügig.

Ich wiederum war so fasziniert von dem Ballett, dass ich beschloss später mal als Beruf Fernsehtänzerin zu werden.

Als das Programm vorbei war, taten mir die Augen weh. Ob vom Rauch oder von dem schwarzweißen Geflimmer wurde nicht geklärt.

„Nächste Woche kommt der Clemens Wilmenrod und zeigt uns, wie man richtig kocht", informierte Tante Jette.

„Da sind wir doch wieder dabei", versprachen alle. „Deshalb schenken wir dir die sechs Klappstühle", sagte Opa und grinste. Tante Jette war glücklich.

Inge Tonk, Duisburg

Frühes Public Viewing

Bevor wir 1955 unseren ersten eigenen Fernseher bekamen, gingen wir in eine Gaststätte, um dort im abgedunkelten Gesellschaftszimmer wichtige Ereignisse am Bildschirm mitzuerleben. So habe ich mit Mutter und Oma 1952 im „Jammerkrug" (gegenüber dem Gladbecker Amtsgericht) sowohl die Krönung Elizabeth II. von England wie auch die Eiskunstlaufwettbewerbe der Winterolympiade gesehen.

Ich erinnere mich auch noch gut daran, dass 1954 zur Zeit der Fußball-WM in Bern „Public Viewing" vor den Schaufensterscheiben der örtlichen Radio- und Fernsehhandlung stattfand. Wenn dann ein Fußballspiel übertragen wurde, schaltete der Händler das Gerät im Schaufenster ein und die Männer, denen der Besuch einer Gaststätte mit TV zu teuer war, standen in Trauben vor den Scheiben, jubelten und fieberten mit.

1955 wurde mit dem ersten Fernsehempfänger auch das deutsche Wohnzimmer umgestaltet. Man saß weniger rund um einen Tisch, sondern die Sitzgelegenheiten wurden mit Blick auf das Gerät ausgerichtet. Fernsehen war ein Gemeinschaftserlebnis, weil am Wochenende auch Gäste zum Gucken kamen. Die erste Serie war „Die Familie Schölermann", die am Anfang immer Probleme hatte (sehr nah am Zuschauer), die am Ende natürlich immer gelöst waren. Dieses Prinzip von Serien hat sich bis heute gehalten.

Erstaunlicherweise wies das Programm damals noch Zeitlücken auf, in denen gar nichts gesendet wurde, heute unvorstellbar. Auch für Kinder gab es nicht täglich etwas zu sehen, außer den „Zehn Minuten mit Adalbert Dickhut". Dieser war ein Turner, der es sich offenbar zur Aufgabe gemacht hatte, Kinder für Turnen und Gymnastik zu begeistern und sie daher zum Mitmachen aufforderte, wenn er seine Übungen vorturnte.

Auch Märchen und Puppenspiele waren zu sehen. Die bekannte „Augsburger Puppenbühne" hat ihre Anfänge in den 50er Jahren.

Monika Finke-Lindenau, Bochum

Frisch gebadet
vor der „Wundermachine"

Anfang der 50er Jahre hatten wir ein Radio oben auf der Küchenanrichte stehen. Jeden Sonntag um 14 Uhr bin ich auf das Podest der Anrichte geklettert und durfte mir den Kinderfunk anmachen. Ich bin förmlich mit dem Kopf ins Radio gekrochen, um ja nicht auch nur das Geringste zu verpassen. Ich stand wie ein Zinnsoldat still auf der Anrichte und war nicht herunter zu bewegen.

Meine Mutter und ich wohnten mit meinem Opa in einer 45 qm kleinen 2 ½-Zimmer-Wohnung. Neben dem Zimmer meines Opas gab es nur noch ein Schlafzimmer, in dem ich mit meiner Mutter schlief, eine Wohnküche und ein kleines Bad.

Besonders stolz war ich, als mein Opa 1959 einen Schwarz-Weiß-Fernseher kaufte. Welch eine Errungenschaft! Das ganze Haus sprach über unsere Anschaffung, beneidete uns darum und wollte gerne diese „Weltneuheit" sehen. Der Fernseher stand in der Wohnküche auf der Spülanrichte. Jeden Samstagabend kam ein befreundetes Ehepaar, das im gleichen Haus wohnte, mit seinem Sohn zu uns, um sich mit uns das Abendprogramm anzusehen. Jeder von uns allen war frisch gebadet und gestriegelt, nahm sich einen Stuhl und reihte sich vor dem Fernseher auf. Ich spüre noch heute den Stolz in mir, dass wir solch eine Wundermaschine hatten.

Gabriele Krane, Oberhausen

Sie waren die Helden ihrer Zeit!

Mein Vater Erich Gust ist als Spätheimkehrer am 30. Dezember 1953 aus russischer Gefangenschaft zurückgekehrt. Neun lange Jahre lagen hinter ihm, in Stalingrad und im Arbeitslager im Ural. Es waren Jahre der Entbehrungen, harter Arbeit, des Hungers, des Schmerzes und der Qualen der Seele. Und: Die Heimat, Hab und Gut waren verloren.

Das Ruhrgebiet, Mülheim, sollten seine neue Umgebung und seine neue Heimat sein. Doch er war hier fremd, obwohl seine Geschwister hier lebten: Neue Heimat, fremde Heimat – eben ein Flüchtling.

Mein Vater und auch meine Mutter (sie kam aus Pommern und war ebenfalls in russischer Gefangenschaft gewesen) sprachen nicht viel über diese schwere Zeit. Sie beklagten sich nicht, hegten keinen Groll oder Hass, nahmen ihr Schicksal an und versuchten, das Beste daraus zu machen. Sie versuchten, sich einzuleben, Arbeit zu finden und Bekanntschaften zu knüpfen – eben neu anzufangen. Die Geschwister halfen dabei. Ein Zusammenhalt, der einmalig war, wie mein Vater immer wieder hervorhob.

Die ersten Jahre waren schwer, sehr schwer, aber aufgeben wurde nicht. Wenn meine Eltern eines konnten, dann war es arbeiten, und das taten sie. Mein Vater fand Arbeit als Bohrer, meine Mutter als Hausmädchen. Sie arbeiteten fleißig und viel und waren stets sparsam, immer!

1955 wurde geheiratet und eine kleine gemeinsame Wohnung bezogen mit Klo auf halber Treppe im Treppenhaus. Ein Badezimmer gab es nicht, man wusch sich in der Küche mit Kernseife. Es gab Stampfkartoffeln mit Buttermilch, man genoss Muckefuck. Wenn Strümpfe ein Loch hatten, wurde sie nicht weggeworfen, sondern gestopft.

Nicht nur meine Eltern hatten es schwer, es ging vielen Menschen so, sie sind für mich die Helden ihrer Zeit!

Gisela Weining, Mülheim an der Ruhr

IM VIERTEL

FLIEGENDE SCHNITTEN UND DER LATERNENMANN

In der Nachbarschaft geborgen

Auch in Oberhausen-Buschhausen gehörten die Nachbarn neben der eigenen Familie zu den wichtigsten und vertrautesten Personen im engeren Umfeld. Nachbarschaftliche Hilfe wurde großgeschrieben. Jedoch wurde nicht jeder Nachbar gleich von vorne herein zum engsten Vertrauten. Eine gute Nachbarschaft musste erst erworben werden. Neuzugezogene hatten es schwerer in eine bestehende Nachbarschaft einbezogen zu werden, als die „Alteingesessenen".

Hatte man eine neue Wohnung bezogen, waren es die Nachbarn, die beim Renovieren und beim Umzug halfen. Als Dank wurden die Helfer nach getaner Arbeit von der Hausfrau zum Kaffee in die Wohnküche eingeladen. Nicht selten endete so eine Dankesfeier recht spät. Manches „Schnäpschen" und „Bierchen" wurde nach dem Kaffee noch „gepitscht". Die Hausfrau oder die „Omma" der Familie schmierte zum Abend hin „Bütterkes" mit selbst gemachtem Griebenschmalz. Die Männer erzählten sich Dönekes von der Arbeit auf Hütte oder Zeche und die Frauen „tratschten" über dies und das. Dabei wurde oft das mitgebrachte Strickzeug ausgepackt. Über das Fernsehen konnte man damals noch nicht reden. Jedoch lief meist ein Grundig Röhrenradio im Hintergrund. Den Nachrichten aus dem Radio hörten alle gespannt zu. Gab es Tanzmusik, legten manche nicht selten eine flotte Sohle aufs Wohnzimmerparkett. Kam eine Frau zur Geburt ihres Kindes nieder, waren die Nachbarsfrauen die ersten, welche tatkräftige Hilfe leisteten. Traf die Hebamme ein, war das Kind oft schon geboren.

Kinder waren in der gesamten Nachbarschaft zuhause. Ob bei „Tante Anni" oder Tante „Rösi", egal, wo man als Kind auftauchte, konnte man sich an den Tisch setzen und mitessen oder Schularbeiten machen. Im Sommer gingen die Kinder aus der Nachbarschaft gemeinsam mit einem oder zwei Erwachsenen schwimmen. Die größeren Kinder badeten im Kanal und die Kleineren tobten sich im Stadion Niederrhein aus. Lag im Winter Schnee, zog die gesamte Meute Richtung Kaisergarten zum Ottoberg. Dort wurde gerodelt oder Gleitschuh gefahren. Den Jahreswechsel oder den Karneval feierten die Nachbarn gemeinsam. Jedes Jahr wurde in einer anderen Wohnung gefeiert. Karnevalskostüme waren selbstverständlich.

Den Einkauf erledigte man bei Ottilie Burger oder bei Assmacher an der Bude. Große Lebensmittelgeschäfte gab es damals noch nicht. Milch und Käse kaufte man im Milchgeschäft Peel. Und wer nicht zum Laden gehen konnte oder wollte, der wurde von Peel`s dreirädrigem Zweitakter, welcher täglich durch Buschhausens Straßen knatterte, bedient. Auch Obst und Gemüse konnte man am Wagen kaufen. Karl-Heinz Landers fuhr mit seinem Opel Blitz LKW durch die Straßen und versorgte die Buschhausener mit den nötigen Vitaminen.

Verstarb jemand in der Nachbarschaft, waren es die engsten Nachbarn, welche den Hinterbliebenen Trost spendeten. Oft wurde der/die Verstorbene zu Hause aufgebahrt. Die Nachbarn hielten dann die Totenwache. An einem schwarzen Trauerflor an der Haustür konnte man erkennen, dass in dem Haus jemand gestorben war. Selbstverständlich ging die Nachbarschaft geschlossen mit zur Beerdigung. Die anschließende Raue wurde in der Wohnung des Verblichenen abgehalten. Nicht selten waren die recht kleinen Wohnungen hoffnungslos überfüllt. In der Trauerzeit waren die Nachbarn für die Witwe oder den Witwer zu jeder Zeit da. Man konnte sich auf sie verlassen.

Reiner Bleckmann, Oberhausen

Milchbauer und Kartoffelmann

Bis zu meinem neunten Lebensjahr wuchs ich in Duisburg-Hamborn auf. Es gab nur wenige Autos, in unserem Haus im Dichterviertel Goetheplatz 1 hatte ein Nachbar eine Isetta. Das war ein vielbestauntes Gefährt, das man durch die „Windschutzscheibe" bestieg. Zusätzlich zu den wenigen Tante-Emma-Läden konnte man auf der Straße einkaufen. Täglich kam der Milchbauer, und man ging mit Aluminiumkannen hin, in die die Milch abgefüllt wurde. Der Kartoffelmann machte durch lautes „Kartoffeln"-Rufen auf sich aufmerksam.

Zweifelsfrei erkannte ich im Sommer den Eismann an seiner Glocke. Da traf man alle Nachbarn, alt und jung. Wir Kinder hatten meist einen Groschen zur Verfügung, und nicht selten bekamen wir kleinen Stammkunden ein kleines Hörnchen umsonst. Ab 30 Pfennig bekam man sein Eis in einem Waffelhörnchen. Das gab es aber nur zu ganz besonderen Anlässen, es passte ja auch recht viel Eis da herein – zu viel für einen kleinen Kindermagen.

Regelmäßig ging ich mit meiner Mutter auf den Markt. Als ich im ersten Schuljahr war, schrieb meine Lehrerin eine Seite für unsere Fibel, nachdem sie mit der ganzen Klasse den Markt besucht hatte: „Leute, Leute, kauft heute Obst", ruft die Frau auf dem Markt. An dem Text wurde das „eu" geübt. Vielleicht kann ich mich daran noch so gut erinnern, weil meine Lehrerin am Ende des Unterricht-

gangs noch eine für mich riesige Menge an Weintrauben kaufte, die wir gemeinsam verzehren durften. So wie den Markttext schrieb sie jede Fibelseite für uns mit aktuellen Lernthemen, zu denen sie außerdem kleine Bildchen mit der Hand malte.

Mein Schulweg ging an ausgebombten Häusern vorbei, damals für uns Kinder nichts Ungewöhnliches.

Meine Kindheit habe ich als wunderschön in Erinnerung. Man konnte auf der Straße spielen oder im Hof, auf dem man Hüpfkästen und Völkerballspielfelder mit Stöcken in den Boden malen konnte – immer bewacht und behütet von lieben Nachbarn, die uns aus ihren Fenstern zusahen.

Marianne Bockisch, Essen

Flaschen vom Bau und fliegende Schnitten

Am 5. Mai 1951 wurde ich in Wanne-Eickel geboren. Ich kam in einem Krankenhaus zur Welt, weil meiner Mutter eine Hausgeburt in beengten Wohnverhältnissen, drei Familien auf drei Zimmer, nicht zuzumuten war.

1957 wurde ich eingeschult. Zu dem Zeitpunkt bewohnten wir schon allein zwei Zimmer, da eine der Familien eine eigene Wohnung bezogen hatte. So hatten wir einen Schlafraum und eine Wohnküche mit Kohleofen. Um die Stube zu heizen, schleppte ich jeden Morgen mit meiner Mutter einen Eimer Steinkohle und ein paar Stückchen Holz vom Keller in den vierten Stock. Neben dem Ofen stand ein Holzschemel mit einer Schüssel Wasser, daneben lagen ein Stück Seife und ein Handtuch. Erst wenn sich die Stube erwärmt hatte, wuschen wir uns nacheinander. Ich war die Kleinste und kam darum immer zuletzt

Der Hof war der Mittelpunkt für Familie und Hausbewohner

dran. Das mochte ich gar nicht, denn ich musste immer mit dem Seifenwasser der anderen vorlieb nehmen.

Manchmal wurde ich im Laufe des Tages nochmal in den Keller geschickt, um noch etwas Kohle oder Holz nachzuholen. Davor fürchtete ich mich besonders, denn dort war es stockfinster, die Stufen uneben und im Kellergewölbe roch es moderig. Vor meinen Eltern verschwieg ich meine Furcht, weil mein Vater mich sonst zur Gewöhnung unten eingesperrt hätte.

Die Erziehungsmethoden damals waren oft ziemlich brutal. Als Kind hatte man zu schweigen, durfte keine Widerrede geben und musste stets gehorchen. Ohrfeigen und Stubenarrest waren wohl in keiner Familie unbekannt. Wir Kinder nahmen das so hin und dachten oft: Wucht vergeht – Arsch besteht!

In den frühen 50er Jahren waren viele Häuser noch Bombenruinen, und es war uns Kindern streng verboten, dort zu spielen. Das aber waren für uns die tollsten Spielplätze, die

Im Hinterhof mit Oma und Ziegen, Essen, 1950

zwar gefährlich waren, doch zu interessant, um nicht trotz Verbot dort zu spielen. Schmutzige, zerrissene Kleidung waren ebenso normal wie vor dem Dunkelwerden zu Hause sein zu müssen.

Hinter den Wohnhäusern war oft in einem kleinen Gärtchen, Gemüse Rhabarber und Beeren angepflanzt. Mit dem Ernten war das dann so eine Sache, denn wir Kinder hatten keine Probleme unter dem Stacheldraht durchzukriechen und die reifen Früchte zu klauen. Wurde man erwischt, gab es die Hucke voll.

In unserem Haus wohnten acht Familien. Wie es zu der Zeit üblich war, hatten auch fast alle ein oder mehrere Kinder. Da es sich um ein Eckhaus handelte, hatte unser und das

Nachbarhaus einen gemeinsamen Hof. Wir Kinder spielten bei jedem Wetter draußen. Die Erwachsenen schickten uns nach den Schularbeiten und erledigten Einkäufen, die meist alle Kinder für ihre Familien erledigen mussten, raus. Bekamen wir Hunger, riefen wir: „Mutti, ich habe Hunger!" Und kurz darauf flogen die in Fettpapier gewickelten Schnitten aus den Fenstern. War eine Mutter mal nicht da, teilten wir. Manchmal war das Essen auch zu knapp und es reichte nicht für fliegende Schnitten. Wir sollten nicht dauernd durch den Hausflur klappern – so hielten die Mütter das Treppenhaus sauber.

An meine Einschulung kann ich mich noch sehr gut erinnern, obwohl das kurz nach Ostern war und ich im Mai erst sechs Jahre alt wurde. Es war so üblich, das die Mütter ihre Kinder am ersten Schultag brachten. Die Väter hatten damals mit solchem „Weiberkram" nichts am Hut.

Die meisten Kinder kannten sich schon vom gemeinsamen Spielen auf der Straße. Ich hatte neue Schuhe für die Schule bekommen, die aber auch nur zur Schule und sonntags zur Kirche getragen wurden. Das noch gut erhaltene Schul- und Sonntagskleid meiner Schwester ging am ersten Schultag in meinen Besitz über. Ebenso der Ranzen, der Handarbeitskorb, die Tafel und alle Schulbücher. Diese wurden nur in neues Deckpapier eingepackt.

Ob die Schultüte auch von meiner Schwester war, daran kann ich mich nicht mehr erinnern, ich weiß nur noch, sie war hellblau, glänzend und mit einem großen Glanzbild auf der Vorderseite. Viel war auch nicht drin, denn Süßigkeiten gab es in den Fünfzigern meist nur zum Geburtstag, zu Ostern und zu Weihnachten. Meine Tüte war zur Hälfte mit Papier gestopft, darauf ein Apfel, eine Banane und einen Schwamm für die Tafel. Den Tafellappen hatte mir die Oma gehäkelt. Der baumelte an einer Schnur seitlich aus dem Ranzen.

Damit war ich für alle Schulkinder als I-Männchen zu erkennen. Als I-Männnchen hatte man so das eine oder andere Spottlied zu ertragen. Ich weiß den Text noch heute und ich glaube, die meisten meiner Generation auch:„I-Männchen, Kaffeekännchen, lass das Püppchen tanzen, wenn es nicht mehr tanzen kann, steck es in die Kaffeekann, Kaffeekann kippt um, I-Männchen ist dumm!" So marschierten mit mir am ersten Schultag eine ganze Prozession Mütter und I-Männchen über die Straße.

Wir hatten drei erste Klassen mit jeweils 36 Kindern. Mädchen und Jungen saßen damals noch strikt voneinander getrennt hintereinander auf Zweierbänken. Auf der linken Seite die Jungen und rechts die Mädchen. In der Kirche war das ebenso.

Um halb zehn war große Pause. Auf dem Schulhof beschäftigten wir uns mit Gemeinschaftsspielen, natürlich wieder nach Geschlechtern getrennt. Wir Mädchen spielten: Machet auf das Tor, 16 Kinder hab ich schon, Mühle, Alle Fische auf den Tisch, Als ich einmal reiste und ab und zu auch wie die Jungen Reiterkämpfe.

1954 hatte in Wanne-Süd das neue Stadtbad eröffnet, das von den Schulen auch als Schulbad genutzt wurde. Uns war damit ein tolles Freizeitvergnügen ermöglicht, das aber leider eine Kleinigkeit kostete. Eine Stunde kostete 30 Pfennig, eine halbe nachzahlen noch mal einen Groschen. Wir waren alle so acht bis neun Jahre alt, und Taschengeld bekam von uns damals keiner. Also suchten wir auf den zahlreichen Baustellen nach leeren Bierflaschen der Bauarbeiter. Meist dauerte es auch nicht lange bis jeder zwei Flaschen hatte. An der Bude bekamen wir dafür 40 Pfennig, und das Schwimmvergnügen war gesichert. Oft bemerkten die Bauarbeiter das heimliche Flaschensammeln, aber sie ließen uns stets gewähren.

Das Hallenbad war immer proppenvoll. In der Bademeisterkabine lagen in einer Kiste Korkgürtel, die wir uns ohne zu fragen holen durften. Der Bademeister kannte uns, weil wir so oft kamen und lehrte uns schwimmen. Diese Zeit ist eine meiner schönsten Kindheitserinnerungen.

Brigitte Böhnisch, Bochum

Spielen bis der Laternenmann kam

Die Wäsche wurde noch in der Waschküche gewaschen. Da es nur alle 4-6 Wochen war, wurde bis der Kochvorgang fertig war ins „Kino" gegangen, eine Leinwand im Saal von der Gaststätte Kallenberg auf der Margarethenhöhe. Die Wäsche wurde sommers wie winters im Garten getrocknet. Im Sommer wurden die Matratzen im Garten ausgeklopft, im Winter die Teppiche im Schnee. Wir spielten noch auf der Straße, bis der Laternenmann mit der Stange am Fahrrad kam. Völkerball, Treibball, die Mädchen Doppelball und Probe, Kriegen, Verstecken und Knicker. Würde bei der Bodenversiegelung heute schwer ein Loch zu schaffen. Mein Knickersäckchen existiert noch. Ich konnte auf Händen gehen, Radschlagen, auch mit einer Hand, mit Rollschuhen fahren, oder auch Laternen hinaufsteigen.

Am Waschtag gab es dicken Reis, der im Bett stand, so konnte, wer aus der Schule kam, sich bedienen (Mutter war ja im Kino).

Rosemarie Emmerich, Essen

Der Klüngelskerl mit der Blechflöte

Die Blechflöte früherer Schrottsammler gehört längst der Vergangenheit an. Heute kommen die Melodien aus dem Lautsprecher, mit denen die Sammler wie eh und je auf sich aufmerksam machen. Am schönsten aber sind jene Melodien, die mich an früher erinnern, als der Klüngel(s)kerl oder Klüngelspit – wie er im Rheinland genannt wird – noch mit seinem Pferdekarren oder Handwagen alles einsammelte, was die Bürger los werden wollten. Das war alles mögliche: Alte Fahrräder mit Gesundheitslenker, ausgediente Kinderroller, Puppenwagen, Metallschrott, aber auch Lumpen und Papier. Wir rissen uns oft darum, die Sachen persönlich zu übergeben, die wir aus der ganzen Nachbarschaft zusammengetragen hatten, weil wir als Erlös dafür ein paar Kupfer-Pfennige bekamen, die wir dann sofort an der nächsten Bude in Klümpkes (Bonbons) umsetzten.

Ursula Hickmann, Essen

Köppen, Knicker, Scherenschleifer

Ich war fünf Jahre. Wir wohnten in der Steinhausenstraße in Essen-Holsterhausen, zweite Etage, vier Zimmer, Badezimmer mit Wanne, große Diele, Balkon. Wir, das waren meine Eltern, Großeltern, Uroma, Bruder und ich. Wohnraum war knapp. Unsere Wohnung war so aufgeteilt: zwei Wohnküchen, Wohnzimmer, wo meine Eltern auf der Ausziehcouch schliefen, Schlafzimmer. Hier schliefen Oma und Opa, Uroma in den Ehebetten. Davor stand mein Bett, daneben das Bett meines Bruders.

Meine Großeltern väterlicherseits lebten in einer Zwei-Zimmer-Wohnung in Essen-Rüttenscheid. Opa war bei Krupp in der Schmiede beschäftigt und bekam sonntags immer das größte Stück Fleisch. Mein Opa Hermann arbeitete als Technischer Zeichner bei Krupp. Beruflich zeichnete er Lokomotiven, privat waren Pferdezeichnungen seine Leidenschaft. Opa war auch sehr musikalisch. Er spielte unter anderem Querflöte und Mandoline und hatte sich alles selbst beigebracht. Opa und Oma warteten dringend auf Zuteilung einer Krupp-Wohnung. Mein Vater, der sehr krank aus der Kriegsgefangenschaft kam, war Angestellter bei den Essener Stadtwerken.

„Unsere Straße" war eigentlich nur die halbe Straße. Unser Teilstück lag zwischen Lauenstein- und Kaulbachstraße. Monika, Mausi,

Ilse, Ulla, Renate, Werner, Winfried, Rolf und ich, wir waren eine verschworene Gemeinschaft. Wir spielten zusammen, stritten, zankten und vertrugen uns wieder.

Es gab drei Geschäfte, Lebensmittel Fandel, wo die Milch „gezapft" wurde, Kohlen Kleinschmidt und Obst und Gemüse Ruhnau. Neben Fandel stand die einzige Ruine in der Straße, nur noch Teile des Kellers. Hier war für uns natürlich absolutes Spielverbot. Das hinderte uns aber nicht am Erkunden des Kellergewölbes. Einfach aufregend, spannend, mit einem bisschen schlechtem Gewissen und Angst vor dem Entdeckt werden.

Später wurde hier gebaut und wir durften bei den Aufräumarbeiten helfen. Als das Haus fertig war, erfuhren wir, dass ein Spieler von Rot-Weiß Essen einzieht. Das fanden wir natürlich toll. Als er am Umzugstag ankam, standen wir Jungs auf dem Bürgersteig und wie zufällig rollte der Ball zu ihm, den er uns dann mit einem Grinsen zurück spielte.

Drei Häuser weiter lebte eine Familie in der Kellerwohnung. Wie wir mitbekamen, waren sie aus dem Osten. Mit den Kindern der „Pollaken" durften wir auf Anweisung unserer Eltern nicht spielen. Da wir das überhaupt nicht verstanden, war das Verbot für uns auch nicht existent. Mit der Zeit wurden unsere Eltern aber auch einsichtiger und toleranter.

Unsere Lieblingsspiele auf der Straße waren Fußball, Federball, Verstecken. Die Mädchen spielten Mutter und Kind oder tauschten Philippchen. Beim Federballspiel spannten wir ein Seil über die Straße, das abgenommen wurde,

Als der Klüngelskerl noch mit der Blechflöte unterwegs war: Straßenzug an der Gutehoffnungshütte, Oberhausen, 1950er Jahre

wenn mal ein Auto kam. Ein beliebtes Spiel war auch „Köppen". Es wurden mit Steinen zwei kleine Tore aufgebaut und es standen sich zwei Spieler gegenüber, die versuchten, mit dem Kopf einen Tennisball im gegnerischen Tor unterzubringen. Knicker (Murmeln) hatten wir immer dabei. Geknickert wurde in eine Bodenmulde. Wer zuerst alle Knicker in der Mulde hatte, war Sieger. Wenn wir etwas Geld hatten, kauften wir uns nagelneue Knicker. Die waren so schön und wurden so lange wie möglich geschont. Es fanden auch „Straßenkämpfe" statt. Steinhausen gegen Rembrandt oder Gebhardt. Wenn es für uns brenzlig wurde, lief einer schnell nach Hause und alarmierte die großen Jungs in unserer Straße, die uns dann „raushauten". Wenn uns beim Spielen der kleine Hunger überkam, machte Mutter uns eine Kniffte oder Stulle (Doppeldecker) mit Leberwurst oder Schmalz. Beliebt als Schulbrot war kalter Reibekuchen auf Brot. Da standen aber alle Schlange und wollten tauschen.

Ein- oder zweimal die Woche kam der „Eiswagen". Der brachte Stangen gefrorenes Wasser für die Eisdiele um die Ecke zum Kühlen. Die Stangen zog der Fahrer mit einem Haken vom Wagen und transportierte sie auf der Schulter in den Laden. Dabei brachen immer kleine Stückchen ab, die wir uns vom Wagen holten und lutschten. In der Eisdiele kostete das Eis im Hörnchen 10 Pfennig. Das Eis wurde mit dem Holzspachtel aus dem Behälter geholt und auf das Hörnchen gestrichen. Das war eine Riesenportion. Wenn wir aber gut Geld hatten, leisteten wir uns eine Muschel. Da gab's statt Hörnchen eine Muschelform und in die Wölbung kam mit dem Eisportionierer eine Kugel Eis und Deckel drauf. Dieses Eis kostete 20 Pfennig. Es gab zwar bedeutend

weniger Eis, aber der Besitz der Muschel war gut fürs Selbstwertgefühl und schaffte Neider.

In unregelmäßigen Abständen tauchte der Scherenschleifer in unserer Straße auf. Er stellte seine Karre am etwa 20 cm hohen Bordstein ab und belieferte nach beendeter Arbeit seine Kunden. Einmal stieß ich unglücklich an das Gefährt, das dann umkippte. Vor Angst und Schreck rannte ich nach Hause und versteckte mich unter dem Tisch. Kurz darauf schellte es, der Scherenschleifer stand vor der Tür. Meine Mutter ließ ihn erst gar nicht zu Wort kommen, sondern überschüttete ihn mit Vorwürfen und dass er froh sein könne, dass mir nichts passiert sei. Und weg war er. Mir fielen mehrere Steine vom Herzen.

Einmal im Jahr fand ein Straßenfest statt. Alle Mütter halfen mit. Die Fahrräder wurden geschmückt. Es gab Girlanden, Blumen, Kostüme. Wir zogen einmal um den Häuserblock und trafen uns dann auf dem kleinen Platz gegenüber unserem Haus, wo Tische und Bänke aufgestellt waren, bei Kuchen, Kartoffelsalat und Würstchen. Die Ruhnaus hatten einen Stand aufgebaut und alle Kinder bekamen kostenlos Obst. Eine große Geste der sonst sehr kleinlichen Obsthändler, was bestimmt auch mit dem Verfallsdatum zu tun hatte …

Es wird erst, die Schule ruft nach mir. Die Keplerschule, achtklassige Volksschule, in der Keplerstraße in Essen-Holsterhausen. Rechts katholisch, links evangelisch, in der Mitte des Schulhofs ein Zaun. Unser Lehrer Pleitgen war mehr Künstler als Lehrer und wir mochten ihn alle. Neben der Tafel stand seine Staffelei. So oft er konnte, d.h. immer wenn wir beschäftigt waren, malte er. Aber Rechnen, Schreiben, Lesen lernten wir in vier unbeschwerten Jahren auch. Unsere künstlerischen Fähigkeiten wur-

Hof- und Kinderfest, mit einfachsten Mitteln organisiert, Oberhausen 1953

den von ihm ebenfalls erkannt und gefördert. Zu der Zeit suchte man in Essen maltechnisch talentierte Schüler. Ich bestand als einziger unserer Schule die Prüfung und durfte ein Jahr lang wöchentlich einmal an den Förderkursen teilnehmen. Das machte riesigen Spaß. Leider endete die Kursteilnahme für mich dann mit dem Wechsel zur Realschule.

Eingekauft wurde bei Tante Käthe und Onkel Köbes in der Wöhlerstraße. Sie hatten ein kleines Lebensmittelgeschäft und Onkel Köbes hatte einen dreirädrigen Lieferwagen. Am 15. Bekam Vater sein Gehalt. Dann wurde die Rechnung vom letzten Monat bezahlt und groß eingekauft. Nebenan bei Metzger Wittlings gab es einen Kringel Fleischwurst und

gekochte Hamburger. Das Beste, was es je in meinem Leben gab.

Lesen war meine Leidenschaft. Meine Lieblingsbücher: Elf Freunde müsst ihr sein von Sammy Drechsel, auch Sportjournalist und später Fernsehmoderator, Erich Kästners Fliegendes Klassenzimmer, Kalle Blomquist von Astrid Lindgren, Tom Sawyer und Huckleberry Finn vom großen Marc Twain. Aber der Mercedes unter den Büchern waren Schneider-Bücher. Die waren besonders schön und man konnte seinen Namen eintragen: Dieses Buch gehört … Einige Bücher aus meiner Kindheit besitze ich heute noch.

Samstags war Badetag. Im Winter wurden mein Bruder und ich in der Küche gewaschen,

weil die Küche mit dem Gasherd besser zu be-
heizen war. Wir stellten uns nacheinander auf
einen Stuhl vor dem Spülbecken und Mutter
wusch uns mit dem Waschlappen von Kopf
bis Fuß.

Auf der Ablage der Eckbank in der Küche
stand unser Radio. Sonntags um 14.30 Uhr
gab es Kinderstunde. Das mussten wir möglichst jeden Sonntag hören. Lieblingshörspiel:
Kalle Blomquist, der Meisterdetektiv. Hier be-
kämpften sich Rote Rosen und Weiße Rosen.
Das wurde dann von uns auf der Straße nach-
gespielt. Beliebt war auch „Onkel Eduard erzählt Märchen". Onkel Eduard hatte eine faszi-
nierende Stimme und zog uns damit in seinen
Bann.

1956 bekamen wir unseren ersten Fernse-
her. Eine Fernsehtruhe von Grundig, inklusive
Radio und Plattenspieler. Da konnte mein
Vater seine zu der Zeit einzige Schallplatte
von Louis Armstrong abspielen. Die erste
Fernsehsendung, die wir auf dem einzigen
Kanal sahen war: 10 Minuten mit Adalbert
Dickhut. Turnübungen mit dem Olympiasie-
ger. Gerne sahen wir auch die Geschichten
um die Familie Schölermann.

Peter Rüb, Essen

Vater stützte mit Holzstempeln unseren Fußboden ab

Zehn Jahre haben meine Eltern und ich (Jahrgang 1947) auf einem Zimmer in einem zwei-
geschossigen Zechenhaus neben den Schie-
nensträngen der Zeche Hannibal in Bochum
gewohnt. Fließendes Wasser gab es aus einem
Wasserhahn im Treppenhaus und zum
Plumpsklo musste man ums Haus herum. Das
Toilettenpapier bestand aus alten Zeitungen.
Gebadet wurde man zum Wochenende in

einer Zinkbadewanne, die in der Waschküche
stand.

Als mein Vater noch lebte, erinnerten wir
uns schmunzelnd an seinen Einsatz zu meiner
Kommunionsfeier. Während wir in der Kirche
der Messe beiwohnten, stützte er im Keller die
darüber liegende Decke mit Holzstempeln ab,
damit unser Zimmerboden auch sicher die Belastung durch die Gäste aushielt.

Auch mit jener Zechenbahn verbinden sich
so manche Geschichten. Ich erinnere mich,
dass ein Teil der Gleisarbeiten an der Bahn von
Häftlingen ausgeführt wurden, die ein Polizist
mit geschultertem Gewehr bewachte. Zwischen den Gleisen der Zechenbahn lag der
Kohlengrieß, der von den Waggons gefallen
war. Einmal bin ich mit meinem Vater in der
Dämmerung durch den abgrenzenden, aber
beschädigten Zaun gestiegen, um aus der Not
heraus einige Eimer Kohlengrieß zu holen.
Plötzlich tauchte in einer Entfernung von vielleicht 50 Metern am Bahnübergang ein Polizeiauto auf. Mein Vater lief flott durch die Lücke im Zaun in ein Gebüsch und ich ließ mich
zwischen die Schienen fallen. Endlose Zeit lag
ich auf dem kalten Boden, bis das Auto verschwand. Gott sein Dank, es hat uns niemand
gesehen. Ein kleines Abenteuer war`s doch.

Übrigens stand bis vor kurzem noch ein Teil
der gemauerten Wand des „Chemischen Wer-
kes" in dem ehemaligen Bochumer Stadtteil
Marmelshagen, die ich als Kind mit hochzie-
hen durfte. Die damals damit beschäftigten
Arbeiter fanden meine Mitarbeit amüsant –
heute wäre es unvorstellbar.

Als wir dann endlich in der Bochumer Innenstadt eine 2 ½-Zimmer-Neubauwohnung zugewiesen bekamen, die zwar noch mit einem
Kohleofen ausgestattet war, kam uns das vor,
wie in einem Luxushotel. Die Zeit danach war

zwar noch nicht so rosig wie heute, aber es ging stetig bergauf.

Hans Jackowski, Allendorf

Lakritzschnecken von Onkel Rudi

Mein Spielplatz waren die Trümmergrundstücke, auf denen man mit den Nachbarkindern herrlich spielen konnte, obwohl es verboten war. Überall konnten Granaten u.a. herumliegen.

Allmählich wurden in unserer Straße die Häuser wieder aufgebaut. Unsere Nachbarn waren ein Kartoffelhändler und ein Kohlenhändler. Die Nachbarn wurden von ihnen mit Einkellerungskartoffeln bzw. Kohlen versorgt. Wir heizten damals alle mit Kohlen. Dann endlich kamen die ersten elektrischen Nachtspeicherheizungen.

Gegenüber unserem Haus war die „Bude" von Onkel Rudi, der Süßwaren und Zigaretten verkaufte. Onkel Rudi saß im Rollstuhl und hatte im Krieg beide Beine d.h. Unter- und Oberschenkel weggeschossen bekommen. Wir Kinder hatten ihn gern. Für fünf Pfennig gab es bei ihm Lakritzschnecken und für 10 Pfennig Negerküsse. Ein ganz besonderer Knüller waren die etwas größeren, die 20 Pfennig kosteten. In denen steckte ein winziges Gummipüppchen, aber die konnte man sich nur selten leisten. Onkel Rudi heiratete später Fräulein R. von der anderen Straßenseite, und es gingen viele Gerüchte um diese Ehe. Es hieß, das Fräulein war Mannequin, was damals zu dieser Zeit wohl etwas suspekt war. Sie waren aber sehr glücklich und bekamen einen Sohn. Dann zogen sie weg. Noch heute gibt es diese „Bude" – fest in türkischer Hand mit einem ebenso freundlichen Besitzer.

1952 kam ich in die katholische Volksschule, die damalige Keplerschule. Damals war sie in einem Gebäude mit der evangelischen Volksschule. Der Schulhof war geteilt und die Toilettenräume auch. Wenn man sich in den Pausen auf dem Schulhof begegnete, was möglichst vermieden werden sollte, wurden wir als „katholische Ratten" beschimpft. Unsere Antworten waren in der gleichen Schimpfwortkategorie.

Zur Ausrüstung gehörten Schiefertafel, Schwammdose und ein von der Mutter gehäkelter weißer Tafellappen, der an einem Band an dem Holzrahmen der Tafel angebunden war. Dazu kam der Griffelkasten. Wir schrieben – unvorstellbar heute – in der 1. Klasse mit Griffeln, die für Kinderhände nicht leicht zu führen waren. Sie brachen oft ab, und man schrieb mit den Stummeln weiter bis sie verbraucht waren.

Ursula Magnusson, Essen

Meine erste Schokolade

Im Juli 1951, ich war dreieinhalb Jahre alt, fuhr ich mit meiner Mutter in die Schweiz. Dort lebte in Bern ihre Schwester, die in dem Monat ein Kind bekam. Da damals eine Geburt noch einen einwöchigen Aufenthalt im Krankenhaus bedeutete, fuhren wir hin. Meine Mutter führte in der Zeit den Haushalt und versorgte meinen Onkel und meinen zweijährigen Cousin.

Immer wenn ich auf der Wiese im Hofe des Hauses spielte, kam ein älterer Herr aus einem der Nachbarhäuser und schenkte mir eine kleine Tafel Schokolade (ca. 4 x 2 cm. groß). So etwas Leckeres hatte ich im ganzen Leben vorher noch nie gegessen, und die Freude an Schokolade hält bis heute an.

Die ersten viereinhalb Jahre meines Lebens verbrachte ich in Essen-West. Wegen der durch den Krieg herrschenden Wohnungsnot hatten wir ein Zimmer in der Wohnung einer älteren Dame in der ersten Etage des Hauses an der Harkortstraße. Ob wir dort zwangsweise einquartiert worden waren, oder ob es auf Vermittlung von Freunden meiner Eltern geschah, die im Erdgeschoss des Hauses wohnten, weiß ich nicht. Die Häuser der Harkortstraße waren bis zur Kreuzung mit der Bunsenstraße intakt und alle bewohnt. Ich hatte dort viele Spielkameraden und erinnere mich noch besonders an Berthold, der immer mit der Handtasche seiner Mutter spazieren ging und an Max. Besonders eine Szene ist mir in Erinnerung: Der Vater von Max saß auf einem Ledersofa in der Küche und lutschte das Mark aus einem Suppenknochen.

Schräg gegenüber unserer Wohnung sah man das Trümmerfeld einer zerbombten Kirche. Diese wurde nie wieder aufgebaut, sondern später durch einen Neubau an der Frohnhauser Straße ersetzt. Ein kleines Gebäude auf der Ecke Harkort-/Bunsenstaße, das heute noch steht, diente sonntags als Notkirche und während der Woche als Kindergarten, in den auch ich noch einige Zeit ging.

Wir Kleinen durften oft mit den größeren Kindern der Nachbarschaft spielen, die schon zur Schule gingen. Sie nahmen uns mit zur Kastanien-Suche auf einem etwas höher gelegenen Schulhof oder zum Frösche fangen an einem Feuerlöschteich eines Werksgeländes, dass sich an den Hof unseres Hauses anschloss. Da es etwas tiefer lag, kletterten die

Beim Kartoffellesen im Hof mit Mutter, Onkel und Tante

Hofidylle mit Ziegen, 1955

Großen eine Mauer hinunter und halfen uns dabei. Ein beliebter Spielplatz waren auch die zerbombten Häuser gegenüber dem Kindergarten an der Bunsenstraße.

Der Freund meines Vaters hatte damals ein Motorrad mit Beiwagen, und wenn wir ihm nachmittags, wenn er von der Arbeit kam, entgegen liefen, durften wir ein Stück mitfahren. Vom nahe gelegenen Berzeliusplatz fuhren wir oft mit der Straßenbahn zu den Großeltern nach Bottrop, das heißt: Mit der Straßenbahn bis zum Rhein-Herne-Kanal, dort zu Fuß auf einer notdürftigen Holzbrücke den Kanal überqueren, dann mit einer anderen Straßenbahn weiter. Der Berzeliusplatz war mir auch deshalb noch lange in schrecklicher Erinnerung, da dort der Friseur war, bei dem ich unter Tränen meinen ersten Haarschnitt erhielt.

Martin Vollenbruch, Bottrop

Ein Schlückchen Maggi gefällig?

Nach dem Besuch der Keplerschule und der mittleren Reife an der BMV in Essen-Holsterhausen habe ich die kaufmännische Lehre im Lebensmittelgeschäft meiner Eltern begonnen.

Gegründet wurde der Laden in der Steinhausenstraße 35 bereits in den 1920er Jahren von meinem Großvater August Jostes. Bis 1971 wurde der sogenannte „Tante Emma"-Laden von meinen Eltern und mir geführt. Noch heute lebe ich in dem Haus.

Viele Erinnerungen habe ich an den Beginn meines Berufslebens Ende der 50er Jahre. So zum Beispiel an den Jungen, der die Milch, die damals noch im Laden abgefüllt wurde, nur in homöopathischen Dosen statt kannenweise kaufte, weil es jedes Mal ein Gummibärchen gab. Oder der kleine Peter, der einen Dauer-

lutscher kaufte, mit einem Groschen (10 Pfennig) bezahlte und die 5 Pfennig Wechselgeld wegwarf, weil er seinen Lutscher ja hatte! Oder der Nachbarsjunge, der so gerne in Pfützen spielte und mit der Gießkanne nachlegte, wenn nicht mehr genug Wasser drin war.

Es gab aber auch Fälle von Kleinkriminalität. So erwischte meine Mutter einen „Kunden", der ein Wurstpaket in der Tasche verschwinden ließ, was meine Mutter im Spiegelbild der Schaufensterscheibe beobachtet hatte.

Essig, Öl, Maggi wurden in von der Kundschaft mitgebrachte Flaschen abgefüllt. Maggi war eine Delikatesse und besonders bei den Kindern beliebt. Gerne nahmen sie vor dem Laden ein Schlückchen und ließen wieder nachfüllen.

Es wurden natürlich mit den Kunden viele „Kwätschkes" gehalten. Wir erfuhren viel, was die Nachbarn nicht wussten. So hat ein ehemaliger Nachbar erst heute in Vorbereitung auf diese Geschichte erfahren, dass in unserer gutbürgerlichen Straße eine Dame wohnte, die dem horizontalen Gewerbe nachging. Sein Kommentar: „Rita, hier tun sich ja Abgründe auf. Wie sag ich das meinen Eltern?"

Auf die schönen 50er Jahre stoßen wir mit Pimise (Pils mit Sekt) an, dem beliebten Damengetränk dieser Jahre.

Rita Rentrop, Essen

Wie ich Wasser-Alarm bei der Feuerwehr auslöste

Ich will hier von einer meiner Untaten Anfang der 50er Jahre berichten, da ich mir ziemlich sicher bin, dass ich in den Genuss der Verjährung komme.

Ich will gar nicht vom Klauen von Äpfeln und Kirschen erzählen, was damals zum Alltag

Im Viertel hielt man zusammen

gehörte. Auch nicht vom Sammeln von Zigarettenkippen, die bei ausreichender Anzahl ein paar Groschen Erlös brachten. Es war der stetige Mangel an Taschengeld, der uns Jungen auf andere Gedanken brachte.

Es war eine Zeit, in der es überall noch Trümmergrundstücke gab. Dort galt es, nach allerlei Schrott zu suchen, der dann beim „Klüngelskerl" zu Geld zu machen war. Und so entdeckte ich eines Tages in den Grundmauern eines nach oben offenen Kellergeschosses ein aus der Wand ragendes Bleirohr von ziemlicher Dicke und vielleicht einen Meter lang. Es versprach, der Jackpot dieses

Tages zu werden. Ich eilte nach Hause, um heimlich einen Fuchsschwanz zu holen. Und tatsächlich: Das Blei war so weich, dass sich schon nach den ersten Sägeversuchen Ergebnisse zeigten. Aber im nächsten Moment war ich durchnässt und eine gewaltige Wasserfontäne stand über dem Ort des Geschehens.

Das Bleirohr war nicht tot, wie ich vermutet hatte, sondern stand unter dem Druck vom Wasserwerk. Ich musste fliehen, denn der Ort war einsehbar. Bei meiner überstürzten Flucht verlor ich einen Schuh und den Fuchsschwanz.

Ich musste meinen Schuh wiederhaben, denn wie sollte ich den Verlust begründen? Nach einiger Zeit traute ich mich, den Tatort von Ferne zu observieren. Dort waren schon Polizei und Feuerwehr und viele Schaulustige. Die Feuerwehr hatte das Wasser bereits abgesperrt. Ich bemerkte, wie einer aus der Menge mich aus den Augenwinkeln misstrauisch beobachtete, und so hielt ich es für besser, mich noch eine Weile im sicheren Hintergrund zu halten.

Meinen Schuh habe ich am nächsten Tag wiedergefunden, den Fuchsschwanz nicht. Es war kein erfolgreicher Tag. Noch lange hatte ich unter der Vorstellung zu leiden, dass mir die Polizei vielleicht doch noch auf die Schliche kommen könnte.

Klaus Hickmann, Essen

Ostern 1959 – Maria kommt in die Schule

Maria ist ein kleines, aufgewecktes Mädchen von sechs Jahren. Sie geht gerne in den Kindergarten. Den Weg dorthin kennt sie schon gut und am liebsten möchte sie allein hinge-

Ein Schlückchen in Ehren über die Gartenhecke hinweg: Sinnbild für eine intakte Nachbarschaft, die im Ruhrgebiet einen großen Stellenwert hatte

hen, nur leider erlaubt ihre Mutter es nicht. Aber sie darf allein einkaufen. Oft nimmt sie die Milchkanne und holt bei Dettmers einen Liter Milch. Manchmal nimmt sie auch die kleine Puppenkanne mit und bekommt auch für ihre Puppe Milch. Wenn das Mädchen Glück hat, steht vor dem Laden noch das Pferd, das sie gerne streichelt, denn mit Pferd und Wagen werden die Milchkannen zu den Kunden transportiert. Im Fleischgeschäft nebenan kauft sie dagegen nicht so gern ein. Oft nämlich drängeln sich die Erwachsenen vor und sie muss ganz lange warten. Wenn sie dann an der Reihe ist, fragt die Fleischerei-

besitzerin sie gerne aus. Das spielt sich dann so ab:

„Guten Morgen, Maria!"

„Was darf es denn sein, Maria?"

„Was gibt es denn zu essen bei euch, Maria?"

„Legst du den Sauerbraten ein, Maria?"

Bei schönem Wetter spielt sie meist draußen im Schrebergarten mit den Nachbarskindern. Wenn Maria die schmale, dichtbewachsene Stiege entlanggeht, kommt sie in Repkas Garten. Die Mädchen bauen aus Decken ein Haus. Oft spielen die Kinder aber auch im Hof hinter dem Haus. Sie werfen zwei oder drei

Bälle an die Wand und in die Luft wie ein Jongleur. Mit zwei Bällen schafft Maria das auch ganz lange, nur mit drei Bällen kommt sie nicht zurecht. Alle Kinder der Nachbarschaft spielen mit einer alten Schuhcremedose Hinkelkästchen, oder mit Murmeln, aber darin ist Maria nicht so geschickt.

Das Haus, in dem Maria mit ihrer Familie wohnt, hat einen Vorgarten und einen Hinterhof, aber darin darf niemand spielen. Bei schlechtem Wetter hält sie sich oft im Zimmer ihrer Tante auf. Ihre Tante hat einen eigenen Ofen und in ihrem Zimmer ist es gemütlich und warm. Ihre Tante ist Schneiderin und eigentlich ständig mit bunten Stoffen beschäftigt. Sehr oft spielt das Kind mit alten Garnrollen und bunten Stofffetzen und dabei erzählt ihr die Tante viele spannende Geschichten von früher. Ihre Tante bringt ihr auch schon früh Stricken, Sticken und Häkeln bei.

Im Kindergarten probt Maria eifrig für die Abschlussaufführung. Sie spielt die Mutter in der Märchenaufführung Rumpelstilzchen. Leider hat ihre beste Freundin Bärbel die Hauptrolle bekommen. Das Mädchen muss ein Kopftuch tragen, Bärbel dagegen trägt als Prinzessin und zukünftige Königin ein tolles Brautkleid und einen weißes Schleier. Schön ist die Abschiedsfeier trotzdem, doch leider zu schnell vorbei. In ein paar Wochen soll die Schule beginnen. Eine Schultüte ist zu teuer. Es heißt dann: „Maria, du willst doch keine Schultüte, nicht wahr? Du kannst doch auch so ein paar Süßigkeiten bekommen." Maria seufzt. Eine Schultüte wäre schon toll gewesen.

Endlich ist der große Tag da. Maria hat in der Nacht kaum geschlafen. Sie ist froh, als ihre Mutter sie endlich weckt. „Aufstehen, mein großes Schulkind!" Das hört sich doch toll an, da fühlt sich das Mädchen doch gleich viel besser. Schnell rennt sie ins Badezimmer, wäscht sich mit kaltem Wasser in der Waschschüssel über der Badewanne. Heute macht ihr das kalte Wasser nichts aus. Auch das zugige, ungemütliche und kalte Badezimmer ist ihr egal, sie freut sich auf die Schule. Im Wohnzimmer, das nur durch einen Vorhang von der Küche abgetrennt ist, hat ihre Mutter ihr Frühstück vorbereitet.

Maria trinkt heute ausnahmsweise Kakao, die Milch dafür hat ihre Mutter auf dem Kohlenherd in der Küche warm gemacht. Ihre Marmeladenbrote bekommt sie aber kaum herunter, so aufgeregt ist sie. Da liegt ja die neue Schultasche mit allen Sachen, die sie für die Schule braucht. Sie ist neu und aus Leder. An der Seite hängt der Tafellappen heraus.

Maria zieht neue weiße Kniestrümpfe an und ein neues Kleidchen, das ihre Tante genäht hat. Dann muss sie den Mantel überziehen. Mutter und Tante helfen ihr beim Überstreifen des Tornisters. Zur Kirche kommt auch ihre Tante mit. Das Mädchen kann es kaum abwarten bis die Messe vorbei ist, dann läuft sie mit ihrer Mutter zur Schule an der Wodanstraße. Der Weg zur katholischen Volksschule ist ganz schön weit und die Schulkinder müssen die gefährliche Cranger Straße überqueren.

In der Schule sieht Maria alle ihre Freundinnen wieder: Helga, Bärbel, Petra und Hildegard. Petra will sie demnächst jeden Morgen abholen. Alle haben sich fein herausgeputzt.

Und da – ein Mädchen trägt eine große rosa Schultüte. „Sie ist sicher prall gefüllt mit Süßigkeiten!", denkt Maria und betrachtet das Mädchen sehnsüchtig.

Alle Kinder und Eltern sind in der großen Aula der Schule versammelt, als der Rektor kommt. Er begrüßt Eltern und Kinder. Dann stellt er Marias Lehrerin vor, Fräulein Zander.

Feiern in der „guten Stube" mit Oma, Verwandten und Freundinnen ...

Alle Schulkinder müssen jetzt zusammen ein Lied singen: „Alle Vögel sind schon da!"

Dann gehen die Kinder mit ihrer Lehrerin in die Klasse. Maria sucht sich einen Platz neben ihrer besten Freundin Bärbel. Auf ihrer neuen Schiefertafel müssen sie jetzt ein Frühlingsbild malen. Behutsam packt das Mädchen die neue Tafel aus und legt sie auf das Pult vor sich. Dann holt sie den Griffel aus dem Griffelkasten. Er quietscht beim Anschreiben. Schon bald aber müssen sie aufhören und dürfen nach Hause gehen.

Ihr Vater ist inzwischen von der Arbeit zurück und begrüßt das Schulkind. Draußen werden Fotos gemacht mit dem neuen Tornister, aus dem der Tafellappen herausbaumelt. Am Nachmittag kommen viele Verwandte zu Besuch, es gibt Kuchen und Süßigkeiten. Maria bekommt Geschenke, Buntstifte in vielen Farben, Buntpapier, neue Rechenstäbe

Abends liegt Maria noch lange wach. Allmählich schlummert das Kind ein und träumt von ihrer lieben, netten Lehrerin, den Freundinnen, den neuen Rechenstäben und im Traum und da ...

Da ist sie eingeschlafen.

Maria Teske, Gelsenkirchen

... und beim Karneval

Tanz durch alle Räume

Damals in den 50ern wurde noch viel gefeiert zu Hause, da waren die Familienfeste noch hoch im Kurs und Tradition. Kein Geburtstag ohne die buckelige Verwandtschaft, an Ostern und Weihnachten kam der festlich gekleidete Familienkreis zusammen. Für die Hausfrau waren größere Festivitäten wie Hochzeit, Taufe, Kommunion, Konfirmation eine besondere Herausforderung und Belastung. Tage vorher wurde alles vorbereitet, denn man traf sich zu Hause. Es sollte alles lecker sein und für jeden Geschmack etwas dabei. Von eingelegten Heringen, Kartoffelsalat mit Brühwurst bis hin zum Sauerbraten, Klößen und Rotkohl. Es waren allerhand Mäuler zu stopfen. Da wurden Tische zusammengestellt und sich von Nachbarn Stühle geborgt. Da gab es die berühmte „Buttercremetorte" von Mutti gemacht und den leckeren „Napfkuchen" und Oma machte immer die „kalte Hundeschnauze". Onkel Otto legte seine berühmten Schallplatten auf von Rudi Schuricke, René Carol, Zarah Leander, Kriminal-Tango, Hazy Osterwald Sextett, Freddy Quinn usw. Es wurde getanzt durch alle Räume.

Wenn es dann an einem Sonntag war und alle arbeiten mussten auf Frühschicht im Bergbau, ja das war nicht einfach. Nach Hause gelaufen, es fuhr keine Straßenbahn mehr, angekommen, Anzug aus, Arbeitsklamotten an und dann ab zum Pütt, gestempelt auf die Minute. Der Steiger stand mit einem lächelnden „Glückauf"

Das waren Zeiten! Ich war damals 14 Jahre alt, und ich erinnere mich gerne an diese schöne Zeit. Wenn die Eltern mal rausgegangen sind zum Tanz in einen angegliederten Saal, spielte eine Kapelle und der magere Geldbeutel erlaubte meistens nur ein Getränk am Abend. Nachts ging es nach Hause. Der Weg war lang, es fuhr nichts mehr. Trotzdem gingen sie ab und zu dorthin. Mehr war ja damals nicht. Sie kannten nur Arbeit, Garten mit Obst und Gemüse, Kaninchen, Hühner und Tauben.

Das waren die 50er Jahre, glücklich, zufrieden, unbeschwert, ehrliche Leute und vor allen Dingen Kameradschaft, Nachbarschaftshilfe und Nächstenliebe wurde groß geschrieben.

Gisela Angenendt, Oberhausen

Automatengeschichten

An der Außenwand eines Gebäudes in meinem Viertel waren ein Zigarettenautomat und ein Kaugummiautomat angebracht. Der Kaugummiautomat war rot und funktionierte mit Drehmechanismus. Man musste einen Zehner in den Schlitz stecken, den Griff einmal um die eigene Achse drehen, die Blechklappe hochheben und aus der Öffnung nehmen, was der Automat gegeben hatte. Auf das Kaugummi hatten es die Kinder nicht gerade abgesehen. Hinter der Scheibe des Automaten glitzerten andere Dinge, die viel verlockender waren als die Kaugummikugeln:

Kompasse, Ringe, Totenköpfe, Kettchen. Meist gab der Automat zwei Kaugummikugeln heraus, bisweilen aber auch nur eine einzige. Dann fühlte man sich regelrecht betrogen, weil eine einzige Kugel am Kiosk ja nur fünf Pfennig kostete. Kamen zwei Kaugummikugeln heraus, war man zwar nicht gerade begeistert, man fühlte sich aber doch korrekt behandelt. Die Kaugummikugeln waren hart und staubtrocken. Man musste sie zwischen die Zähne nehmen und kräftig draufbeißen, damit das Ding zersplitterte und man anfangen konnte zu kauen. Im Übrigen ist der Kaugummiautomat ein technisches Fossil, das bis heute überlebt hat. An der einen und anderen Bochumer Hauswand sieht man sie noch heute hängen, und sie sehen genauso aus wie in den fünfziger Jahren. Nur die Kaugummikugeln selbst sind erheblich kleiner als damals, und sie sind in Plastikfolie eingeschweißt. Ich nehme an, das ist aus hygienischen Gründen vorgeschrieben.

Der Zigarettenautomat hatte sechs klobige Ziehfächer mit schwergängigem Mechanismus. Damals enthielten die Zigarettenschachteln zwölf Zigaretten und kosteten eine Mark. Die gängigsten Filterzigaretten waren HB, Peter Stuyvesant, Astor, Eckstein, Ernte 23 und Waldorf. Die bekanntesten Zigaretten ohne Filter waren Juno und Overstolz. Die Arbeiter rauchten vornehmlich Eckstein und Overstolz. Peter Stuyvesant wurde von den jungen Leuten bevorzugt, HB und Ernte 23 wurde von der breiten, bürgerlichen Masse geraucht, Astor hatte den Ruf des Edlen und Exquisiten. Jeder, der damals gelebt hat, erinnert sich an den Werbespruch von Peter Stuyvesant: Der Duft der großen weiten Welt. Sehr populär war das HB-Männchen, eine Zeichentrickfigur, die jeder kannte und liebte. Sie trat im Werbeteil von Fernsehen und Kino auf. Es war in Variationen immer die gleiche Geschichte: Das HB-Männchen ist mit irgendeiner Sache im Haus oder im Garten beschäftigt, und das Unglück nimmt seinen Lauf. Beim Anstreichen tritt es in die Farbtöpfe, beim Bildaufhängen schlägt es sich mit dem Hammer auf den Daumen, bei der Gartenarbeit knallt ihm der Rechenstiel gegen die Stirne und ein wild gewordener Schlauch spritzt es nass. Der kleine Pechvogel ringt mit einem tückischen Holzliegestuhl, eine Fliege treibt ihn schier in den Wahnsinn, Bretterregale stürzen um, Blumentöpfe fallen ihm auf den Kopf – was schief gehen kann, geht schief. Das HB-Männchen schimpft wie ein Rohrspatz, die Wut in ihm kocht hoch, bis das cholerische Gift überläuft und das Männchen abhebt und in den Himmel hochschießt wie ein Rakete. In diesem Augenblick ertönt eine sonore Stimme:

Aber, aber mein Freund – wer wird denn gleich in die Luft gehen? Greife lieber zur HB, dann geht alles wie von selbst. Die milde Hand eines gütigen Gottes holt den Durchgedrehten auf den Teppich zurück und hält ihm eine Schachtel HB hin. Das HB-Männchen hört die Botschaft, nimmt die dargebotene Zigarette und raucht. Seine verzerrten Gesichtszüge gehen über in einen Ausdruck ruhiger Gelassenheit, und während der kleine Mann mit der großen Nase lächelnd seine Zigarette genießt, fügen sich wie von Zauberhand die Trümmer zusammen, und das Chaos wandelt sich wieder in die schönste häusliche Ordnung.

Im Zusammenhang mit dem Zigarettenautomat möchte ich von einem Vorfall berichten. Ein Mann hatte eine Mark in den Automaten geworfen, aber der Mechanismus funktionierte nicht. Er zerrte und riss an allen Fächern, aber es war vergeblich. Dann schlug er mit der Faust gegen den Einwurfschlitz, da er wohl dachte, dass sein Markstück nicht richtig durchgerutscht sei. Seine Hiebe wurden derber, er verlegte sich aufs Fluchen, bis ihn schließlich die Wut, ja die Verzweiflung packte und sein Schreien zwischen den Häuserreihen der Wasserstraße widerhallte.

„Wo gibt's denn so wat! Da schmeißt man 'ne Mark rein, und es kommt nix raus!"

Der Mann steigerte sich immer mehr hinein, und ich hatte das Gefühl, als betrachte er den Automaten als ein bewusstes Wesen, das ihm einen üblen Streich gespielt hatte. Bald hatte er den letzten Funken Selbstbeherrschung verloren. Er rammte mit der Schulter gegen den Automaten, nahm Anläufe und warf sich gegen ihn, traktierte ihn mit Serien von Fußtritten, und fluchte und kreischte wie einer, der sich auf die schändlichste Weise der Welt betrogen fühlt. Man hätte denken können, das HB-Männchen selbst würde an der Wasserstraße Urständ feiern.

Als ein Fußgänger des Weges kam, schrie der Verzweifelte ihm sein Elend ins Gesicht: „So 'ne Sauerei! Da schmeißt man 'ne Mark rein, und es kommt nix raus!" Der Fußgänger blieb stehen und sagte etwas von einer Telefonnummer. Er zeigte auf den Automaten: „Sie müssen die Telefonnummer anrufen, die auf dem Automaten angegeben ist. Dann kommt einer von der Firma und gibt Ihnen Ihre Mark wieder."

Der Tobende beruhigte sich ein wenig und sagte: „Aber jetzt stehe ich ohne Zigaretten da. Und wer bezahlt mir die zwanzig Pfennig für das Telefonieren?"

Klaus Schühly, Bochum

MORAL

SÜNDENFALL UND ROLLENMUSTER

Immer das pralle Leben

1948 wurde ich eingeschult und ging acht Jahre in die „Glückaufschule" in Essen-Schonnebeck. Wir wohnten in der „ECA-Siedlung", dort wohnten nur Bergleute mit ihren Familien. Meine Lieblingsfächer waren Zeichen/Malen und Rechtschreibung/Diktat, die anderen Fächer lagen mir nicht und machten sich in meinen Zeugnissen bemerkbar. Für „Schabernack" war ich aber immer zu haben, dementsprechend musste ich oft jeweils 50 Mal schreiben: Ich darf den Unterricht nicht stören. Und von Mutter oder Vater unterschreiben lassen. Weil ich dafür Prügel bekam, fälschte ich oft die Unterschrift. Auch musste ich oft hinaus in den Flur, weil ich es zu toll trieb. Ich malte auch während des Unterrichts, wenn ich dann in Erdkunde an die Tafel musste und Afrika zeigen, aber auf Spanien zeigte, lachte mich die ganze Klasse aus. Den Schlüssel vom Klassenschrank versteckte ich auch mal, wenn wir eine Rechenarbeit schreiben mussten. Bis der Schlüssel wieder auftauchte, war die Stunde um und die ganze Klasse musste Strafarbeit machen.

Ich hatte mal einen Klassenlehrer, dem ich ein Bild gemalt habe, „Maria mit Jesuskind im Rosengarten". Dafür bekam ich dann in allen Fächern gute Noten. Als ich einen anderen Klassenlehrer bekam, fiel ich in ein tiefes Loch. Es war eine katholische Schule, ich musste in der Kirche oft beichten, anschließend musste ich zehn Vaterunser beten und meine Sünden waren vergeben, ich hatte wieder Platz für neue Sünden. Mittlerweile hingen in den Klassenräumen und Fluren meine Zeichnungen. Zu Hause wurden meine Künste ignoriert, weil ich nur ein Mädchen war, das keine gute Schulausbildung braucht, weil sie sowieso irgendwann heiratet.

Als ich 13 Jahre alt war, hatte in der Kirche ein Messdiener Dienst, der aussah wie der junge Hardy Krüger. Ich lauerte ihm auf, bis er auf mich aufmerksam wurde. Er war einige Jahr älter als ich und musste dann zur Bundeswehr. Als er dann auf Urlaub nach Hause kam in schmucker Uniform, war ich ganz weg. Es passierte aber nichts, weil ich viel zu viel Angst hatte. Es blieb nur beim Küssen und Schmusen.

Bei der Schulentlassung fragte meine Mutter den Rektor, was sie bei meiner Begabung mit mir machen sollte. Ich wollte Modezeichnerin werden. Der Rektor empfahl meiner Mutter: „Lassen Sie sie erst mal was Anständiges lernen." Und ich begann eine kaufmännische Lehre bei den Brüdern Theo und Karl Albrecht (Aldi) auf der Huestraße in Schonnebeck.

Die Jungs in der Siedlung, mit denen ich schon im Sandkasten gespielt hatte, mochte ich nicht, ich wollte einen richtigen Mann haben, aber ich hatte Angst vor Sex, dachte vom Küssen wird man schon schwanger. Ich spielte wie die „Katze mit der Maus", wenn's ernst wurde, haute ich immer ab. In der Bergmannssiedlung, in der ich groß wurde, war ich unter den gleichaltrigen Mädchen der Star. Alle Jungen waren hinter mir her, ich wusste nicht weshalb, ich fand mich nicht sexy. Als ich älter wurde, so mit 16, hatte ich viele Freundinnen, die aber nach und nach Freunde aus der Siedlung hatten. Sie waren nicht so anspruchsvoll wie ich. Sie hatten immer weniger Zeit für mich und erzählten mir von ihren Erlebnissen mit Sex. Eine Freundin hieß Christa, war kohlpechrabenschwarz und ich platinblond. Wir waren Marilyn Monroe und Jane Russell und machten sämtliche Jungen nervös. Als wir 17 Jahre alt waren, gingen wir samstags zum Tanz zu „Niermann" in Katernberg am „Ab-

Auch ein Sinnbild für die 50er Jahre: aufkommende weibliche Lebenslust und ein unverkennbares Idol: Marilyn Monroe, Essen 1959

zweig". Es war die Zeit der „Sperrstunde", wir mussten um 22 Uhr das Lokal verlassen, aber dann ging erst mal richtig die Post ab, nämlich dann sang der Sänger der Band, der fünffacher Vater und bei der Brotfabrik Stauffenberg Auslieferungsfahrer war, auch schlüpfrige Lieder wie: Marina mach das Strumpfband los, jetzt geht's los usw.

Einmal war es 22.15 Uhr und Christa und ich waren noch im Lokal. Plötzlich flog die Eingangstür auf und drei Kripo-Beamte stürmten in die Kneipe, schwirrten in drei Richtungen aus. Stühle polterten zu Boden. Christa schrie: „Jetzt werden wir mit der grünen Minna (Polizeiauto) nach Hause gebracht." Dort gab es dann Prügel von den Eltern. Ich sagte: „Du be-

stimmt, ich nicht!" Ich beobachtete die Kripo-Leute. Einer ging auf die Herrentoilette nachsehen, ob sich da welche versteckten. Als er wieder herauskam, versteckte ich mich da. Ein junger Mann hatte mich nicht verraten.

Dann hatte ich irgendwann keine Freundinnen mehr zum Ausgehen, alle hatten feste Freunde oder waren schon verlobt. Ich ging dann als Vorläuferin der Emanzipation alleine auf die „Pirsch" und fuhr mit der „Kulturlinie 107" nach Gelsenkirchen, dort war der Tiergarten (Tanzlokal) angesagt. Auf dem Weg dorthin stand über Nacht ein Haus, das vorher nicht da war. „Bar Eden" stand über der Eingangstür. Es war eine Attrappe für einen Film von Bernhard Wicki.

Samstags war ich Stunden im Bad, um mich zu stylen, für den „Abendauftritt", dachte immer, ich lerne endlich meinen Traum-Mann kennen, den Prinzen, der mich erlöst, lernte aber nur Frösche kennen, die nicht tanzen konnten, keinen ausgaben, aber knutschen wollten. Unbefriedigt fuhr ich mit der letzten Bahn nach Hause.

Einmal fixierte mich ein junger Mann in der Straßenbahn. Ich wusste sofort, dass ich Schwierigkeiten bekam – und richtig. Ich stieg in Schonnebeck bei Drees aus, musste die ganze Huestraße hinauf laufen, gegen 23 Uhr. Alles stockdunkel, der Kerl kam immer näher, keuchte und stieß anzügliche Worte aus. Ich rannte, er auch und kam immer näher. Plötzlich sprang ich in einen Hauseingang, klingelte überall Sturm und rief laut: „Mutti, Hilfe, Hilfe!" Lichter gingen an, Fenster wurden aufgerissen und der Kerl war weg.

Ich arbeitete damals in der Bahnhofsbuchhandlung im Hauptbahnhof. Dort kauften viele Künstler ihre Zeitungen. Ich erkannte sie alle und ließ mir Autogramme geben. Es gefiel mir sehr gut da, immer das „pralle Leben". Ganz toll war das Tanzlokal „Arkadia", Dellbrügge, an der Lichtburg. Dort traten Hasy Osterwald Sextett, Jochen Brauer Sextett, Angelina Monti und viele andere prominente Künstler auf. Dementsprechend war es sehr teuer, auch der Eintritt. Ich konnte mir nur einen Piccolo pro Abend leisten und hoffte immer, dass ich von einem Mann eingeladen würde. Der Haken dabei war, dass ich das mit Sex bezahlen sollte, aber ich war raffiniert und habe mich immer davongemacht, wenn es ernst wurde.

Ich hatte damals eine Vorliebe für Cocktailkleider, ein enges, schwarzes Kleid mit Strassknöpfen hatte es mir besonders angetan, und tanzte am liebsten Twist von Chubby Checker, mochte aber auch Elvis Presley, die Beatles und Bill Haley und war immer hungrig nach dem prallen Leben, spielte gern mit dem Feuer, trank am liebsten Escorial 56 %, der haute so schön rein. Meinen Traum: Modezeichnerin hatte ich aufgegeben, nachdem meine Mutter meine schönsten Zeichnungen zerrissen hatte, um mir die Flausen aus dem Kopf zu treiben.

Renate Bodyl, Essen

Am Anfang war es Sünde

In den 50er Jahren wurde in dem beliebten Filmtheater „Südtheater" ein Film gezeigt, der schon wegen seines Titels bei den Rüttenscheider Jugendlichen großes Interesse hervorrief: Am Anfang war es Sünde. Man entschloss sich nun mit einigen Freunden, nicht in das „Rütli-Theater" an der Rüttenscheider Straße zu gehen, wo wieder ein Heimatfilm „Grün ist die Heide" mit Rudolf Prack und Sonja Ziemann lief, denn das Süd-Theater mit seinem attraktiven Titel versprach doch neue Einsichten für uns alle. Denn es ging das Gerücht, dass man in dem Film „Am Anfang war es Sünde" von der Schauspielerin Ruth Niehaus einen interessanten Körperteil präsentiert bekam.

Wir verabredeten uns nach Beschaffung des Eintrittsgeldes zur Vorstellung um halb sechs. Schon damals gab es das Jugendschutzgesetz, das keinem Jugendlichen unter 18 Jahren erlaubte, diesen besagten zensierten Film zu sehen. Den strengen Blicken der Billetverkäuferin und der Platzanweiserin entging nichts.

Wir waren alle unter 18 Jahren, aber hatten uns schon darauf vorbereitet, eine gute er-

Kinoplakat für die „Lichtburg" zum Skandalfilm „Die Sünderin" mit Hildegard Knef, Essen 1951

wachsene Show zu bieten. Die berühmte Filterzigarette, die von uns gern geraucht wurde, weil mit Papierfilter ausgestattet, wurde den Damen an der Kasse und dem Eingang lässig im Mundwinkel qualmend präsentiert. Ebenfalls mussten einige geliehene Schlipse der Väter für die Vorspiegelung des Erwachsenenalters herhalten. Bis auf einen Freund, der einfach noch zu spundig aussah, wurden wir alle durchgewinkt. Nun stand dem Filmvergnügen nichts mehr im Wege.

Wir reihten uns nun in die zugewiesene Reihe ein, und ich musste mit Erschrecken feststellen, dass ein „lieber Gast" unserer Gaststätte, mit Namen Karl G., ein Freund meines Vaters Harry Schick, direkt vor mir saß. Meine Kumpel diskutierten und waren voll der Freude, nun etwas Blöße zu sehen, was für die damalige Zeit schon sehr ungewöhnlich war. Durch dieses lautstarke Diskutieren war Karl Gr. Nun auf uns aufmerksam geworden und drehte sich zu uns um und bat um Ruhe. Natürlich erkannte mich dieser Mensch sofort und begrüßte mich mit einem breiten Grinsen, was meine Mundwinkel nach unten zog. Es war also nicht mehr zu ändern, dass mein Vater, dem ich auf Befragen mitgeteilt hatte, dass wir in die Heimatschnulze gehen würden, nun von meinem verbotenen Filmbesuch zu hören bekam.

Nun lauerten alle Beteiligten auf die besagte Brustansicht, die bei dem Liebesspiel zu sehen war, ich machte daraufhin den Unbeteiligten, was aber Karl G. natürlich nicht wahrnahm und mir sowieso nicht mehr helfen konnte. Bei der besagten Szene, bei der nur ein unscharfer Wischer einer Brust zu sehen war, johlte nun die ganze Clique und freute sich über diese neue Erkenntnis.

Nach dem Filmbesuch standen wir noch vor dem Kino und diskutierten über das Gesehene. Nun sah ich zu, wie Karl G. sich in Richtung Friederikenstraße auf den Weg machte. Ich hoffte inständig auf das Wunder, dass er heute einmal nicht in unsere Gaststätte einkehren würde. Wir zogen noch etwas um die Häuser und nach einer Stunde kam ich in unsere Gaststätte.

Mein Vater fragte mich zu meiner Erleichterung, wie denn der Film „Grün ist die Heide" gefallen hätte und ich begann, eilfertig einen Lobgesang auf diesen. Umgehend traf mich eine gepfefferte Ohrfeige, begleitet von einem Hinweis auf Karl G., der meinem Vater na-

türlich brühwarm berichtet hatte, dass er mich in dem nicht jugendfreien Film gesehen hatte.

So wurde mir klar, dass jede Sünde einen Anfang hat. Daraufhin schenkte ich mir den weiteren Besuch des später in allen Kinos gezeigten Film „Die Sünderin" mit Hildegard Knef und kam so schmerzlos davon.

Horst Schick, Essen

Keine Wohnung ohne Heirat

Im Jahre 1950 wurde ich 21 Jahre und somit nach damaligem Recht volljährig. Die Kriegsjahre hatte ich einigermaßen gut überstanden. Jetzt wohnte ich bei meinen Eltern in einer Holzbaracke mit noch vier weiteren Geschwistern.

In einem Modegeschäft in der Essener Innenstadt war ich zu der Zeit beschäftigt und musste aber, da wir in Bergeborbeck wohnten, täglich zu Fuß zur Stadt laufen, weil es noch keine Straßenbahnverbindung gab.

Meine Eltern hatten Hühner und Schweine verbunden mit einem großen Garten mit Korn und Kartoffeln bepflanzt. Wenn ich meinen freien Nachmittag hatte, wurde bei gutem Wetter das Korn gemäht und die sonstige Gartenarbeit verrichtet. Da ich 1943 mein Pflichtjahr absolvierte, hatte ich Erfahrung, wie man die Bündel Getreide aufstellte. Nach dem Trocknen wurde dann das Getreide mit einem Dreschflegel auf unserem Hof gedroschen. An dem Tag kaufte die Mutter zwei bis drei Flaschen Sprudelwasser, ansonsten tranken wir Kranwasser, oder drinnen Malzkaffee. Ganz besonders freuten wir uns, wenn Mutter Milch in einer Schüssel kalt stellte bis sie dick wurde, dann kam Zucker darüber, und wir fanden das als tollen Nachtisch.

Unsere Wohnung wurde mit Karbid beleuchtet, bis ein Onkel uns schwarze Leitungen über die Wände legte und wir dann endlich elektrisches Licht hatten. Neben unserer Baracke hatten wir noch einen alten Stall. In diesem Befand sich auch unsere Toilette. Es war ein sogenanntes Plumpsklo mit einem schwarzen Deckel aus Holz, der nach Gebrauch geschlossen wurde, damit es im Stall nicht so roch, denn es wurde dort auf einem alten Herd die Wäsche in einem Einmachkessel gekocht, um sie dann in der Waschmaschine mit Wassermotor zu schlagen. Auf der Toilette hatte Vater an einem Nagel einen dicken gebogenen Draht befestigt, daran wurde dann Zeitungspapier, welches vorher in kleine Stücke geschnitten wurde, aufgehängt, um sich den Po abzuwischen.

Es kam die Zeit, in der man eine Bekanntschaft mit jungen Männern suchte. In der Regel war man zwei Jahre befreundet, und wenn es dann der Richtige war, und die Eltern auch einverstanden waren, verlobte man sich. Eine Wohnung war sehr schwer in dieser Zeit zu bekommen. Voraussetzung war auch, dass man verheiratet war. Und so wurde dann auch über Heirat gesprochen. Während dieser Zeit begann man sich Gedanken zu machen über die Einrichtung der vorgesehenen Wohnung. In einem Möbelhaus fanden wir einen Wohnküchenschrank im „Gelsenkirchener Barock", für uns das ideale Möbelstück. Wir machten einen Kaufvertrag und zahlten diesen mit monatlichen Raten von 30 Mark bis 50 Mark ab.

Endlich verheiratet – und in der eigenen Wohnung, Essen 1953

Dann kam das Schlafzimmer dran und der Herd. Die Bettwäsche kauften wir traditionsgemäß bei Cramer & Meermann. Die Bettlaken hatten eine verstärkte Mitte, denn die mussten lange halten, denn Fernsehen gab es nicht und da machte manches Bettlaken ganz schön was mit.

Als es dann so langsam Zeit war, und der Hochzeitstermin sich näherte, begannen die Vorbereitungen für die Hochzeit. Gepoltert wurde meist am Vorabend der Hochzeit, und da musste schon einiges an Getränken rangeschafft werden. Auch wurden für den Abend dann einige Schnittchen vorbereitet. Damit die Polterer schnell aufhörten, wurden Tabletts mit Schnaps schnell gereicht. Es wurde dann bis in die späte Nacht gefeiert, und am nächsten Morgen war ja dann der große Tag. Um 9.00 Uhr war bereits die Messe mit Trauung. Danach ging es dann in die elterliche Wohnung, wo im Kreis der Familien und mit der ganzen Verwandtschaft gefeiert wurde. Das Festessen bestand unter anderem aus Rollbraten mit Erbsen und Möhren als Gemüse, und der Nachtisch Vanille-Pudding mit Himbeersaft.

Else Dujardin, Essen

Was ist ein „Pariser"?

Nach der Vertreibung aus Schlesien kamen wir nach Gladbeck. Unten im Haus befanden sich ein Schuhgeschäft und eine Metzgerei. Wir bekamen eine Küche und einen Schlafraum. Sie befanden sich ganz oben im Giebel. Im Doppelbett schliefen Mama, Papa und meine kleine Schwester. Wir vier anderen Kinder mussten uns zwei Betten rechts und links vom Ehebett teilen.

Das Haus besaß nur ein Plumpsklo und das war auf dem Hof. Aber es gab keine Tür davor!

Ich empfand es schon peinlich, wenn fremde Leute über den Hof in die Metzgerei gingen und mich dort sitzen sahen. Der Metzger hatte seine Schlachterei in einer alten Garage im Hof. Unser Papa machte dann eine Tür vor das Klo.

Der tägliche Kampf ums Überleben prägte die Menschen. Da Papa zu diesem Zeitpunkt auf der Zeche Arbeit gefunden hatte, kam er nach Feierabend immer mit seinem Henkelmann, der gefüllt mit Essen war, nach Hause. Dieses Essen wurde den Arbeitern auf der Zeche zugeteilt. Papa aß es nicht, sondern brachte es seinen Kindern nach Haus. Wir stürzten uns immer auf das Essen. Es schmeckte köstlich.

Wir fünf Kinder hatten immer Hunger. Deshalb gab es jeden Abend eine große Pfanne Bratkartoffeln. Sonntags einen Braten aus Schweinebauch, der war billig. Dazu Sauerkraut und Mehlklöße. Es war lecker und wir wurden alle davon satt. Wenn wir krank wurden, machte uns Papa eine Brotsuppe (Brot, Wasser, Knoblauch und Margarine). Damit hat er uns immer kuriert.

Auch wir Kinder versuchten Essen heranzuschaffen. Zur Herbstzeit mussten wir Kinder oft aufs Kartoffelfeld, um Kartoffeln zu „stoppeln". Das heißt, dort, wo der Bauer die Kartoffeln schon geerntet hatte, durften wir nachsuchen und fanden manchmal welche. Wenn ich kein Glück hatte, weil der Bauer zu sorgfältig geerntet hatte, schlich ich mich an die noch vorhandenen Kartoffelreihen und holte mir dort einige Kartoffeln raus. Mit einem Glücksgefühl marschierte ich dann nach Haus.

Unsere Mutter freute sich dann über ihre fleißigen Sucher. Auch durften wir auf die abgeernteten Getreidefelder und haben die liegengebliebenen Halme aufgeklaubt. Wir brachten sie nach Haus. Mutti holte die Körner aus den Ähren und konnte etwas Mehl malen.

Meine Freizeit verbrachte ich oft mit meinem Bruder und seinen Freunden. Unserem Haus gegenüber befand sich ein Löschteich. Da es damals noch keine Müllabfuhr gab, warfen die Leute viel Schrott in den Teich. So hat man früher entsorgt. Den Jungen wollte ich beweisen, wie tapfer ich war. Ich watete also durch diesen Teich. Das Wasser ging mir bis zur Brust. Es war eklig, aber ich habe es geschafft.

Wir haben viel Unsinn gemacht. Da wir an einer Eisenbahnanlage wohnten, spielten wir viel an den Bahngleisen. Oft legten wir Gegenstände auf die Schienen. Wir wollten sehen wie ein Zug entgleist, was zum Glück nie geschehen ist.

Wenn ein Güterzug kam, der mit Kohle beladen war, verärgerten wir gern den Zugbegleiter, indem wir ihm freche Worte zuriefen. Er bewarf uns dann oft mit Briketts. War der Zug weg, freuten wir uns, holten die Kohle zusammen und brachten sie Mutti. So hatte sie wieder etwas zum Heizen.

Im Sommer gingen wir auch gern schwimmen. Das Eintrittsgeld für das Freibad hatte meine Mutter nicht für uns. Wir fuhren stattdessen mit den Rädern nach Dorsten zum Kanal. Dort war es auch viel interessanter, weil tiefgeladene Schiffe vorbeikamen. Wir schwammen an die Schiffe ran und kletterten an Bord. Erst wenn der Schiffsführer uns sah und zu uns gerannt kam, sprangen wir wieder ins Wasser. Es war verboten auf die Schiffe zu klettern und auch zu gefährlich. Aber das hielt uns nicht davon ab, es immer wieder zu versuchen. Es war zu lustig, wenn der Mann uns ausschimpfte, uns aber nicht zu packen bekam.

Sehr schön fand ich die Zeit im Mai. Wir gingen viel zur Maiandacht nach Zweckel in die Kirche. Ich fand das so toll, dass ich mir zu Haus auch einen Maiandachtsaltar gebaut habe. Den hab ich dann mit bunten Blumen, die ich auf dem Feld fand, geschmückt. Ganz toll fand ich es, wenn wir mit der Fronleichnamsprozession mitgingen. Am Vinzenz Heim auf der Buerschen Straße hatten die Nonnen kleine Waisenkinder als Engel angezogen und sie vor den Altar knien lassen. Damals fand ich es toll, eine Nonne zu werden.

Zu Silvester hatten wir leider keine Knaller. Ich erinnere mich, dass ich einen Wecker aus dem Fenster hielt, und ihn schellen ließ. Eine Nachbarin war damit nicht einverstanden. Sie schimpfte mich tüchtig aus.

In der Schule war ich nicht sehr gut. Ich wurde oft ausgelacht, weil ich noch viel schlesischen Dialekt sprach. Eine Zeitlang bekamen wir Schulspeisung. Das fand ich prima, denn ich hatte auch immer Hunger. Eine Lehrerin, Frl. B., konnten wir nicht besonders leiden. Wir hatten bei ihr Musik. Sie spielte etwas Geige. Einmal mussten wir das Lied „Ein Jäger aus Kurpfalz" singen. Bei der zweiten Strophe: „Auf! Sattelt mir mein Pferd …" sprangen wir bei dem Wort „Auf" hoch und standen stramm. Sie rief: „Setzen!" Wir also hingesetzt. Und wieder das erste Wort der zweiten Strophe. Und wieder standen wir. Sie fühlte sich wohl auf den Arm genommen. Ich wurde stellvertretend als Schuldige ausgesucht, musste nach vorn kommen, die flache Hand ausstrecken und bekam mit einem Stock auf die Finger geschlagen. So habe ich die Strafe für die ganze Klasse bekommen. Es tat furchtbar weh.

Wir hatten kaum Hefte für die Hausaufgaben. Hatten wir ein Heft mit Bleistift vollgeschrieben, wurden die ersten Seiten wieder ausradiert. So konnten wir das Heft noch einmal benutzen.

Manchmal gingen wir mit der ganzen Klasse auf ein Kartoffelfeld. Dort sollten wir die Kartoffelkäfer von den Stauden sammeln. Sie fraßen zu viel von den Pflanzen ab. Leider hatte ich für so etwas keinen Blick. Meine Dose blieb immer leer.

Als ich in der siebten Klasse war, warteten wir mit Spannung drauf, dass wir in die achte kamen. Denn jetzt sollten wir Entlassungsunterricht von Kaplan K. bekommen. Die erste Stunde nahte, und wir hatten einen zugeklebten Karton mit einem Schlitz drinnen bekommen. Hier sollten wir Fragen, die zur Sexual-Aufklärung dienten, reinwerfen. Unsere erste Frage lautete: „Was ist ein Pariser?" Meine Freundin hatte diese Frage auf einen Zettel geschrieben.

Der Herr Kaplan K. betrat die Klasse und öffnete den Karton. Er schaute uns an und fragte drohend: „Wer hat den Zettel geschrieben?" Keiner meldete sich. Er verließ das Klassenzimmer mit dem Zettel. Wir hatten alle ein schlechtes Gewissen. Nach einiger Zeit kam er wieder und begann den normalen Religionsunterricht. Wir atmeten auf, so eine Frage werden wir nie mehr stellen.

Am nächsten Tag erfuhren wir, dass er bei den Eltern meiner Freundin aufgetaucht war. Sie bekam viel Ärger. Er war zum Rektor gegangen. Die Beiden hatten die Schulhefte durchgesehen und so die Schrift und die Schreiberin herausgefunden. Ab diesem Tag gab es für uns keinen Aufklärungsunterricht mehr.

Einmal erzählte mir eine Freundin von einem Artikel in der „Frau und Mutter-Zeitschrift". Das Thema war „Kaiserschnitt". Ich suchte so lange in Muttis Zeitungen, bis ich ihn fand. Mit rotem Kopf hab ich ihn verschlungen.

Mit 18 lernte ich meinen späteren Mann kennen. Jetzt wurde ich langsam vernünftig. Durch ihn wurde ich auch aufgeklärt.

Annemarie Kotulla, Dorsten

Sexualität war peinlich

Wenn ich mich jetzt recht erinnere, begann meine Pubertät im Jahre 1954. Eine nicht zu definierende Übereifrigkeit, wechselte mit plötzlich auftretender Mutlosigkeit und lähmender Langeweile kontinuierlich die Stimmungen bei mir.

Erschwerend kam hinzu, dass ich mich schämte, mit meiner hochschwangeren Mutter einige Mal in der Woche einkaufen gehen zu müssen, um ihr beim Tragen der Einkaufstaschen zu helfen.

Ich weiß nicht, was und wie die Jungs heute in dem Alter darüber denken, wenn sie neben einer attraktiven, aber hochschwangeren Frau gehen, doch ich weiß noch sehr genau, was mir damals so alles durch den jungen Kopf ging. Die Synapsen in meinem Gehirn müssen wie kleine Kraftwerke auf „Hochtouren" gearbeitet haben.

Denn wir Kriegskinder wurden damals meistens noch nicht über die Fortpflanzung der Menschen oder die Unterschiede zwischen Mann und Frau aufgeklärt, weder in der Schule noch durch unser geliebtes Elternhaus. Das war eben immer noch ein Tabu für die Erwachsenen, darüber sprach man nicht öffentlich und schon gar nicht im Beisein der Kinder.

Das notwendig gewordene Wissen darüber, das eigneten wir Kriegskinder uns einfach selbst an. Sei es durch die älteren Jungs und

Mädchen, die hin und wieder vor den jüngeren Kindern damit angeben konnten, oder aber durch alte, bereits schon vergriffene und schlecht gemachte Fotos, die sie auf dem Schwarzmarkt irgendwann einmal erworben oder getauscht hatten.

Doch das allergrößte und schönste an das ich mich erinnere, war damals für meine Schwester und mich, dass am 1. Februar 1954 unser Bruder geboren wurde.

Keiner von uns Kindern wusste so recht, was da in dem Zimmer geschah, denn obwohl meine Schwester gut zwei Jahre älter ist als ich, war sie genauso gespannt auf das, was da jetzt an Großartigem passieren würde. So saßen wir wartend um einen alten, eisernen Kohleofen herum. Der glühte zwar vor Hitze, doch in unserem Zimmer blieb es trotzdem eisig kalt.

Hin und wieder kam unser Vater ziemlich aufgeregt und nervös in unser Zimmer gestürmt, dann brachte er uns Brote zu essen oder etwas zu trinken.

Plötzlich kam er wieder mit einem Eimer Kohlen ins Zimmer, aber immer nur mit den gleichen Worten: „Es dauert noch ein Weilchen ..."

Obwohl wir Kinder vor Neugier zu platzen drohten, trauten wir uns nicht, ihn zu fragen, was da so eigentlich geschah. Diese nach heutiger Sicht doch eigentlich ganz normale Situation schien ihm irgendwie peinlich zu sein und zu überfordern.

Wir Kinder waren damals nicht fähig, irgendetwas zu spielen geschweige denn ein Buch zu lesen. Inzwischen war es draußen dunkel geworden und unsere Ungeduld wuchs von Minute zu Minute, bis die Hebamme uns dann endlich rief, da war es so gegen acht Uhr am Abend, unseren neuen Bruder zu begrüßen.

Der lag im elterlichen Schlafzimmer mit krebsrotem Gesicht, mehr konnten wir davon nicht sehen, und zu nahe ließ man uns ja auch nicht an ihn heran, ziemlich abgekämpft und schlafend im Arm unserer Mutter.

Der Vater hatte eine Flasche Schnaps in der Hand und Tränen der Freude liefen über sein Gesicht. Die Worte die unsere Mutter dann zu uns sagte, waren: „So, ihr zwei seid jetzt die ‚Großen', – ihr müsst euch einen Namen für den neuen Bruder aussuchen, denn bis zur Taufe in zwei Wochen brauchen wir den!"

Das meinte sie ziemlich ernsthaft, denn die Namen meiner Schwester und von mir waren damals von Großeltern und den Paten mitbestimmt worden.

Und auch schon sofort, als ob das nicht Zeit gehabt hätte, lasen wir alle männlichen Namen aus dem Familienstammbuch vor und stellten erstaunt fest, dass es gar nicht so einfach ist, sich auf einen Namen zu einigen.

Damals durfte man den Neugeborenen nur einen Namen geben, der auch im Deutschen Stammbuch vorgeschlagen wurde.

Jedenfalls ließen die Eltern uns als die Geschwister, den Namen unseres Bruders bestimmen, den er nun auch bis heute noch und hoffentlich gerne trägt. Das machte uns Kinder damals natürlich stolz, und so einigten wir uns auch eigentlich dann sehr schnell.

Friedrich W. Frahne, Witten

Die Männer bestimmten

Als 1948 die WAZ in Bochum gegründet wurde schrieb ich als Reporterin dort „weibliche Themen". Die „männlichen" schrieb Ludwig Döring. Als ich trotzdem das Thema schrieb: „Braunkohlenbagger fressen ein Dorf", sagte der Personalchef zu mir: „Fräulein Narz,

Sie sind sich doch darüber im Klaren, dass Ihnen als Frau ein solches Thema nicht zusteht."

Kurz drauf habe ich Gerd Kapteina geheiratet, einen aus dem Krieg heimgekehrten Metallkaufmann Seine Firma in Gelsenkirchen schickte ihn nach Stuttgart, wo er („das darf aber nicht viel kosten") eine Niederlassung aufbauen sollte.

1950 folgte ich ihm ins Ländle. Wir mieteten einen billigen Raum, möblierten ihn kärglich als Büro und kauften Adressbücher, aus denen wir sorgsam Firmen suchten, die „Geschäftspartner" werden sollten. Die besuchten wir, dazu gab uns Gerds Mutterfirma in Gelsenkirchen einen alten klapprigen VW-Käfer.

Inzwischen kam unser Sohn zur Welt. Wir nahmen ihn auf unsere Geschäftsreisen mit, in einem Körbchen auf dem Rücksitz. Babyflaschen mit dünnem Haferflockenbrei hatte ich dabei und mein Mann wärmte sie jeweils am heißen VW-Motor. Auf einer Wiese im Schwarzwald (ich weiß es noch wie heute) legte ich meinen Sohn trocken mit Windeln aus Baumwollstoff. Beim anschließenden Besuch des Geschäftsfreundes fragte ich seine Frau, die selbst vier Kinder hatte, ob ich bei ihr die Windeln waschen dürfe, was sofort gestattet wurde.

Mein Mann machte große Karriere in Süddeutschland, aber ich hatte Heimweh nach dem Ruhrgebiet und nach meinem Beruf. Ich hätte mit einem Stuttgarter Verlag einen Vertrag schließen können, aber mein Mann lehnte das rundweg ab. Ehemänner hatten damals das Recht dazu. Erst 1978/1979 wurde dieses ominöse Gesetz aufgehoben.

Als mein Sohn zwölf Jahre alt war, kehrte ich mit ihm nach Essen zurück, mein Mann kam später nach und übernahm ein Ressort in Gelsenkirchen. Ich war jetzt 39 und wollte zu-

Machen Sie es IHM bequem

Ich nehme an, daß Ihr Mann Raucher ist. Und ich nehme an, daß Sie sich schon manches Mal über Zigarettenasche auf dem Teppich geärgert haben. Na ja, es ist aber auch zu lästig, vom behaglichen Ohrensessel bis zum Aschenbecher auf dem Tisch zu langen. Darum machen Sie es IHM bequem. Basteln Sie IHM diese nette Vorrichtung für die Armlehne eines Polstermöbels. Es geht ganz einfach. Mit einem Leder- oder Filzstreifen und einigen Kleinigkeiten wie Borten, Holzperlen, Bändern und dergleichen arbeiten Sie ganz nach eigenem Geschmack ein ungefähr 15 cm breites und 60 bis 80 cm langes Band. Genau in der Mitte leimt man eine polierte Holzschale als Ascher auf. Aufgesteppte Taschen für Zigaretten oder Pfeife erhöhen noch den Effekt.   E. P

Frauenbilder: Während die Anzeige (Seite 138) noch 1958 das Hausfrauen-Dasein und die männliche Dominanz verewigt, gibt es längst die selbstbewusste Frau, die auf dem Motorrad oder in der Werbung die Richtung vorgibt

rück in meinen Beruf als Journalistin. Das war schwierig. Ein Kollege (höheren Rangs) meinte wohlwollend zu mir: „Ja, ja, Felicitas, die Frauen um 40, die sind ein Problem!"

Das waren die 50er Jahre. Ich wünsche sie mir nicht zurück.

Felicitas Kapteina, Essen

Krieg dem Kriege!

Die kritische Auseinandersetzung mit meiner Beteiligung am Zweiten Weltkrieg, der 50 Millionen Tote sowie unübersehbare Zerstörungen hinterließ, hatte bereits in den Jahren der britischen Gefangenschaft begonnen. Mir wurde immer klarer, dass es nicht genügte, meine Ablehnung militärischer Gewalt auf Hitlers Angriffs- und Eroberungskrieg zu beschränken. Es konnte für mich auch keinen „gerechten Krieg" mehr geben, wie ihn sogar christliche Moraltheologen für denkbar hielten. Ich kam vielmehr zu der festen Überzeugung, dass es galt, jede Art von Krieg und jede Beteiligung an ihm konsequent abzulehnen.

Mitte der fünfziger Jahre, als Bundeskanzler Konrad Adenauer bestrebt war, die Wiederaufrüstung Westdeutschlands zu betreiben, fühlte ich mich gefordert, meine pazifistische Überzeugung dafür einzusetzen, diesen Plan zu verhindern. Ich hatte inzwischen Kontakt mit einer örtlichen, sehr aktiven Gruppe der IdK (Internationale der Kriegsdienstgegner, deutscher Zweig der WIR: War Resisters International), der ich im Mai 1955 für 10 Jahre als Mitglied beitrat. Für einige Zeit wurde ich später in den Bundesvorstand gewählt.

Der Mitgliedsausweis der IdK enthielt das Bekenntnis: Der Krieg ist ein Verbrechen an der Menschheit. Wir sind daher entschlossen, keine Art von Krieg, weder direkt noch indirekt, zu unterstützen und an der Beseitigung aller Kriegsursachen mitzuarbeiten.

In den folgenden Jahren nahm ich an einer langen Reihe politischer Aktionen teil, die das Ziel hatten, die Bevölkerung gegen die Wiederaufrüstung einzustimmen. Wir sammelten Unterschriften – besonders medienwirksam vor Schachtanlagen, aus denen die Kumpel, noch schwarz, an unseren Tisch traten, um zu unterzeichnen. Auf Kundgebungen größeren Stils, mit deren Leitung ich inzwischen betraut worden war, sprachen namhafte Redner wie der evangelische Kirchenpräsident Martin Niemöller, katholische Moraltheologen, britische Unterhausabgeordnete und andere Persönlichkeiten der Friedensbewegung. Ein von mir für diese Veranstaltungen gemaltes großes Stofftransparent mit dem Text: FÜR ATOMFREIE ZONE / GEGEN RAKETENBASEN ! tauchte immer wieder in Pressefotos und einige Male in Fernsehreportagen auf.

Wir stellten Mahnwachen an markanten Örtlichkeiten zum Gedenken an Hiroshima und Nagasaki, bei denen rund um die Uhr außer uns prominente Kriegsgegner, darunter Hochschullehrer wie die Professoren Weismantel und Renate Riemeck, Wache hielten. Aus Japan kamen Überlebende des Atombombenabwurfs zu uns nach Essen, die auf einer Kundgebung im Saalbau sprachen. Eine japanische Delegation besuchte mich zu Hause, wo des öfteren Treffen Gleichgesinnter stattfanden.

Aus den USA reiste der Nobelpreisträger Linus Pauling mit seiner Frau an, um auf unserer Veranstaltung öffentlich zu reden. Ich holte sie am Düsseldorfer Flughafen ab. – In Münster demonstrierte unser Autokorso mit Plakaten, die einen Dinosaurier zeigten und den Text: Ausgestorben! Zuviel Panzer, zu wenig Hirn!

Die Aktionen sind bei weitem nicht alle aufzuzählen.

Als Delegierter nahm ich auch an Tagungen und Veranstaltungen anderer pazifistischer Organisationen teil, so der AEF (Arbeitsgemeinschaft Essener Friedensverbände), an den Plenartagungen des Ständigen Kongresses oder des ADF (Arbeitsgemeinschaft Deutscher Friedensverbände), die beide in Dortmund abgehalten wurden. Die Sitzungen des IdK-Bundesvorstandes, an denen ich teilnahm, fanden in Frankfurt am Main statt, der befreundete im Krieg beinamputierte Willi Ambrosch fuhr mich dorthin.

Neben der Leitung von Kundgebungen (z. B. im Essener Saalbau) wurde ich häufig von unterschiedlichen Kreisen für das Abhalten von Referaten angefordert, nicht nur innerhalb Essens, sondern auch in anderen Städten wie Münster, Solingen, Welper u. a. Zudem hatte ich mich mittlerweile als Berater für Wehrdienstverweigerer qualifiziert. So nahm ich auch als Beisitzer an mehreren amtlichen Prüfungsverfahren teil, bei denen mein Mandant jedes Mal, spätestens in der Revisionsverhandlung, anerkannt wurde. Schließlich entzog man mir amtlicherseits die Zulassung als Beisitzer, vermutlich wegen meines Erfolges.

Abgesehen von den Presseberichten über unsere Veranstaltungen, die u. a. auch in der Gesamtdeutschen Rundschau, dem Organ der damaligen Gesamtdeutschen Volkspartei Gustav Heinemanns erschienen, veröffentlichte ich auch eigene Artikel. So „Der Krieg findet im Kinderzimmer statt" gegen Kriegsspielzeug und „Sind Soldaten Mörder?" zu einer umstrittenen Aussage Niemöllers. Begreiflicherweise wurden diese pazifistischen Texte vorzugsweise von der linken Presse abgedruckt. Daneben äußerte ich mich auch in Leserbriefen zu aktuellen Themen.

Unsere intensiven Bemühungen, die Wiederaufrüstung der Bundesrepublik und die Wiedereinführung der Wehrpflicht zu verhindern, scheiterten: 1950 begann der Aufbau der Bundeswehr, 1957 wurde die allgemeine Wehrpflicht gesetzlich verankert. Dennoch blieb der Druck auf die politische Minderheit, welche für Gewaltlosigkeit eintrat, von Seiten der Politiker, die an der Macht waren, bestehen – ja, er nahm eher noch zu.

Der erste Hausbesuch bei mir durch die politische Kriminalpolizei, der ich durch mein Engagement in der Wehrdienstverweigerer-Szene schon lange ein Dorn im Auge war, fand zu einer Zeit statt, als eine beunruhigende Nachricht aufhorchen ließ: Um ein Exempel zu statuieren, hatte man die angesehene Pädagogik-Professorin Dr. Renate Riemeck aus Wuppertal, mit der ich öfter bei unseren Aktionen zu tun hatte, aus dem Staatsdienst entlassen. Als meine Frau, die jetzt meine berufliche Existenz deutlich bedroht sah, mich eindringlich aufforderte, der Sicherheit der Familie den absoluten Vorrang zu geben, gab ich, wenn auch widerstrebend, nach und zog mich aus der aktiven Arbeit der IdK zurück, der ich zehn Jahre angehört hatte.

Rolf Schoch, Essen

MODE

GEMALTE NYLONS UND
DIE ERSTEN JEANS

Mädchen in Hosen?
Die Direktorin war entsetzt

Die 50er Jahre waren für mich spannend, aufregend und wunderschön. Diese Zeit wird für mich unvergesslich sein, und wenn ich in Erinnerung schwelge, wie jetzt, überfällt mich ein Glücksgefühl, welches mir Kraft gibt für die nächste Zeit.

Das Fernsehgerät, das Telefon und den Plattenspieler, selbst ein Fotoapparat gab es in meinem Elternhaus nicht, lediglich ein Radio, welches ich heute noch besitze.

Unsere Straße, die nicht asphaltiert war, glich einem kleinen Weg. Der Bürgersteig, der fast breiter war als die Straße, wurde noch mit viel Liebe wie ein Zickzackmuster geharkt, und ich war ein wenig traurig, wenn Leute ihre Fußspuren dort hinterließen. Autos fuhren nur ganz wenige, Busse gar nicht. Die Hauptstraße, die etwa 700 Meter steil bergab führte, konnten wir Kinder mit Rollschuhen bzw. bei Schnee mit Schlitten befahren. Die Laufstrecke zur Straßenbahn, die uns in die Stadt brachte, um dort die Schule zu besuchen, betrug etwa einen Kilometer. Ab 1955 fuhr erstmals ein Bus von uns aus in die Stadt. Der Verkehr nahm zu. Rollschuh- und Schlittenfahren konnte man ab dieser Zeit vergessen.

Apropos Schule: Dort galt eine strenge Trennung nach Geschlecht, sowohl an Realschulen als auch an Gymnasien. An meiner Schule waren die Fensterscheiben zum Jungen-Schulhof in Sichthöhe mit weißer Farbe gestrichen, zusätzlich fest verschlossen, so dass die Mädchen keinen Blick dort hinaus werfen, geschweige denn die Fenster öffnen konnten.

Ich erinnere mich noch gerne an die damalige Mode. Lange Hosen für Mädchen waren

Gepunktete Kleider waren in den 50er Jahren außerordentlich beliebt

nicht angedacht. Wir trugen also nur Röcke mit Blusen oder Pullis und Kleider. Mini-Mode kannte man überhaupt nicht. So trug es sich 1955/1956 zu, dass eine meiner Klassenkameradinnen als erste Schülerin meiner Realschule in einer rot-schwarzkarierten Hose ins Klassenzimmer kam. Ich fand sie totschick, aber meine Lehrerin war entsetzt. Sie schickte sie zur Direktorin, die noch entsetzter war und ihr nicht nur das Tragen dieser Art von Kleidung verbat, sondern sie auch mit einem Eintrag ins Klassenbuch bestrafte. Doch meine Mitschülerin ließ sich nicht beirren und trug nun extra Tag für Tag besagte Hose. Andere Schüler waren begeistert, kamen auch in verschiedenfarbigen Hosen, und so kam es, dass die Hose für Frauen vom Lehrerkollegium samt Direktorin akzeptiert wurde.

Schöne Kleider gab es zu jener Zeit, im Gegensatz zu heute, genug. Modern waren gepunktete Kleider in allen Variationen. Darunter trug man natürlich einen Petticoat. Auch ich besaß eins, das ich auf einem Betriebsausflug trug. Zuerst war ich enttäuscht, wie meine Kolleginnen auch, dass wir fast alle gepunktet trugen. Als aber die Herren der Schöpfung begeistert auf uns zukamen und meinten, ein Foto von uns Hübschen machen zu müssen, freuten wir uns.

Meine zweite Heimat waren das Gemeindehaus und die Kirche. Dort entstanden meine Freundschaften, die ich teilweise heute noch pflege. In dieser Gemeinde wurde musiziert, gelesen und Völkerball, Gesellschaftsspiele und – was für mich sehr bedeutend war – Theater gespielt. Es wurden auch Singspiele aufgeführt, und zwar nicht nur intern, sondern auch an anderen Orten.

Meine Eltern waren darauf bedacht, dass ihre Tochter glücklich war. Sie erfüllten mir Wünsche, die finanziell für sie vertretbar waren. Sie ließen mein Zimmer mit der modernsten Dreieck- und Linientapete in grünweißer Farbe tapezieren, kauften mir den legendären Nierentisch aus Mosaiksteinen mit einem Stier in der Mitte, dazu die passenden Sesselchen und eine gradlinige Schlafcouch in grüner Farbe, eine Anbauschrankwand in Nussbaum und einen neuen kleinen grünen Teppich. Dann gab`s natürlich auch noch die entsprechende Stehlampe mit drei Armen, die man nach allen Seiten verbiegen konnte, mit Spitzhütchen-förmigen, elfenbeinfarbigen Lampenschirmen. Meine vier Freundinnen waren begeistert. Wenn wir dann vom Schwimmsee singend zu mir nach Hause kamen, hatte

Mit Chic und Charme zum Tanz am Wochenende, 1959

meine Mutter den Nierentisch in eine Kaffeetafel verwandelt. Nachdem wir ihr dann mehrere Lieder aus der „Mundorgel" vorgesungen hatten, die wir auf dem sechs Kilometer langen Fußweg durch einen Wald geprobt hatten, gab es Kaffee und Kuchen.

Da telefonieren unmöglich war, wurde alles beim Zusammensein besprochen, wann und wo man sich wieder treffen würde. Die Kommunikation verlief ohne Hindernisse. Wir waren sowieso eine lustige Truppe. Wir hielten zusammen wie Pech und Schwefel. Manchmal wurde die eine oder die andere von jungen Männern eingeladen. Aber unsere Parole hieß: „Entweder alle oder keine." Irgendwann hielten wir das nicht mehr durch und wurden der Parole untreu.

Gisela Schild, Mülheim an der Ruhr

Nylon,

.. leicht wie ein Hauch - knitterfrei und nach bequemem Waschen »ohne zu bügeln« wieder taufrisch.

Duftige Farbeffekte auf dunklem Grund beleben dieses jugendlich charmante Nylon-Kleid mit der betont anmutigen Blusenpartie und dem weitfallenden Rock.
Größe 38-46 . nur **34** **75**

Die modischen Akzente dieses Nylon-Kleides mit flottem Kelchkragen u. schmückenden Knöpfen, liegen in der beschwingten, flotten Linienführung. Reizvolle Muster geben dem kostbaren Material die besondere Note.
Größe 38-46 .... nur **47** **50**

Barkauf ist doch vorteilhafter

ESSEN, KETTWIGER STRASSE 39

C&A
BRENNINKMEYER

786
Nachdruck verboten

① Sommerlich leicht, sehr schick und bestens verarbeitet, das sind die drei hervorstechenden Eigenschaften dieses modischen grauen Kostüms. Es ist ganz taftgefüttert und mit feiner Stepperei ausgestattet .... nur **74**-

Kleidsamer Matelot aus Fantasie-Stroh ...... nur **6** **95**

② Die flotte, taillierte Form dieses vorzüglich ausgestatteten » *formtreu* «-Kostüms aus **Woll-Kammgarn** macht schlank und wird begeisterten Anklang finden. Ganz auf Taft gearbeitet, in verschiedenen Grautönen und flieger vorrätig .. nur **98** **50**

Modische Sportglocke aus Haar-Soleil ...... nur **13** **75**

Barkauf ist doch vorteilhafter

ESSEN, KETTWIGER STRASSE 39

C&A
BRENNINKMEYER

785
Nachdruck verboten

Selbstgestricktes von Oma und Tante

In meiner Kindheit, ich bin Jahrgang 1950, gab es eigentlich in jeder Familie jemanden, der Nähen und Stricken konnte, und somit Kleidung für die Kinder der Familie herstellte. In der Volksschulklasse hatten deshalb viele Mädchen selbstgestrickte Trägerröcke im Karo-Muster an. Darunter trugen wir Pullis oder Blusen, T-Shirts kannten wir noch nicht.

Also, diese Röcke gingen ja noch, obwohl sie einander ähnelten wie ein Ei dem anderen. Probleme bereiteten eher die gestrickten Strümpfe, denn diese kratzten genauso wie die in Eigenarbeit – oft in Norweger-Muster – hergestellten Pullover. Wenn wir Kniestrümpfe trugen, hatten diese die Eigenschaft, immer wieder runterzurutschen, da die Bündchen nach ein paar Wäschen ausgeleiert waren. Alltags trugen wir sowieso nur dunklere, farbige Strümpfe, die weißen waren für Sonn- und Feiertage reserviert, an denen wir uns sich nicht schmutzig machen durften, was allerdings selten gelang.

Eine besondere Kuriosität waren die Strickkleider und Röcke mit den vielen bunten Streifen am Saum. Da alle Kinder wachsen, wurde immer, wenn es nötig war, ein neuer Streifen mit bunter Wolle angestrickt – und schon passte alles wieder.

Meine Patentante, die viele solche Kleidungsstücke für mich und die anderen Kinder aus der Verwandtschaft gestrickt hat, stellte 25 Jahre später noch Pullover und Röcke für meine Tochter her.

Elke Ernst, Recklinghausen

Mutter nähte die schönsten Kleider

Im Jahre 1957, gleich nach der Handelsschule begann ich bei einem HNO-Facharzt die Aus-

Porträt im selbstgestrickten „Kostümchen" mit angestrickten bunten Abschlussstreifen

bildung zur Arzthelferin. Als Vergütung bekam ich im ersten Jahr 45 DM und im zweiten Lehrjahr 60 DM. Es war eine Zeit, wo noch an vielem gespart wurde. Es gab kaum Einweginstrumente und so wurden die gebrauchten Instrumente in Schüsseln mit Sagrotanlösung eingeweicht. Seifenreste in Mülltupfer gebunden dienten uns zum Händewaschen.

Trotz einer 48-Stunden-Woche freute ich mich immer darauf, am Wochenende tanzen zu gehen. Mit meiner Freundin ging es entweder ins Hammer Kurhaus oder ins Café Gries in der Nordstraße. Im Kurhaussaal saßen Männer und Frauen getrennt an Tischen entlang der großen Tanzfläche. Kam ein junger Mann, um die Dame seiner Wahl aufzufordern, musste er die ganze Tanzfläche überqueren, nur um festzustellen, dass sie einen Kopf größer war als er. Im Café Gries war Samstagnachmittags Tanztee. Man ging allein oder mit den Eltern dorthin. Eine Drei-Mann-Kapelle spielte Tango, Walzer, Fox usw. und natürlich gab es nur alkoholfreie Getränke.

Meine Mutter, die Schneiderin war, nähte mir nach meinen Wünschen die schönsten Kleider mit den weitesten Röcken. Dazu passend auch immer einen Petticoat. Mal war er aus weißer Baumwolle mit Spitzenvolants, mal aus hellgelbem Taft mit Nylongitter darüber, welches mir die Strümpfe zerriss. Die Petticoats waren so weit, dass mein Mantel nicht mehr zuging und alles vorne hochwippte. Dazu trug ich passende Pumps und Stoffhandschuhe, die ich von meiner Mutter auslieh. Die Pumps hatte ich im Winter gekauft und trotz der Kälte auch angezogen. Bei einem Spaziergang mit meinem Freund im Kurpark, der etwas länger dauerte, denn wir waren frisch verliebt, holte ich mir Frostbeulen, die auch heute noch zu sehen sind. Danach überzeugte ich meinen Vater, dass ich unbedingt eine Skihose mit Steg, einen schwarzbunten Anorak mit Teddyfutter und ein paar Fellschuhe brauchte.

Im Frühjahr gingen wir dann nicht mehr ins Café Gries, sondern in die Milchbar in der Sternstraße. Dort tanzten wir mit und ohne Ballerinas nach Rock 'n' Roll und Boogie-Woogie aus der Musikbox.

Inge Schmitz, Gelsenkirchen

Das verlängerte Kleid

Die Wohnung, die meine Eltern und ich nach dem Krieg bezogen, bestand aus zwei Räumen. In der Küche fand „das Leben" statt. Dort schlief ich auf der Couch. Mein Bruder, der 1949 geboren wurde, fand seinen Platz noch in dem kleinen Schlafzimmer.

Unser „Tante Emma Laden" hieß Schießen und Flothmann. Er befand sich auf der Ecke Rüttenscheider Straße/Emmastraße. Dort gab es vieles, was Anfang der 50er Jahre gebraucht wurde. Nur das Geld fehlte. Aber, das war weiter nicht schlimm – man ließ anschreiben. Das tat fast jeder. Es war nicht peinlich, denn am nächsten Ersten wurden die Schulden pünktlich bezahlt. Dabei gab es dann von der netten Verkäuferin ein „Klümpchen", und alles begann von vorne.

Ein passendes Kleid zu meiner Konfirmation 1949 zu finden, war schwierig. Ich war groß und dünn wie eine Bohnenstange. Dabei musste man auch über die Konfirmation hinaus denken. Es gab kein Kleid für einen Tag. Als ich später in die Lehre kam, war das Kleid zu kurz. Nicht weiter schlimm. Ein ähnlicher Stoff wurde gekauft und das Kleid damit verlängert. Das Kleid habe ich vier Jahre getragen. Zum ersten Tanzabend gab es ein Neues.

Eine schwere, aber auch schöne Zeit.

Christa Köning, Essen

Meine erste Jeans

Ich war sieben Jahre alt, als ich meine erste Jeans bekam. Sie war ein Weihnachtsgeschenk und weinrot. Damals lief sie noch unter der Bezeichnung Nietenhose. Aber am interessantesten an der Hose war das Etikett, welches einen Cowboy mit der amerikanischen Flagge zeigte.

Die Hose sollte ich nun zu Weihnachten zum ersten Mal öffentlich tragen, Mein Vater und ich wollten in „die Waage", einem Restaurant speisen. Also zog ich dazu diese Hose an

Der Frühling

- und ein neuer Hut gehören zusammen!

Diese 3 Beispiele aus unserer großen Auswahl genügen, um zu zeigen, wie sehr ein geschmackvoller Hut die Eleganz der Erscheinung hebt ... und wie wenig Sie diese Krönung der Kleidung kostet!

Dieser schicke **Sporthut** aus Haarfilz hat eine entzückende Form und Sie können unter vielen Modefarben den für Sie richtigen Hut wählen. **14.75**

Sehr apart wirkt dieser jugendliche, ateliermäßig gearbeitete **Haarfilzhut.** Er ist geschmackvoll garniert und in feinsten Pastelltönen vorrätig. **14.75**

Eine fesche **Haarfilzkappe** mit reicher Zierstepperei: Das glänzende Material kommt in den verschiedenen, zur Auswahl vorrätigen Farben reizvoll zur Geltung. **14.75**

ALTHOFF

ESSEN · AM LIMBECKER PLATZ

Große Auswahl in *MONACO*-Hemden

Das beliebte Hemd für Sport und Reise

Ein Beispiel:

MONACO-Hemd mit halben Ärmeln aus Mako-Popeline in den Farben gold, tomate, schwarz und taubenblau. ·SANFOR· läuft nicht ein! Größen 37 bis 42 .. nur **9**⁷⁵

C&A
BRENNINKMEYER

— 990

Das Schürzenkleid für die Frau, die Röhrenjeans (aus Westberlin!) und die Ringelsocken für den Mann, 1959

Bademode 1950 im Strandbad Wedau, Duisburg

und über die Schuhe Galoschen, die mein Vater mir verordnet hatte.

In dem Restaurant fiel dem Ober sogar meine Hose auf und er meinte, dass er auch so eine habe, allerdings in blau. Ich war ganz stolz auf mein Kleidungsstück.

Nach den Weihnachtsferien trug ich die Hose in der Schule und alle fanden sie gut, zumal sie damals noch nicht so verbreitet waren. Irgendwann kam ein zweiter Schüler mit einer Jeans in die Schule. Nach und nach wurden es mehr, ein Trend setzte sich durch.

Karl Farr, Essen

Models im Strandbad

Wir waren frohgelaunte Freundinnen, Teenager, zu jener Zeit auch Backfische genannt, in unserer Freizeit im Sommer 1950. Es ging von Rheinhausen zum Strandbad Wedau in Duisburg. Dort zeigten wir unsere neueste Bademode. Wir fühlten uns sehr modern. Vor allem waren wir aber stolz auf unsere Unterhaltungsmusik. Ein von zu Hause mitgebrachtes Grammophon mit Schellack-LPs. Die Musik lockte einige Zuhörer an, so dass wir nie lange alleine da saßen. Als Proviant hatten wir „Knisterwasser" und Stullen mit Zucker oder dünn bestrichenem Rübenkraut mit. Die Schnitten waren später immer so schön „durchgezogen". Hatte mal eine von uns eine Panne am Rad, was auch vorkam, so sind wir gemeinsam nach Hause gelaufen.

Erika Latotzke, Moers

Zum Gartenfest eingeladen

Freunde haben zum Abend gebeten, in den Garten oder auch nur auf den Balkon. Was zieht man an. Kostbarkeiten sind da nicht vonnöten. Ein Kleidchen, duftig und ein wenig festlich in Schnitt und Farbe — wie

es unsere Zeichnung zeigt — ist gerade recht am Platz. Auf grünen Rasen gehört auch das Cocktailkleid (Foto links), dessen seitlich gebauchter Rock durch lose verschlungene Bänder wieder eingehalten wird. Apart wirkt das weiße Organzakleid mit schwarzen Punkten und Tubenärmeln (Foto rechts, Modell Horn).

Ich malte mir „Nylons" auf die Beine

Als der Krieg endlich vorüber war, gab es viel nachzuholen. Zunächst einmal staunten wir Mädels über ein modisches Wunder: Nylon. Die neue Faser wurde – wie Cola und Kaugummi – zum Inbegriff für das bewunderte Amerika. Doch Nylonstrümpfe waren teuer. Ich konnte sie mir bei meinem mageren Lehrlingsgehalt schon gar nicht leisten. Im ersten Lehrjahr erhielt ich ein Monatsgehalt in Höhe von 25 DM, im zweiten 35 DM und im dritten 45 DM. Das Geld wurde jeweils zum Letzten des Monats bar in einer Lohntüte ausgezahlt. Also färbte ich mir die Beine mit Tee oder Nusssaft und malte mir als Ersatz für die Naht einen schwarzen Strich auf die Haut.

Später, als ich mir ein paar Nylons kaufen konnte, gab es zwei Probleme: Zum einen ver-

drehte ich mir dauernd den Hals um nachzuprüfen, ob die Naht nicht verrutscht war, zum anderen durfte ja keine Laufmasche die Strümpfe verunzieren. Wenn es mal passierte, wurden sie zur Laufmaschenreparatur gegeben. Was oft viel Geduld erforderte. Die hatten alle gut zu tun. Aber nicht nur die Nylons waren der Renner.

Die anspringende Wirtschaft beschert auch der Konsum-Anstalt Krupp in Essen, bei der ich eine dreijährige kaufmännische Lehre im Textilbereich absolvierte, neuen Glanz in den mit Armee-Restbeständen bestückten Fächern und Theken. Es machte wieder Spaß, die Kunden zu bedienen.

Trug man in den 50er Jahren noch Petticoat oder die berühmte „501" von Levis wie Marlon Brando und James Dean, sind zehn Jahre spä-

Vom Cocktail- bis zum Abendkleid – eine Zeitungsanzeige mit Garderobevorschlägen aus dem Jahr 1957

ter Jacky Kennedys Etuikleider, Audrey Hepburns Babydoll, Bikini und Mini angesagt. Kreationen von Christian Dior – pastellfarbene Glockenröcke und Puffärmel schienen nur für den Laufsteg gemacht. Kaum jemand konnte sich das leisten. Besonders beliebt war damals die modische Umwandlung älterer Kleidungsstücke. Das Trennen einteiliger Kleider in Rock und Bolero.

Heute stehen viele Frauen (und Männer) vor ihren überfüllten Kleiderschränken und sind ratlos: Was anziehen? Solche Überlegungen waren damals völlig unnötig.

Ursula Hickmann, Essen

Hunde „mögen" Petticoats

Ich hatte meinen ersten Petticoat und war sehr stolz. Der Saum hatte drei Volants und wurde mit starkem Zuckerwasser gestärkt, damit er schön abstand. Es kratzte schrecklich an den Beinen, der Ausspruch meiner Mutter, wer schön sein will, muss leiden. Nach dem Tragen kam er auf einen Bügel.

An dem bewussten Tag kam ich später nach Hause. Um meine Eltern nicht zu wecken, legte ich den Petticoat auf einen Stuhl in der Küche. Am nächsten Morgen traute ich meinen Augen nicht. Unser Hund hatte den süßen Rand abgefressen und zerkaut, zum Glück

Kleidermode auf Vespa-Roller, 1958

aber nicht geschluckt. Da so ein Teil teuer war, musste ich lange auf Ersatz warten.

Gisela Scheunemann, Essen

Das graue Kostüm und der Tod

Meine angeheiratete Cousine bekam ab und zu Pakete von Verwandten aus Amerika, oft mit sehr schönen Anziehsachen.

Ich, eine 15-jährige Schülerin profitierte davon, wenn meiner Cousine die Kleider nicht passten. Wer hatte damals schon einen Jeansrock? Wenn er auch schon etwas verwaschen war, trug ich ihn stolz in der Schule und erntete bewundernde Blicke von meinen Mitschülerinnen.

Ich scheute mich aber auch nicht, das geschenkte rosa Spitzenkleid anzuziehen, selbstverständlich auch in der Schule, wenn ich auch deswegen ein wenig belächelt wurde.

Anfang 1951 überraschte mich meine Cousine mit einem grauen Kostüm und einer dazu passenden rosa Seidenbluse.

Stolz lief ich vor meinem Vater, der mit einer schweren Erkältung im Bett lag, in diesen schönen Sachen, hin und her. Bei ihm war eine Erkältung sehr schlimm, weil er an der Staublungenerkrankung litt. Bewunderung sah ich in seinen Augen.

Am 1. Mai wollte ich das Kostüm mit der wunderbaren Seidenbluse anziehen. Wenn die Möglichkeit bestand, trug man am 1. Mai gerne neue Kleider.

Es kam alles anders.

Am 27. April starb mein Vater an der Silikose und wurde am 1. Mai beerdigt.

Zwar trug ich das Kostüm mit der neuen Bluse auf der Beerdigung, doch hatte meine Mutter beides schwarz färben lassen. Das Färben war damals üblich.

Stolz auf den Petticoat

Anthrazitfarbene Nylonstümpfe (meine ersten übrigens) wurden gekauft. Diese trug ich, bis sie vor lauter Zugmaschen ganz hässlich waren. Das schwarze Kostüm, das ich in grau so sehr geliebt hatte, habe ich später nie mehr getragen.

Die Beerdigung war natürlich für ein 15-jähriges Mädchen ganz schrecklich, doch war ich froh, dass es nicht mehr wie beim Tod meines Onkels ein paar Jahre zuvor üblich war, mit dem Trauerzug von Sterbehaus zum Friedhof zu ziehen, an der Spitze eine Blaskapelle, die traurige Lieder spielte und zurück vom Friedhof lustige Sachen.

Marie-Luise Wendland, Bochum

MUSIK

BILL HALEY AUF DEM SCHULHOF UND ELVIS AM LAGERFEUER

Ein fotogener Wettstreit um musikalische Größen: Harry Belafonte versus Elvis Presley

Belafonte gegen Elvis

Die 50er Jahre sind die Jahre der Schulzeit auf dem „Städtischen", der Berufsausbildung, der ersten Freundin, des besten Freundes „Schmucki", mit dem ich beim „Ibing"-Bier bei Schäfer in Saarn über den Sinn des Lebens und Gott und die Welt diskutierte.

Zum Leidwesen unserer Eltern spielte unser „Wettstreit" Harry Belafonte gegen Elvis (wer ist der Bessere?) eine größere Rolle als die Schule. Wichtiger waren auch die Feiern zu jedem sich bietenden Anlass in irgendeinem „Partykeller" und, das waren weitere Höhepunkte, wenn wir „auf die Pirsch gingen", mit

Anzug, Nyltesthemd und Krawatte. Krawatte oder Fliege (mit Gummizug) konnte man sich übrigens ausleihen, wenn's zum Tanzen ging, ohne musste man draußen bleiben.

Unvergesslich war die Fußballweltmeisterschaft 1954: Das Endspiel erlebte ich mit etwa 50 Freunden meines Vaters im Wohnraum bei Tini Reicheneder – der besaß als erfolgreicher Geschäftsmann bereits einen Fernsehapparat.

Ebenso unvergesslich waren für mich die Krimiabende im Radio, wenn „Paul Temple" die Fälle Gilbert und Madison löste. Oder Chris Howland (Heinrich Pumpernickel) seine Hitparade zelebrierte. Ich lag dann vor der Musiktruhe (mit 10-Platten-Wechsler) auf dem Boden und führte Buch über das Auf und Ab der Titel.

Sehr stolz bin ich noch heute auf meinen Lloyd 400 (13 PS, 75 km/h). Es störte mich kaum, dass ich „uns" an fast jeder Ampel durch ein Loch im Bodenblech kurz „anschubsen" musste, weil der 1. Gang hakte – daher der Slogan „Wer den Tod nicht scheut fährt Lloyd".

Fritz Buchloh, Mülheim an der Ruhr

To Magret – Elvis Presley

Nicht nur die Beatles waren in Essen, nein, auch Elvis war an der Gruga-Halle.

Und zwar genau am 29. April 1959, in der Zeit, während der er 17 Monate als G. I. bei der US-Army im Hessischen Dienst schob. Aber der Reihe nach.

15 Jahre später, im Februar 1974, trat ich meinen Dienst als Realschullehrer in Gelsenkirchen an, und es dauerte nicht lange, bis ich erste zarte Bande mit einer Eingeborenen knüpfte. Als deren Mutter nach geraumer Zeit merkte, dass hinter der Sache wohl mehr steckte, als nur ein harmloser Flirt, outete sie sich als Elvis-Verehrerin, denn es war ihr nicht verborgen geblieben, dass mein Herz genau eben seit 1959 für den King schlug. Als die Verlobung bald nicht mehr aufzuschieben war, überraschte sie mich mit einem Verlobungsgeschenk, das mir die Sprache verschlug: Eine Konzertkarte für das Deutsche Schlager-Festival, verbunden mit der Verleihung des „Goldenen Löwen" von Radio Luxemburg! Auf der Karte hatte irgendein Schmierfink herumgekritzelt „To Margret – Elvis Presley – Driver Lloyd Carlin" Auch die Rückseite war verunstaltet mit „Max Greger –

ESSEN 4 – 29 – 59 ‚Just over the hump' – Thanks Elvis Presley".

Dass meine frisch Verlobte an diesem Tag abgemeldet war, versteht sich von selbst, denn es war klar, dass ich meine Schwiegermutter von da ab löcherte, was es mit dieser Eintrittskarte nun auf sich hatte. Im Folgenden vermische ich ihre Informationen und spätere Erkenntnisse als „Elvis-Rechercheur":

Jung-Margret war also mit der Straßenbahn zur Gruga-Halle gefahren, um sich im Vorverkauf ein Ticket für das Schlager-Festival zu sichern. Nachdem sie die Halle durch den Seiteneingang zur Vorverkaufskasse wieder verlassen hatte, ging plötzlich ein Raunen durch die Menge der Schlangesteher. Vor allem die Jüngeren hatten zwei US-Soldaten ausgemacht, die sich unter die Wartenden gemischt hatten, und einer der Beiden hatte große Ähnlichkeit mit Elvis, dessen Foto jeder kannte und dessen Anwesenheit in Deutschland in den vergangenen sieben Monaten immer wieder Gegenstand von Presseberichten gewesen war. Nicht zuletzt wegen Hans Joachim Kulenkampffs Assistentin Uschi Siebert, die Elvis im Frankfurter Autohaus Wirth kurz vor Weihnachten 1958 die Schlüssel zu seinem Sportwagen BMW 507 überreicht hatte, oder wegen Vera Tschechowa, die Elvis sogar am Kasernentor im oberpfälzischen Grafenwöhr im November 1958 aufgelauert hatte.

Am 29. April 1959 nun war meine Schwiegermutter dran. Aber Elvis stand nicht an, um Vorverkaufskarten für die damals größte Live-Veranstaltung zu ergattern. Ihm war vielmehr zu Ohren gekommen, dass die Filmgesellschaft Paramount in Deutschland Außenaufnahmen für seinen ersten neuen Spielfilm nach der Armeezeit drehen wollte. Dazu gehörten auch Einstellungen mit echtem deutschem Publi-

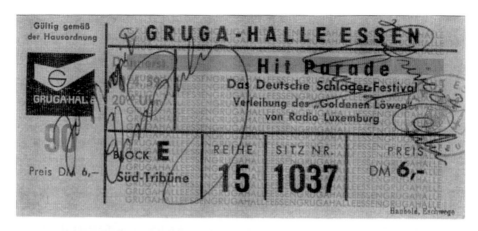

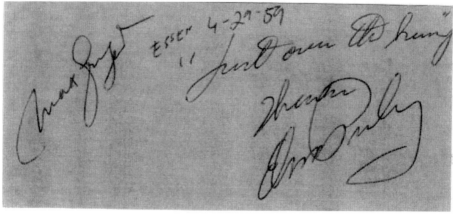

Einmaliges Dokument: Eine Eintrittskarte mit der Widmung von Elvis Presley

kum im Veranstaltungssaal. Interesse an der Löwenverleihung hatten die US-Filmleute nicht.

Und der neugierige Elvis wollte nun einmal näher sehen, was die Männer aus Hollywood so machten. Also hatte er sich einen Fahrbefehl ausstellen lassen und seinen Fahrer Lloyd Carlin gebeten, ihn über die Autobahn Frankfurt – Köln nach Essen zu fahren.

Dort angekommen, sprach es sich auch wie ein Lauffeuer bis zu den Proben mit Bandleader Max Greger herum, der dann selbst erschien, um den König des Rock 'n' Roll höchstpersönlich in Augenschein zu nehmen. Bei der Gelegenheit unterschrieb Greger Margrets Karte ebenfalls. „Just over the hump" bedeutet übrigens „Habe soeben Bergfest gehabt". Elvis hatte also die Hälfte seiner Dienstzeit herum.

Elvis ist dann zu dem Filmteam in die Halle gegangen, worüber die Teenies um Margret herum natürlich etwas enttäuscht waren.

Am 30. April, beim Betreten der Halle zur Löwenverleihung, kam auf Margret noch eine echte Aufgabe zu – musste sie doch den Kartenkontrolleur davon überzeugen, bitte, bitte den Kontrollabschnitt nicht abzureißen, um das einmalige Souvenir unbeschädigt zu lassen. Wie zu sehen, hatte der Mann Einsicht mit dem weiblichen Glückspilz und ließ die Karte jungfräulich.

Jahre später übrigens hat sich dann noch ein Herr bei mir gemeldet, der bei der Gelegenheit ebenfalls anwesend war. Max Greger hatte schnell reagiert und ein paar Autogrammkarten der Plattenfirma Polydor aus seiner Garderobe geholt, die er und Elvis unterschrieben. Als Kommentar hatte der damals schon etwas ältere Vorbesitzer auf der Rückseite seiner Karte mit Bleistift notiert: „Elviß Presly, der amerikanische Zitteraal".

In der Presse konnte ich bislang von diesem Ereignis keinerlei Notiz finden, was wohl daran lag, dass Elvis blitzartig auftauchte und ebenso schnell wieder verschwand.

Oskar Hentschel, Elvis-Museum Düsseldorf

Forever young 1959: Elvis wurde oft und gerne kopiert

Elvis am Lagerfeuer
Auch meine Frau und ich aus Essen-Kray und Steele, die im August 2011 Goldhochzeit gefeiert haben (Jahrgang 39 und 40) waren in den 50ern jung und voller Tatendrang. Da von unserer Clique alle berufstätig waren, konnten wir uns nur abends oder am Wochenende treffen. Wenn wir nicht zum Tanzen gingen, oder einen Boxkampf von BC Steele (deutsche Spitzenmannschaft) am Wochenende besuchten, haben wir uns an der Ruhr in Essen-Steele zum Zelten getroffen, wo am Lagerfeuer getrunken und gesungen wurde. Unser größtes Idol war natürlich

Elvis, aber auch Paul Anka, Roy Orbison und andere wurden von vielen gerne gehört. Für unsere Verpflegung wurde gesorgt, wir haben uns aber gefreut, wenn manchmal am Wochenende ein Imbisswagen zur Ruhrwiese kam und dort seine Produkte verkaufte, was zu der damaligen Zeit noch ungewöhnlich war.

Hildegard und Dieter Eschbach,
Recklinghausen

Spaß mit Musik im heimischen Wohnzimmer, 1954: Hier war wohl eher Caterina Valente das Vorbild

Rock 'n' Roll und Heinrich Pumpernickel

Omma und Oppa besaßen ein Loewe Opta Radio mit UKW. Meine Eltern quälten sich, oder besser, eher mich, aber noch mit einem Nachfolger des „Volksempfängers" herum. Da Omma und Oppa aber nur 100 Meter entfernt wohnten, war's klar dass ich mir „Kalle Blomquist, der Meisterdetektiv" oder „Paul Temple und der Fall…soundso" nicht entgehen ließ.

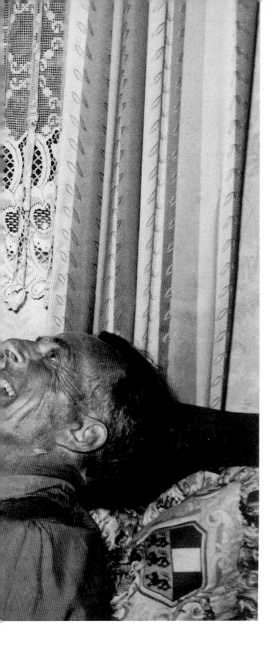

platten" einleitete. Wie fieberte ich dann jedes Mal dem Ende der Sendung entgegen, um vielleicht nochmal „All shook up", „Don't be cruel" oder „Tutti frutti" zu hören, falls sie immer noch zu „Die Drei an der Spitze, didelidi-delidiii" gehörten.

Von „Tutti frutti" (Awop bop aloo bop awop bam boom!) gab es gleich drei Versionen: Meine Lieblingsversion von Elvis, dann das, für meine damaligen Ohren, laute Geschrei von Little Richard (gefällt mir komischerweise heute als Rentner am besten), sowie die weichgespülte Version von Pat Boone, die sich bei den Eltern gut als Gegenargument zu deren „Urwaldmusik"-Verteufelung verwenden ließ.

Es war Weihnachten ,57, als mir ein Plattenspieler glänzende Augen machte, mit dem ich nun nicht mehr nur auf 's Radio angewiesen war. Meine Eltern hatten dann nach der Bescherung die Bescherung: Die Platte „Rock a Billy" von Guy Mitchell, die sie mir dazu gelegt hatten, war absolut nicht ihre Musik, trotzdem glaube ich, dass sie am Ende des Abends den Text zumindest phonetisch mitsingen konnten. Anhand „meiner" anderen drei Platten auf dem Gabentisch ließ sich ein gewisser Eigennutz meiner Mutter nicht von der Hand weisen: „Cindy oh Cindy" von Margot Eskens, Die Heimatsänger mit „Köhlerliesel" und „Oh mein Papa" von Lys Assia.

Infiziert vom Rock 'n' Roll-Fieber, aber als Schüler leider nur mit begrenzten finanziellen Mitteln versehen, musste ich meine Ambitionen auf eine größere Plattensammlung extrem herunterschrauben, allerdings war's ein Glücksfall, dass in unserer Straße ein kleiner Elektroladen aufmachte, in dem auch Schallplatten verkauft wurden, was der noch jugendliche Sohn des Inhabers übernahm.

Das Größte war allerdings, wenn „Melody Fair" von „Robert Fahnen" erklang. Dank Wikipedia weiß ich heute, dass der Mann „Farnon" hieß, mit dem Chris Howland alias „Heinrich Pumpernickel" stets seine „Spielereien mit Schall-

Auftritt von Bill Haley in der Essener Grugahalle am 28. Oktober 1958, von einem Polizeiaufgebot begleitet

Was lag da näher, als mich mit selbigem an-
zufreunden? Der Laden wurde zu meinem
zweiten Wohnsitz, denn an der kleinen Plat-
ten-Theke fühlte ich mich bald wie zu Hause.
Die Eltern meines neuen „Freundes" waren
sehr leidensfähig, denn wir spielten die aktuellen Scheiben rauf und runter, die dann hinterher natürlich noch als neu verkauft wurden.

Gerd Maikämper, Essen

Bill Haley versus die Caprifischer

Toll fand ich schon in jungen Jahren die Ra-
diosender, die uns die „Besatzer" spendierten,

AFN und BBC, später BFBS. Während im Deutschen Rundfunk die „Caprifischer" im Trüben
fischten, lernte ich als Teenager Jazz und
Rockmusik von der Quelle, weil meine Mutter
Englisch lernte und daher diese Sender bevor-
zugte.

Im Sommer 1957 erlebte ich an der Schule
mein erstes Sommerfest. Die Sensation war
dabei die Show der Oberstufe. „One o'clock,
two o'clock rock …!" tönte es aus dem Lautsprecher. Bill Haley, der damals in Deutschland „tourte", dessen Auftritte zerschlagenes
Mobiliar kennzeichneten, wurde persifliert.
Mit Rock 'n' Roll-Musik und –tanz machten
die bis dahin höheren Töchter Revolution und

Jugendliche Ekstase beim Bill-Haley-Konzert in der Grugahalle, Essen, 28. Oktober 1958

bewiesen so, dass auch ihre Schule im Alltag angekommen war. Hautenge Jeans und Petticoats beherrschten fortan das Bild.

Monika Finke-Lindenau, Bochum

„Außer Rand und Band"

1951 trat ich als 14-Jähriger eine Lehre zum Kunst-Schmiedeschlosser in Bad Reichenhall an. Nach dreijähriger Lehre hatte ich den Gesellenbrief in der Hand und verließ als 17-Jähriger das Elternhaus, um eine feste Anstellung zu suchen.

Diese fand ich bei der damaligen Stahlbau Firma Dortmunder Union AG. Werk Orange in Gelsenkirchen. Dort wurden im Zweiten Weltkrieg auch U-Boot Teile gebaut. Unterkunft hatte ich im sogenannten Bullenkloster in Gelsenkirchen-Bismarck gefunden.

1956: Ich war 19, als der Film „Außer Rand und Band" (engl. Titel: Rock Around The Clock) mit Bill Haley in die Kinos kam, auch in das Industrie-Theater in Gelsenkirchen. Es war die Zeit der Teenager-Rebellion. Ich weiß nicht mehr wie oft ich in die Vorstellungen gegangen bin. Nach dem Kinobesuch ging die Post auf der Straße ab, das Singen und Tanzen wurde mit unterschiedlichem Talent nachgeahmt. Nach meiner Ansicht alles nur ein bisschen Randale, aber kein Gewalt. Nur bei den

So geht das jede Nacht!

Altstadt. Seit sechs Nächten das gleiche: singende und johlende Horden Jugendlicher ziehen durch die engere Innenstadt und stören Ruhe und Ordnung. Seit sechs Nächten muß die Polizei eingreifen, wenn die Abend- und Spätvorstellungen des amerikanischen Musikfilmes „Außer Rand und Band" im Industrietheater beendet ist. Am Dienstagabend knallte ein Bauzaun auf der Bahnhofstraße zu Boden: die Rock-and-Roll-Fans kühlten ihr Mütchen. Sie scheinen sehr gute Laune dabei zu haben, wenn man das ihren lächelnden Gesichtern entnehmen kann ...

Ein großes Thema nicht nur in der Presse waren die tumultartigen Unruhen in vielen Städten anlässlich des 1956 in die Kinos gekommenen Films „Außer Rand und Band", der mit Musik von Bill Haley unterlegt war

Erwachsenen kam das nicht so gut an, und die Polizei war jeden Abend präsent. Mein Pech war, dass ich an einem Abend auf dem Heimweg mit mehreren Jugendlichen festgenommen wurde und für ein paar Stunden in Untersuchungsarrest kam. Bei der Körpervisite wurde auch noch eine Schreckschuss-Pistole bei mir gefunden. Auch meine Eltern erfuhren von der ganzen Geschichte und waren „not amused" über ihren Sohn.

Heute kann ich über diese Episode schmunzeln, denn mein Leben ist in einer ganz normalen und erfolgreichen Bahn verlaufen.

Klaus Gerhard, Herne

Bill Haley auf dem Schulhof

Eine Mädchenklasse (16 bis 18 Jahre) 1957: Bill Haley „Rock around the clock" und andere „Wilde Gruppen". Wir brachten Transistor-Radios, natürlich heimlich, mit in die Klasse. Die kleinen Pausen zwischen den einzelnen Stunden nutzten wir, saßen auf den Fensterbänken, die Fenster weit geöffnet zum Schulhof hin, schrien und kreischten mit unseren Idolen. Bis wir schlagartig still wurden, weil der Direktor mit hochrotem Kopf in die Klasse stürmte und uns fürchterlich zusammenstauchte.

Zu Hause ging es beschaulicher zu, im wahrsten Sinne des Wortes, denn meine Eltern schafften sich eine Waschmaschine an mit einem „Bullauge". Zum Probewaschen wurden zwei oder drei Nachbarinnen eingeladen, die einige Wäscheteile mitbrachten, und hinein ging es in die neue Waschmaschine. Wie beim Fernsehen standen wir davor und jubelten, wenn ein bekanntes Wäscheteil im Bullauge sichtbar wurde. „Guck Mal, mein BH, meine Bluse, meine Taschentücher", es war ein Mordsgaudi.

Ulla Kirchner, Gelsenkirchen

Mit dem Fahrrad zu Duke Ellington

Ein Vetter von mir hatte bereits Anfang der 50er Jahre einen Plattenspieler, aber nur eine einzige Platte: Jazz mit Louis Armstrong. Wir hörten sie uns oft an. Die Liebe zu diesem Musikstil war geboren, und ich war immun gegenüber der aufkommenden Rockmusik.

Im Mai 1959 hörte ich in den „Jazz-Informationen" von Dr. Dietrich Schultz-Koehn im WDR die Aussage: Am 15. Mai spielt Louis Armstrong mit seiner All-Star-Band in der Messehalle Köln. Wir, mein Bruder, ein Freund und ich, fuhren hin, d.h. wir wurden von einem älteren Kollegen mit einem Ford Taunus gefahren. An der Kasse sagte uns das „Fräulein": „Wir haben aber nur noch Karten zu 10 DM!"

Am 8. Oktober 1959 trat Duke Ellington in der Grugahalle Essen auf. Das Konzert begann allerdings erst um 20:30 Uhr. Weil wir aufgrund dessen auf der Rückfahrt den letzten Bus von Duisburg Hauptbahnhof nach Rheinhausen nicht mehr bekommen würden, fuhren mein Freund und ich mit dem Fahrrad zum Hauptbahnhof und nach dem wuchtigen Konzert der Big Band per Drahtesel über die Rheinbrücke nach Hause. Denn wer hatte schon ein Auto, Taxi war zu teuer und einen Nachtexpress gab's auch noch nicht.

An manch andere Erlebnisse denke ich noch gerne zurück, so z. B. an den älteren Herrn in der Düsseldorfer Rheinhalle, der damals vielleicht so alt war wie ich heute, und der mich während des Konzertes von Georg Lewis mit einer englischen Jazz Band fragte: „Wer ist denn hier der Dirigent?"

Friedel Geis, Duisburg

Tribute to Buddy Holly

Was mich am stärksten in den 50er Jahren beeindruckt hat, das war die Zeit, als ab 1956 der Rock 'n' Roll mit den Filmen „Die Saat der Gewalt", „Außer Rand und Band" („Rock around the clock"), und „Rock Rock Rock" auch ins Ruhrgebiet kam. Nachdem ich den Film „Außer Rand und Band" sah, stellte sich bei mir ein völlig neues, positives Lebensgefühl ein, das ich in dieser Form bis dahin nicht kannte. Besonders beeindruckte mich musikalisch die dynamische Art des Gesanges, der fetzige Sound der E-Gitarre und des

Tanzfreude: Twist, Boogie-Woogie und Rock 'n' Roll machten auch im Wohnzimmer Spaß

Die Duisburger Band „The Cheyennes" im legendären Ruhrorter Tanzlokal „Tante Olga"

Tenor-Saxophones sowie die zum Teil mit akrobatischen Einlagen geprägte Bühnen-Show. Da in den 50er Jahren Jugendliche von der Obrigkeit oft als unmündige Bürger betrachtet wurden, gab mir dieses neue Lebensgefühl etwas „Eigenes" gegenüber der Welt der Erwachsenen, die diese neue Musikrichtung als „Hottentotten"- oder „Neger-Musik" abqualifizierten.

Als ich bald darauf mit den ersten Schellack-Platten von Bill Haley und Elvis nach Hause kam, konnte mein Vater, der als Bergmann ar-

beitete, nicht nachvollziehen, dass ich für eine solche „Schund-Musik" auch noch viel Geld ausgab. Somit konnte ich meine Musik nur heimlich während der Abwesenheit meines Vaters bei Zimmerlautstärke hören. Die einzige Möglichkeit, die heiße Musik in entsprechender Lautstärke zu hören, gab es für meine Freunde und mich auf der Kirmes.

Die Mai-Kirmes war in Duisburg-Hamborn auf dem Zinkhüttenplatz in den 50er Jahren die größte ihrer Art. Dort steht heute die verwaiste Rhein-Ruhr-Halle.

Unvergessen: Buddy Holly auf dem Cover eines zeitgenössischen Musik-Magazins

Zentraler Treffpunkt auf der Kirmes waren die Fahrgeschäfte und ganz besonders die Raupe, weil dort die neuesten Titel von Elvis & Co gespielt wurden, die von den meisten deutschen Radiosendern nicht gesendet wurden. Nach entsprechend einheizenden Scheiben, wie z. B. „Long tall Sally" von Little Richard, begannen einige auf der „Raupe" mit Nackenrolle und Überschlag zu hotten (Übrigens: Manch einer erinnert sich noch gerne daran, wie er als Teenager unter dem romantischen Verdeck der Raupe seinen ersten Kuss bekam).

Außer Musik und Tanz drückte sich unser neues Lebensgefühl auch in der Kleidung und in der Frisur aus. Wer es sich leisten konnte, trug eine Nietenhose (Jeans), Schuhe mit Krepp-Sohlen und eine Lederjacke. Bei den Mädchen waren Petticoats angesagt. Um die männliche Frisur zum sogenannten Enten-Schwanz mit Elvis-Tolle hinzubekommen, machte der Geheim-Tipp die Runde dies mit Zucker- oder Seifenwasser zu versuchen. Viele Mädchen trugen einen Pferdeschwanz.

Als sich meine Eltern 1957 ein neues Radio mit UKW-Empfang kauften, sagte ein Freund zu mir, dass ich jetzt ja auch den englischen Sender BFN und die Radio-Sendung „Spielereien mit Schallplatten" mit dem außergewöhnlichen Disk-Jockey Chris Howland empfangen könnte. Nachdem ich die Sendung, in der auch Rock 'n' Roll-Titel gespielt wurden, zum ersten Mal gehört hatte, war der Mittwochabend um 19.30 Uhr ein fest eingeplanter Termin.

In einer der folgenden Sendungen stellte „Heinrich Pumpernickel" alias Chris Howland in seiner witzig originellen Art einen neuen Sänger aus Amerika vor, der nur dann ins Studio gehe, wenn er einen Schluckauf habe. Es handelte sich um Buddy Holly mit dem Titel „Peggy Sue". Dieser Song schlug bei mir ein wie eine Bombe und seit dieser Zeit bin ich ein Fan von Buddy. Obwohl mein Taschengeld damals sehr gering und der Preis von 4 DM für eine Schallplatte sehr hoch war, habe ich mir alle verfügbaren Buddy Holly-Platten gekauft. Ich hatte schon damals den Wunsch, mehr über diesen Sänger, von dem ich mich persönlich sehr angesprochen fühlte, zu erfahren. Leider waren aber die Informationen sowohl auf den Schallplattenhüllen als auch in den Musik-Magazinen sehr dürftig. Selbst nach dem tragischen Flugzeug-Absturz am 3. Februar 1959 wurden die drei ums Leben gekommenen Künstler Buddy Holly, Ritchie Valens und Big Bopper in der BRAVO nur mit einer kurzen lapidaren dreizeiligen Anzeige bedacht. Bei mir hatte der Einfluss Buddy Holly's zur Folge, dass ich zunächst autodidaktisch mit dem Gitarre-Spiel begann und später Mitbegründer von „The Cheyennes" wurde, einer der ersten Duisburger Rock-Bands.

Im Jahr 2004 lebten für meine Frau und für mich die 50er Jahre noch einmal richtig auf. Wir besuchten das „4. Buddy Holly Music Symposium" in Lubbock/Texas. Es war unglaublich. Während des Festivals wurden wir sehr herzlich aufgenommen, lernten viele Weggefährten unseres Idols kennen und konnten uns mit anderen Fans aus aller Welt austauschen. Besonders beeindruckend war die Begegnung mit den Brüdern, der Schwester und Buddy Holly's Witwe. Wir besuchten in Clovis New Mexico das Norman Petty-Studio, in dem Buddy Holly die meisten seiner Hits produzierte. Am beeindruckendsten aber war für uns der Besuch an Buddy's Grab, an dem ich nach gutem Brauch mein Plektrum als Gitarrist niederlegte.

Bruno Szordikowski, Duisburg

ARBEITSWELT

HARTE LEHRJAHRE UND EIN WILDER RITT

Die harten Lehrjahre

Gerade dieses Jahrzehnt war von Ereignissen angefüllt, die mein Leben geprägt haben! Zu Beginn wohnte ich mit Mutter und Schwester in einer winzigen 2-Zimmer-Wohnung in Eickel, heute Herne. Just 15 geworden, aus der 8. Klasse der Volksschule entlassen, begann der „Ernst des Lebens"! Die Bücher für das Gymnasium waren nicht billig und meine Mutter, die der „GRÖFAZ" am 19. April 1945 noch zur Kriegerwitwe gemacht hatte, konnte die Kosten dafür nicht aufbringen. Also, logische Konsequenz, eine Lehrstelle suchen. Die waren im zerbombten Deutschland genau so rar wie Wohnraum. Es gab auch nur die Alternative: Bergmann oder Schlosser. Bei einer Firma meines Wohnortes, die Baumaschinen herstellte, bekam ich einen Lehrvertrag.

Der 1. April 1951 war mein erster Arbeitstag, als „Stift" wie Schlosserlehrlinge genannt wurden. Arbeitsbeginn um sieben Uhr in der Früh, bis um 17 Uhr, bei Sechs-Tage-Woche, mit einer halben Stunde Mittagspause. Die Stempeluhr und Werkssirene regelten den Arbeitstag. In den beiden ersten Lehrjahren wurde eine sogenannte „Erziehungsbeihilfe" von 25 DM gezahlt, die im dritten auf 35 DM anstieg. Urlaub gab es natürlich auch, nämlich zwölf Arbeitstage, die Samstage inbegriffen! Lehrlinge waren billige Arbeitskräfte, die aus heutiger Sicht schamlos ausgenutzt wurden. Offizieller Dienstschluss war, wie schon erwähnt um 17 Uhr. Häufig genug kam ich jedoch viel später nach Hause, weil um diese Zeit Material per LKW etc. angeliefert wurde, das die Lehrlinge abladen und einlagern mussten. Große Blechtafeln, schwere Gussteile etc. waren für viele von uns ein Horror, zumal Hilfsmittel wie Hubzüge, Arbeitshandschuhe etc. verpönt oder gar nicht vorhanden waren. Das ging oft

physisch an unsere Grenzen. In schlechter Erinnerung für mich, aus dem Lager eine mannshohe, zentnerschwere Sauerstoffflasche zu holen und an den Arbeitsplatz zu bringen, an dem Schneidbrenner zum Einsatz kamen. Alleine schultern konnten dies auch einige ältere, kräftige Gesellen, auf die wir „Würstchen" dann voll Hochachtung aufschauten. Oder, wer vor dem „Oberstift" (aus dem 3. Lehrjahr) in Ungnade gefallen war, meist aus nichtigem Anlass, musste dann z. B. unter seiner Aufsicht in der Werkstoilette die Urinrinne mit bloßen Händen von Verstopfungen befreien, oder er ließ sich andere Spielchen einfallen. Sich beschweren? Wer hat sich gewagt? Mir ist kein Fall bekannt geworden.

Unter den vielen Lehrlingen gab es natürlich manchmal Zoff, der auch schon mal mit den Fäusten, in der sogenannten Lehrlingsbude bereinigt wurde. Letztere bestand aus einem ca. acht Meter langen, schmalen Raum, links und rechts an der Wand eine Reihe Stahlspinde, in denen unsere Arbeits- bzw. Zivilklamotten untergebracht wurden. Im Raum dazwischen, zwei, drei einfache Holzbänke, unter der Decke eine 100 Watt Birne und ein kleines Fenster an der Stirnwand. Als Pausenraum wohl auch gedacht, aber für die meisten von uns wirklich nicht attraktiv, und so verzehrten wir unsere Stullen lieber am jeweiligen Arbeitsplatz.

Kleine und größere Verletzungen gab es öfter, sei es durch Unachtsamkeit, fehlende Arbeitsschutzmaßnahmen, mangelnde Hinweise auf Gefahren, oder Leichtsinn. Bei kleineren Wehwehchen oder häufigen Erkältungen durch die zugigen Werkshallen wurde vom Hausarzt schon mal ein Krankenschein ausgestellt, der je nach Schwere, zugegeben, als willkommene Auszeit vom Arbeitsstress angesehen wurde. Ging das „Krankfeiern"

Maurerlehrlinge mit Meister

über die Sechs-Wochen-Distanz hinaus, wurde man zum gefürchteten Vertrauensarzt zitiert, der meist feststellte, dass man ab sofort wieder arbeitsfähig sei.

Pflichtaufgabe war das Führen des Berichtsheftes, in DIN-A4-Größe, auch Werkstattwochenbuch genannt, in dem ein schriftlicher Nachweis der im Betrieb geleisteten Tätigkeiten für jeden Tag aufgelistet werden musste. Dazu gehörte eine kleine technische Zeichnung, bezogen auf den aktuellen Arbeitsbe-

reich. Einmal im Monat erhielt der Werkstattmeister sie zur Kontrolle und Unterschrift vorgelegt.

An einem Tag in der Woche bekamen wir theoretischen Unterricht in der Berufsschule in unserer Nachbarstadt Bochum. Fiel der Unterricht aus irgendeinem Grund aus, war es Pflicht, in der Firma zu erscheinen. Mit etwas Neid schauten wir auf viele Mitschüler aus großen Unternehmen, die sogar noch zusätzlichen Werksunterricht erhielten.

Schlegel-Brauerei, Bochum, September 1958

Am Ende des zweiten Lehrjahres setzte ich auf Wunsch der Geschäftsleitung meine Lehre als Technischer Zeichner fort. Nach Erhalt des Gesellenbriefes meldete ich mich in Bochum bei der „Betriebsfachschule" zu insgesamt acht Abendsemestern an. Da der Schulbeginn an drei Tagen in der Woche um 17 Uhr aufgenommen wurde, durfte ich meinen Arbeitsplatz entsprechend früher verlassen mit der Prämisse, die ausgefallene Arbeitszeit an den anderen Tagen nachzuholen.

Im Frühjahr 1959 bestand ich das Examen und konnte mich nun „Staatlich geprüfter Betriebstechniker" nennen. Der Firmeninhaber rief mich ins „Allerheiligste", gratulierte mir, ich ergriff erwartungsvoll seine ausgestreckte Hand – und er entließ mich mit den Worten: „Weiter so, solche Männer braucht die deutsche Wirtschaft!" Fünf Monate später habe ich gekündigt und wurde Konstrukteur für Bergbaumaschinen (!) in der Nachbarstadt Herne. Mein Gehalt betrug jetzt Brutto 550 statt 424 DM. Das Fahrrad wurde nun als Dienstfahrzeug gegen Bus, Bahn oder Mitfahrgelegenheit eingetauscht.

Neben den neuen Aufgaben blieb aber immer noch genügend Spielraum für eigene Vorlieben. Außer in den Wintermonaten wurden an Sonn- und Feiertagen, gutes Wetter vorausgesetzt, mit dem Fahrrad die klassischen Ausflugsziele Haltern, Freibäder, Burg Blankenstein, die Ruhr bei Kemnade, Schloss Berge etc. mit Gleichgesinnten angesteuert. Manchmal ging es ins Kino, so denn das wenige Taschengeld reichte. Oft wurden lange Wege dahin, aus Kostengründen, zu Fuß zurückgelegt. Die ersten Lichtspielhäuser zeigten bald eine neue Errungenschaft: „Cinemaskop-Filme" auf Breitleinwand, man musste an den Kassen Schlange stehen und oft genug hieß es: „Tut uns leid, es ist ausverkauft!" James-Dean-Filme zu sehen war ein Muss.

Ein Nachbar nahm mich 1954 mit in ein nahe gelegenes Elektrogeschäft. Der Verkaufsraum vollgestellt mit Kühlschränken, Küchenherden u.v.m. und Männern jeden Alters. Auf einem hohen Kühlschrank sitzend, sah ich auf einem kleinen schwarz/weiß-Fernseher, unter

dem Gebrüll der Anwesenden, wie die deutsche Fußballelf in Bern Weltmeister wurde. Etwas später bekam eine Familie in der Nachbarschaft ein eigenes TV-Gerät. Mit deren Freundeskreis, meist Frauen, fand dann oft in der guten Stube ein Fernsehabend statt. Für uns Jungens war das Fernsehen noch sekundär, bis später auch Fußballspiele übertragen wurden. Das erste TV-Gerät in unserer Familie wurde erst in den 60ern gekauft.

Mittlerweile begannen einige Freunde sich zu motorisieren, ein Heinkel-Roller, eine Lambretta, auch ein Motorrad der Marke Tornax, sah mich jetzt häufiger auf dem Sozius, immer mit dem ängstlichen Ruf meiner Mutter im Ohr: „Fahrt bloß vorsichtig!" Bei dem Tornax-Besitzer, einem Arbeitskollegen aus der Nachbarschaft, ging ich seit längerer Zeit ein und aus. Bei einer Familienfeier 1956 entdeckte ich plötzlich, was er für eine tolle, 16 Jahre alte Schwester hat, die gerade eine Lehre zum Industriekaufmann absolvierte. Wir verknallten uns, zum Missfallen unserer Erziehungsberechtigten („Ihr seid noch zu jung!"), doch ab sofort war meine Liebste im Freundeskreis integriert und stets mit von der Partie bzw. Party.

Im Jahr darauf 1958, es gab schon 15 Urlaubstage und wir sparten zeitig für unsere erste große Reise ins Ausland. Die Dampfeisenbahn (es gab noch keine elektrische) brachte uns über Hannover, Hamburg, Flensburg nach Aarhus. Von dort aus wollten wir auf einer Rundreise, die dänische Halbinsel Jütland, per Fahrrad kennenlernen. In den dortigen Jugendherbergen trafen wir viele Gleichgesinnte und hatten viel Spaß. Es gab kilometerlange, an der Nordsee extrem breite, feinsandige, einsame Strände, fest wie Beton, so dass man mit dem Auto bis ans Wasser fahren konnte. Dort „küssten" sich nicht nur die beiden europäischen Meere, auch viele Paare, die von einem dort stehenden älteren Typ, nebst uralter Plattenkamera, zu einem Erinnerungsfoto aufgefordert wurden.

Willi Görmann, Herne

Schwere Arbeit in der Gießerei

Mein Mann war gelernter Friseur, es war schwer, eine Arbeit zu finden, wo gut verdient wurde. Ein Bruder meines Mannes arbeitete in Velbert in einer Gießerei. Mein Mann bekam auch bei der Firma Woeste Arbeit. Es war eine Umstellung für ihn, mit Kamm und Schere konnte er am besten umgehen, im Krieg war er ausgebildeter Sanitäter. Für uns hieß es umziehen nach Velbert. Leicht war es nicht für mich, meinen Geburtsort Bockum-Hövel/Westfalen zu verlassen. Unsere Kinder waren verschreckt, sie hatten ihre Spielgefährten und Freunde, auch in der Schule kamen sie gut zurecht. Wir mussten abwarten, wie sich alles weiter entwickelte.

Der Umzug verlief gut, wir bekamen durch die Firma Woeste eine Neubauwohnung, drei Zimmer und eine kleine Küche und ein Bd. Wir waren glücklich über diesen neuen Anfang. Auch ich bekam in der Eisengießerei eine Arbeit. Wir waren alle froh über die Entwicklung. Die Kinder brauchten mehr Zeit zum Umgewöhnen, les gab einige ernste Diskussionen. Nun hatten wir Arbeit und ein wenig mehr Geld, da wurden wir auch schon leichtsinnig.

Urlaubsgedanken wurden wach. Wichtiger vor allen Dingen eine Waschmaschine, die wurde auch gekauft. Ganz allmählich kam unser Haushalt in Ordnung. Die Kinder brauchten auch Garderobe und Schulbücher, die ganz schön kosteten. Wir konnten auch mal ins Kino gehen, zur Ablenkung von der schweren Arbeit in der Gießerei. Für uns waren es zwei Stunden, um durch den Film am Luxus teilnehmen zu können. Bei meiner Arbeit in der Eisengießerei habe ich in 14 Tagen acht Kilo verloren, schon durch die Kriegsjahre hatte ich ein schwaches Gewicht von 57 Kilo.

Die Krönung von Elisabeth II. konnten wir zum Teil auf der Straße vor dem Schaufenster einer Radiohandlung sehen. Ein eigenes Fernsehen war noch nicht akut.

1953: Welch ein Ereignis, wir kauften ein Auto! Ein VW von 1938 wurde uns für 900 DM verkauft. Unsere erste Fahrt mit dem Auto, an die Mosel. Als wir in Treis ankamen, standen wir bis an die Knöchel mit den Füßen im Wasser. Auf unserer Fahrt hatte es in Strömen gegossen. Das Wasser kam nicht von oben sondern von unten in den Wagen. Wir konnten aber damit fahren.

1954: Für viele Bundesbürger vor allem Männer war ein hervorstechendes Ereignis das Fußballspiel in Bern. Mein Mann und viele andere waren aus dem Häuschen, so sagt man im Volksmund. Bei diesem Fußballspiel konnte mein Mann bei einem Nachbarn Fernsehen. Die Zuschauer zahlten eine DM als Kostenbeitrag.

Mathilde Sankowski, Diersdorf

Der Katastrophe entgegen

Ende der 40er Jahre kam ich durch Anwerbungsmaßnahmen für den Bergbau ins Ruhrgebiet. Die angeworbenen Jugendlichen wurden in einfachen Verhältnissen im Lehrlingsheim der Zeche Dahlbusch (unsere Ausbildungs- und Arbeitsstätte) in Gelsenkirchen-Rotthausen untergebracht. Um 5.00 Uhr morgens ging ein Ruf durch das Heim: „Einer weckt den Anderen", ausgeführt von einem ehemaligen, angeschlagenen Bergmann. Wir Jungen sagten dann immer: „Der Letzte weckt

Schwerstarbeit, die das Ruhrgebiet groß gemacht hat: Arbeiter im Mannesmann Hüttenwerk, Duisburg, um 1958

sich selbst." Nach dem Umkleiden in der Waschkaue (schwarz-weiß) getrennt gab es damals noch nicht) ging es zur Anlernwerkstatt. Um 6.00 Uhr mussten alle Jugendlichen Aufstellung in Viererreihe nehmen. Diese Methode kannte ich noch vom Deutschen Jungvolk als Pimpf. Die Einteilung für die einzelnen Ausbildungsstätten (Schreinerei, Schlosserei,

Zeche Mathias Stinnes, Essen-Karnap, 1958

Elektroabteilung und Schmiede) erfolgte durch den Ausbildungsleiter. Außerdem wurden etliche Jugendliche zur Kohlenwäsche (Leseband) für drei Monate eingesetzt. Dort am Leseband mussten die Berge (Steine) vom Band genommen und in einen Trichter geworfen werden, wo sie dann im Wagen abtransportiert wurden. Keine schöne Beschäftigung.

Eine sehr sinnvolle Gestaltung der Freizeit im Lehrlingsheim fand durch Tischtennis sowie zum Wochenende mit Zelten und Bootsfahren auf dem Baldeneysee statt. In der Anlernwerkstatt wurden Blechboote hergestellt. Die Faltbootfahrer hatten großen Respekt vor unseren Booten. Im Winter wurden wir zum Ski-Fahren in Winterberg/Sauerland animiert.

Mit 16 Jahren wurde ich in die Grube verlegt und im Lehrrevier mit dem Holzausbau vertraut gemacht. Eisernen Strebausbau hatten wir noch nicht. Nach der Knappenprüfung 1951 machte ich meine Ausbildung weiter über den Gedingeschlepper, Lehrhauer bis zur Hauerprüfung 1956.

Am 20. Mai 1950 um 8.45 Uhr fand eine Schlagwetter-Kohlenstaubexplosion statt. Durch die Explosion und deren Folgen starben 78 Bergarbeiter. Ich war zum Zeitpunkt des Unglücks untertage an einem anderen Betriebspunkt.

1954, die Fußballweltmeisterschaft in Bern mit dem Sieg der deutschen Elf erlebte ich im Clubhaus vom TVK Kupferdreh. Dort war schon ein Fernseher. Wir hatten auf dem Gelände gegenüber immer zum Wochenende unsere Freizeit verbracht und waren sehr dankbar, dort unseren Sieg mitzuerleben.

Am 26. Januar 1955 wurde ich Mitglied der Grubenwehr auf der Zeche Dahlbusch.

Am 3. Mai 1955 war wieder ein großes Unglück auf Dahlbusch, 41 Bergleute mussten ihr Leben lassen.

1956 habe ich geheiratet.

Es war damals so, dass man sich erst dann in die Liste der Wohnungssuchenden eintragen lassen konnte, wenn man verheiratet war. Bei der Abmeldung beim Betriebsführer zur Hochzeit gab er mir einen Magazinentnahmeschein für Säge, Beil, Hacke und Schaufel mit den Worten: „Dann brauchst du diese Gezähstücke (Werkzeuge) nicht mehr so mitzunehmen."

Am Hochzeitstag selbst, am 1. August 1956 habe ich um 11.00 beim Standesamt „Ja" gesagt, mit meiner Frau und den Trauzeugen ein wenig gegessen, anschließend um 14.00 nahm ich meine Arbeit bei den Aufwältigungsarbeiten der Grubenwehr mit Sauerstoff- und Kreislaufgeräten wieder auf. Es kam bei dieser Arbeit auf jeden ausgebildeten Grubenwehrmann an.

1958 wurde unser Sohn geboren, und plötzlich war ich Familienvater mit zusätzlichen Pflichten und Aufgaben.

In all den Jahren habe ich mich stark gewerkschaftlich betätigt. Dadurch wurde ich zum Jugendsprecher und später zum Betriebswart gewählt.

1958 wurde ich auf Vorschlag der Gewerkschaft als Bergberufsschulreferent eingesetzt. Im Rahmen des Sozialkundeunterrichts bestand seit vielen Jahren eine Vereinbarung zwischen der WBK (westfälischen Berggewerkschaftskasse) und der Industriegewerkschaft Bergbau und Energie, dass wir mal im Jahr Vertreter der Gewerkschaft in den Schulklassen über die Notwendigkeit und Bedeutung der Gewerkschaften reden konnten. Eine sehr schöne Aufgabe.

Der Solidarität und der gewerkschaftlichen Arbeit fühle ich mich trotz meines hohen Alters bis heute verpflichtet.

Horst Müller, Essen

Ein wilder Ritt tief unter der Erde

1952 wurde ich mit 17 Jahren als Bergjungmann auf dem Bergwerk Westerholt angelegt. Da auf dem Pütt noch Pferde untertage einge-

Sieht aus wie eine alltägliche Szene auf der Zeche, ist aber eine Werbeaufnahme für Schlegel Gold, 1954

setzt waren, begann auch meine „bergmänni-sche Karriere" als Pferdejunge. Der Schimmel „Schalk" war fortan mein vierbeiniger Kumpel, mit dem ich manchmal auch meine Knifften

teilte, und den ich auch ab und zu mit etwas Würfelzucker – nach guter, getaner Arbeit – verwöhnte. Dadurch bekam ich einen zutrau-lichen Kameraden, der sogar nichts dagegen hatte, wenn ich mich auf ihn setzen wollte, was im Geheimen passieren musste, da es strengstens verboten war.

Eines Tages, die Schicht war zu Ende, die Arbeit getan, habe ich meinem Schimmel den Helm mit dem Ohrenschutz aufgesetzt und festgezurrt. Das war notwendig, denn wir hatten einen eineinhalb Kilometer langen Weg zum Stall vor uns, der dazu noch durch den mit elektrischer Oberleitung versehenen Hauptquerschlag führte. Ich nehme also das Pferd am Halfter und ab geht`s zu Fuß, Richtung Stall am Schacht 2. Plötzlich, ich weiß nicht, was mich geritten hat, kommt mir die Idee, setz dich auf den Zossen und reite ein kleines Stück von der Abbaustrecke hinaus in der Querschlag.

Gedacht, getan. Ich setze mich auf`s Pferd ohne Sattel und Zügel, und ab geht die Post. Draußen im Querschlag sitzen rechts und links am Streckenstoß einige Schlepper und Lehrhauer, die darauf warten, zum Schacht gehen zu können, denn es war ja Schichtende. Die sehen mich stolz dahertraben und fangen an, von rechts und links mit kleinen Stein- und Kohlebrocken nach meinem Schimmel zu werfen. Das hat dieser aber gar nicht gern, scheut, und so fängt mein sonst so umgänglicher Schalk an, durch den Querschlag zu rasen. Ich obendrauf und halte mich krampfhaft an der Mähne fest.

Plötzlich kommt eine Wettertür immer näher. Die Türblätter sind zwar ausgehängt, aber der niedrige Türrahmen steht noch! Ich leg mich ganz flach auf's Pferd, und wir jagen drunter durch. Dann kommt mir's siedend heiß in den Sinn: „Bald bist du unter dem elektrischen Fahrdraht und kommst du vorher nicht herunter. Dann landen wir beide vom Stromschlag getroffen im Streckenstoß!" Im letzten Moment geht seitlich eine Wettertür auf, heraus kommt zufällig der Reviersteiger. Der springt dem wildgewordenen Hengst an den Halfter und bringt den durchgegangenen Schalk wieder zum Stehen.

Das Donnerwetter, das ich dann zu hören bekam, war gewaltig und ich sah mich schon mit einigen Schichtlohnabzügen bestraft. Außerdem befürchtete ich noch etwas Schlimmeres, denn ich besuchte gerade die Berufsaufbauschule, um Steiger zu werden. Aber der Reviersteiger hat dichtgehalten und deshalb gab es keine weiteren negativen Folgen.

Hans-Joachim Schmidt, Gelsenkirchen

Espresso-Express

Als ich meine Lehre zur Einzelhandelskauffrau von 1957 bis 1960 im Duisburger Kaufhof machte, war es noch normal, 48 Stunden in der Woche zu arbeiten. Morgens um 9 Uhr Beginn, abends um 18.30 Uhr Ende. Auch Samstag wurde gearbeitet – jeden Samstag, und zwar von 9 bis 16 Uhr. Zur Arbeit fuhr ich – selbstverständlich – mit der Straßenbahn und bei gutem Wetter bin ich etwas über eine halbe Stunde hin und auch zurück gelaufen.

Nicht einmal ein Fahrrad habe ich besessen. Es war aber absolut normal, täglich erst nach 19 Uhr zu Hause zu sein. Da ich im Büro des Geschäftsführers und des Bürochefs mein letztes Lehrjahr absolvierte, war es auch meine Aufgabe, die tägliche Post zum Postamt (war nur fünf Minuten entfernt) zu bringen. Das hieß, dass ich an manchen Tagen erst nach 20 Uhr zu Hause war. Heute denke ich, dass das nicht zulässig war für einen Lehrling (damals nannte man uns noch so). Die Entlohnung war gegenüber heute – wie ich meine – einfach lächerlich.

An den vier verkaufsoffenen Sonntagen vor Weihnachten musste ich im Verkauf „mitmischen". Das habe ich sehr gerne gemacht. Meine große Überraschung und Freude: Ich durfte mir in der Schuhabteilung ein Paar Schuhe aussuchen, weil die Abteilungsleiterin meine Bemühungen um die Kunden als sehr gut ansah. Das habe ich bis heute nicht vergessen.

Unser Bürochef bat mich immer, ihm eine Tasse Kaffee (zehn Pfennig) aus der Kantine zu holen. Das hieß, unser Büro war im 3. Stock, die Kantine im 5. Stock. zwei Stockwerke mit einer Tasse Kaffee in der Hand zu Fuß runter – mit der Zeit reine Übungssache.

Christel Raupach, Rheurdt

Vater entschärfte die Bombe

Die 50er Jahre waren die Zeit des Aufschwungs, aber die Hinterlassenschaften des Krieges lauerten überall. Mein Vater hat sich gleich nach Ende des Krieges zur Bombenräumung zur Verfügung gestellt. Bereits 1952 erhielt er dafür das Bundesverdienstkreuz. Ein Jahr später verunglückte er tödlich. Noch

Trauerfeier für den verunglückten Sprengmeister Seegert auf dem Terrassenfriedhof in Essen-Borbeck, 1953

heute werden die Relikte des Krieges gefunden und jedes Mal erinnere ich mich an den 12. Juni 1953.

Carin Rix, Velbert

Das „stille Örtchen" – völlig von der Rolle

1951 schmiss ich (gute Schülerin) die Schule mit 15, um Geld zu verdienen. Lehrstellen waren dünn gesät und so dauerte es noch ein halbes Jahr, bis ich endlich eine Lehrstelle als kaufmännischer Lehrling (für uns gab es da-

Arsenal alter Fliegerbomben und Handgranaten

mals nur Laden oder Büro) bekam. Es war nicht die ersehnte Stelle in einem Büro der Mannesmann-Werke, sondern eine in einem Fachgeschäft für Optik und Foto in Duisburg. Arbeitszeit (einschließlich samstags) von 8–1 Uhr und von 15–19 Uhr.

Wir mussten alle einen weißen Kittel tragen, den wir selbstverständlich selbst kauften und reinigten. Zudem hatte ich morgens Staub zu wischen, Pakete mit Reparaturaufträgen an Kameras und optischen Geräten an die Herstellerfirmen zu packen und abends mit einem zweirädrigen Karren über die Königstraße in Duisburg zum Postamt zu bringen. Jeden Monat wurden die Schaufenster dekoriert und dazu blieb die ganze Belegschaft bis 22 Uhr – ohne Verpflegung. Ich durfte aber für die Chefs in einem Feinkostgeschäft kandierte Früchte, belegte Brötchen u.ä. kaufen, ohne davon etwas abzubekommen. Wenn die Putzfrau ausfiel, machten wir Lehrlinge die Arbeit inkl. der Straßenreinigung vor dem Laden.

Meine beste Erinnerung aber habe ich von dem „stillen Örtchen". Ich musste immer aus der Zeitung Postkarten-große Abschnitte schneiden, die dann auf einen Spieß in die Toilette gehängt wurden, denn wir bekamen kein Toilettenpapier. Wenn unser Chef auf das stille Örtchen ging, dann trug er demonstrativ eine Rolle „Toi-Pap" unter dem Arm, eine dicke Zigarre im Mund und die Zeitung zum Lesen, die ich dann anschließend wieder zerkleinerte – für das Personal.

Aber auch so eine dreijährige Lehrzeit geht vorbei. Sie hat mir nicht geschadet. Nur vergesse ich nie, dass ich nicht ein halbes Jahr früher den Lehrabschluss machen durfte, weil ich dann ja etwas mehr als die mir im 3. Lehrjahr zustehenden 54 DM monatlich verdient hätte. Folge: Ich habe am Tage meiner bestandenen Prüfung sofort gekündigt, bin zum Roheisen- und Erze-Handel gegangen und habe mir für mein erstes Angestelltengehalt einen schwarzen Nicki gekauft. Mein ganzer Stolz über viele Jahre.

Lolo Scharpey, Mülheim an der Ruhr

Die Mittlere Reife musste reichen

Für mich waren die 50er Jahre sehr ereignisreich, allerdings, nicht immer so, wie ich es gern gehabt hätte. Nach meiner Vorstellung hatte ich noch drei Jahre bis zum Abitur. Dann wollte ich studieren, am liebsten in Münster, und Lehrerin werden, am liebsten an einem Gymnasium. Eines Tages rief mich meine Klassenlehrerin nach dem Unterricht zu sich und wollte wissen, warum ich denn nach der Mittleren Reife abgehen wollte. Ich wollte gar nicht, aber meine Mutter hatte mich schon abgemeldet. So heftig bin ich noch nie aus allen Wolken gefallen.

Ein Missverständnis? Meine Mutter sollte doch mal zur Schule kommen. Es war meine große Hoffnung, dass meine Lehrer sie von meinem Verbleiben in der Schule überzeugen konnten. Konnten sie aber nicht, auch unser Pfarrer nicht. Sie argumentierte, dass für Mädchen die Mittlere Reife als Schulbildung ausreiche, sie selbst hätte nur Volksschule und sei auch gut im Leben zurecht gekommen. Auch reiche eine einfache, aber gute Berufsausbildung aus, falls ich mal für mich selbst sorgen müsste. Zudem hätten sie kein Geld, um ein Studium zu bezahlen. Vom Gehalt meines Vaters hatte ich keine Vorstellung. Ich musste Bewerbungen schreiben, an ARAL, die Knappschaft, und was meine Mutter sonst so in Bochum für mich für geeignet hielt.

Am 1. Oktober 1950 fing ich bei ARAL an. Meine Mutter hatte für mich einen Lehrvertrag unterschrieben. Ich war damals 17, und man wurde erst mit 21 volljährig. Was sollte ich machen? Ich musste mich fügen, auch wenn ich mit Bürotätigkeit so gar nichts am Hut hatte. Mein Gehalt im ersten Lehrjahr betrug 39,– DM, wovon ich zudem noch das – von der Firma bezuschusste – Kantinenessen bezahlen musste. Ich brauchte auch einen Wintermantel, den meine Mutter zunächst bezahlte, und den ich mit zwanzig Mark pro Monat bei ihr abstottern musste. Ich zahlte immer noch, als er schon an manchen Stellen abgeschabt war und ich ihn nicht mehr sehen konnte. Aber vom Kauf auf Pump war ich für alle Zeit geheilt.

Natürlich habe ich meine Lehre nicht „mit links" gemacht, manches gefiel mir sogar. Nach einem guten Abschluss wurde ich als Angestellte bei der Ruhr-Stickstoff AG übernommen. Mein Anfangsgehalt: 247,11 DM. Das wurde am Monatsletzten von den Angestellten der Personalabteilung auf einem der langen Flure im Gebäude an der Wittener Straße in Tüten ausgezahlt. Es gab noch keine Fünf-Tage-Woche, samstags wurde bis 13 Uhr gearbeitet. Urlaub gab es nur zehn Tage. Die Jungen, die mit mir die Abschlussprüfung gemacht hatten, wurden Sachbearbeiter, die Mädchen landeten zunächst meist in einem Schreibzimmer und schrieben dann für ihre früheren Mitlehrlinge die Briefe. Ich hatte Glück, dass ich in der Buchhaltung, meiner letzten Lehrlingsstation, bleiben konnte.

Ich ging gern in die Jugendkonzerte, die das Bochumer Orchester unter der Leitung von Franz-Paul Decker veranstaltete. Oft fanden sie in der Nord-Süd-Halle am Steinring statt, wo später der Eistreff war, den es nun

Sekretärin, Essen, Januar 1954

auch schon nicht mehr gibt. Am Wochenende ging ich häufig mit einer ganzen Clique ins Kino. Da gab es Filme wie „Nachtwache" oder „Der Engel mit der Posaune".

Ich kannte niemanden, der ein Fernsehgerät hatte. Zur Fußballweltmeisterschaft 1954 standen Geräte in den Schaufenstern der Elektrogeschäfte, und draußen hingen Trauben von Menschen davor. Wir gingen aber lieber ins Kino oder fuhren im Sommer sonntags zur Ruhr zum Baden. Meine Mutter hatte mich sehr unter Kontrolle. Sie rechnete genau aus, wie lange ich für die Wege nach Hause sowohl von meiner Arbeitsstelle wie auch von Veranstaltungen wie Konzerte oder Kino brauchte.

Wenn es später wurde, musste ich genau erklären, warum. Auch mit wem ich unterwegs war, wollte sie genau wissen. Da habe ich manches Mal geflunkert und war froh, dass private Telefone sehr selten waren. So konnte meine Mutter nicht nachprüfen, ob ich mich mit bestimmten Freundinnen getroffen hatte.

Über unverheiratete Frauen, die älter waren als Mitte zwanzig, wurden oft abfällige Bemerkungen gemacht. Anpassen war angesagt. Aber auch, um den Kontrollen meiner Mutter zu entgehen, habe ich 1955 geheiratet. Mitte der 50er Jahre war die Wohnungsnot noch groß. Geheiratet wurde oft wegen einer Wohnung, das heißt, um Anspruch auf eine Wohnung zu haben, erst einmal standesamtlich. Die kirchliche Hochzeit fand erst statt, wenn man in eine Wohnung einziehen konnte. So war das auch bei mir, und mein Mann und ich lebten noch eine Weile bei den jeweiligen Eltern. Die Firma Ruhr-Stickstoff duldete aber keine Doppelverdiener, und so wurde mir einige Monate nach meiner Eheschließung gekündigt mit der Begründung, dass ich jetzt einen Mann hätte, der für meinen Unterhalt zuständig sei.

1957 wurde mein Sohn geboren, und von da an war für die nächsten Jahre mein Leben als Hausfrau vorgezeichnet.

Margret Schröter, Bochum

Bitte einmal „Nil" für den Chef

1956 fing allgemein die Lehrzeit am 1. April an. Ich wurde im Mai 16 Jahre alt und machte eine kaufmännische Lehre in einer Fahrrad- und Ersatzteil-Großhandlung. Morgens gegen sieben Uhr fuhr ich mit der Linie 7 durch halb Essen zur Haltestelle „Freiheit". Die Straßenbahnen fuhren nur oberirdisch, hatten Holzsitzbänke und noch Schaffner, die Fahrkarten verkauften und kontrollierten. Die Bahnen waren immer sehr voll und oft bekam man keinen Sitzplatz.

Im Büro angekommen, war Klein-Renate erst mal den kritischen Blicken von den angestellten Damen ausgesetzt, die Frisur, das Kleidchen und, au weia, die Strümpfe (mit Naht). Ich durfte nicht einmal das ältere Lehrmädchen, sie war 18, duzen. Dann gab es ein Donnerwetter.

Eines war so wie heute: War der Chef aus dem Haus, tanzten die Mäuse auf dem Tisch. Die Leistungen wurden trotzdem erbracht,

nein, liegengelassen wurde nichts. Ich war froh, dass die Arbeitszeit samstags nur bis 14 Uhr ging. Nach Feierabend musste ich, Lehrmädchen, die Post zum Postamt bringen. Frankiermaschinen und Rechenmaschinen gab es auch, nur sie waren hoffnungslos kompliziert.

Siehe, man lernt alles, sogar den Umgang mit dem garstigen Chef, der eigentlich gar nicht so garstig war, wenn er mich nicht gerade reinlegen wollte und ich ihm „Nil" kaufen sollte. Oh, was war Nil? Er wusste, dass ich es nicht wusste, denn ich komme aus einer notorisch nichtrauchenden Familie. Nun, ich habe keinen gefragt, worauf ja alle lächelnd warteten. In dem nahe gelegenen Laden, in dem ich meinen Chef mal gesehen hatte, stellte ich mich bescheiden an die Theke. „Für Deinen Chef?" Und ich bekam die Nil, blaue Schachtel, weiß ich noch heute. Oh ja, Lehrlinge wurden nicht mit Samthandschuhen angefasst. Geschadet hat es mir nicht, vergessen werde ich auch nicht.

Renate Smirnow-Klaskala, Essen

Mit Obst und Gemüse in die Selbstständigkeit

1950 war ich 25 Jahre alt und hatte eine Stelle als Spielwaren-Verkäuferin bei der Firma Woolworth in Mülheim an der Ruhr. Der Verkauf war gut, die Kinder bekamen wieder Spielwaren geschenkt. Heiligabend hatten wir alles ausverkauft und die Kinder endlich schöne Weihnachten.

Von meinem Gehalt konnte ich mir neue Kleidung kaufen: Einen Wollmantel, tailliert mit Glockenrock, Federhütchen mit Schleier, Nylonstrümpfe (18 DM, die Maschen ließ ich aufnehmen) und vieles mehr. Ich war chic.

Zeitenwechsel: Anfang der 50er Jahre dominierten noch die Tante-Emma-Läden (Bild oben, Oberhausen-Oster-
feld, 1952), zunehmend lockte jedoch der Konsum mit niedrigen Preisen und Schnellbedienung (Bild unten)

Neben der Arbeit hatten wir in der Firma
auch viel Freude. Betriebsausflüge, Geburtstagsfeiern im Lager mit Essen und Getränken.
Während dieser Zeit, 1952, lernte ich meinen
Mann kennen. Er holte mich jeden Abend von
der Firma ab. Er brachte mich nach Hause
oder – bei schönem Wetter – ging mit mir spazieren, Eis essen, ins Kino „Löwenhof" oder zu
„Tante Malchen", eine kleine Gaststätte an der
Ruhr. Der Krieg war fast vergessen. Doch die
zerbombten Häuser erinnerten uns an ihn.

1954 haben wir geheiratet und machten
uns mit einem Stand für Obst und Gemüse auf
dem Mülheimer Wochenmarkt selbstständig.

Die Kunden haben damals noch viel einge-
macht: Bohnen, Gurken in Essig, Weißkohl
(Kappes) für Sauerkraut, saure Kirschen und
Zwiebeln zum Lagern. Mein Mann fuhr jeden
Morgen um 3 Uhr mit unserem kleinen Lieferwagen Marke Tempo Dreirad zum Düsseldorfer Großmarkt.

Wir hatten eine kleine Dachgeschoßwohnung, die Toilette eine Treppe tiefer. Die Wohnung wurde eingerichtet mit Wohnküchenschrank, Couch, Plattenspielerschrank mit Radio und Fernsehapparat. Hier wurde gefeiert
mit Rodon- und Apfelkuchen zum Kaffee und
abends gab es Kartoffel-, Heringssalat oder
Lachsschnittchen mit Ei und Majonäse. War
samstags etwas Interessantes im Fernsehen,
kamen unsere Nachbarn zu uns. Es war sehr
gemütlich, obwohl mein Mann und ich müde
vom Markgeschäft waren.

1956 wurde unsere Tochter Elke und 1959
unsere Tochter Heike geboren. Als sie „aus
dem Gröbsten" heraus waren, kamen sie auch
mit zu Markt. Der „Spielplatz" Markt gefiel ihnen gut.

Zum Ende der 50er Jahre hatten wir einen
Opel Caravan mit Anhänger. Wir fuhren zwei-
mal im Jahr in Urlaub. Im Frühjahr zur Insel
Baltrum und im Herbst nach Bad Reichenhall.

Heute weiß ich nicht mehr, wie wir alles geschafft haben, aber wir waren jung und ich
blicke stolz zurück.

Anni Venohr, Mülheim an der Ruhr

Nationalspieler-Taschengeld

Mein Mann erhielt im Februar 1952 eine Einladung des DFB zu einem Nationalspieler-Lehr-
gang. Da wir damals verheiratet waren, bekam er also keinen Lohnausfall erstattet,
sondern er hat dafür eine Woche Urlaub

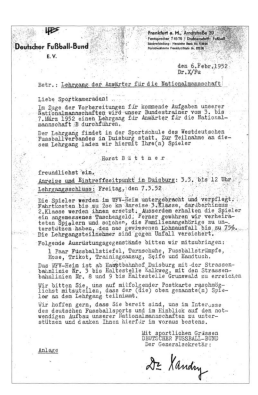

Anweisungen für Nationalmannschafts-Anwärter
aus dem Jahr 1952

„geopfert". Bei dem erwähnten „angemesse-
nen Taschengeld" handelte es sich meiner
Erinnerung nach um 50 Mark.

Helga Büttner, Essen

SED und Schule

Nach dreijähriger Kriegsgefangenschaft in der
Sowjetunion wurde ich im Alter von 21 Jahren
Neulehrer in Löbau/Oberlausitz, wohin meine
Eltern aus dem Sudetenland vertrieben wor-
den waren.

Am 1. September 1948 übernahm ich eine
5. Volksschulklasse mit 50 Schülern, die Diszi-

plin war gut, das Kollegium bestand – bis auf drei „Altlehrer" – aus jungen Leuten. Vormittags unterrichteten wir, nachmittags zeigte man uns, wie man unterrichtet.

1951! Es gab damals drei Parteien, die SED, die CDU und die Liberalen. Ich gehörte keiner Partei an. Ein netter SED-Kollege warnte mich: „Du darfst deine Klasse nicht ins 8. Schuljahr führen." Ich ging aufs Ganze und beschwerte mich beim Kreisschulrat – er war neu im Amt. Einige Tage später versetzte er mich an eine vierklassige Volksschule, ein paar Kilometer von Löbau entfernt. Dorthin fuhren weder Bahn noch Bus. Ich schaffte es mit dem Fahrrad, im kalten Winter war das sehr hart.

Woher bekam der Junggeselle sein Mittagessen? Damals gab es noch Lebensmittelkarten. Ich versuchte es im „Kretscham", dem einzigen Gasthaus im Dorf. Am Stammtisch saßen ein paar alte Männer und der kommunistische Bürgermeister. Ich fragte die Wirtin leise: „Kann ich bei Ihnen ein Mittagessen bekommen?" Die resolute Frau antwortete laut: „Ja, wenn Se kej Kommuniste sind." Mit Handzeichen gab ich zu verstehen, dass ich keiner war. Jeden Freitag tischte die Oma mir Blinsen auf, man isst sie mit Zucker und Zimt, meine heimatliche Lieblingsspeise. Mit den lieben Wirtsleuten korrespondierte ich, nachdem mir 1956 das Verlassen der DDR geglückt war.

Alexander, mein ehemaliger Klassenkamerad vom Rumburger Gymnasium, war Schulleiter in Sohland a. Rotstein geworden, dieses Langhufendorf lag zwischen Löbau und Görlitz. Er holte mich an seine Schule. Alle Kollegen „bürgerlich", man konnte ihnen trauen. Nur der einzige Altlehrer war zu fürchten, er gab sich als Verfolgter des Nazi-Regimes aus. Als ein junger Kollege, der bei ihm als Untermieter wohnte, entdeckte, dass der Altkommunist im Keller einen Riesenstapel des „Völkischen Beobachters" aufbewahrt hatte, war er uns nicht mehr gefährlich.

Über die politischen Zwänge, denen wir unterworfen waren, bringe ich ein Beispiel: Vor der Volkskammerwahl musste der Schulleiter eine Elternversammlung einberufen. Einziger Zweck: Jeder Lehrer musste sich vor die Eltern stellen und verkünden: „Ich werde die Kandidaten der Nationalen Front wählen." Am Wahltag nahm man den Stimmzettel in die Hand und legte ihn vor aller Augen in die Urne. Nur einer machte da nicht mit, der enteignete Großbauer Q. Er betrat mutig die Wahlkabine. Bald hörte man ihn fluchen: „Die Lumpen haben keinen Bleistift hingelegt." Jahre später habe ich den tapferen Familienvater in Pforzheim besucht.

Wie wir den 17. Juni 1953 erlebten: In Görlitz legten am Morgen die Arbeiter und Angestellten der Waggonbaufabrik die Arbeit nieder. Ihrem Marsch zum Rathaus schlossen sich viele Menschen an – Ärzte, Ladenbesitzer, Postboten. Sie forderten in einer einmaligen Kundgebung nicht höhere Löhne, sondern die Wiedervereinigung. Als sowjetische Panzer auffuhren, mussten die Bürger fliehen. Wir in der Schule erfuhren durch Ortsansässige, die den Anfang des Protestmarsches in Görlitz erlebt hatten, von den Vorgängen. Um 11 Uhr schickten wir die Schüler nach Hause. Eine Woche ging die SED auf Tauchstation. Dann wurden sie wieder aktiv. Plötzlich wollte man wissen, wer am 17. Juni das Wilhelm-Pieck-Bild von der Wand genommen hatte.

Ich habe vergessen, wie die Angelegenheit ausging …

Helmut Wähner, Dortmund

AUF ACHSE

DIE ERSTE URLAUBSREISE UND EIN ECHTES GEHEIMNIS

Ein besonderes Wohnmobil

Die Familie meines Vaters (Oma, Opa, Tanten, Onkel und Cousine), meine Eltern und ich wohnten in Duisburg-Hamborn in unserem von den Bomben verschonten Mehrfamilienhaus. Mein Großvater hatte eine Bauklempnerei und mein Vater war Klempner- und Installationsmeister. In den Wiederaufbaujahren hatte das Handwerk einen goldenen Boden und so ging es uns – dank des Fleißes meines Vaters, der Gesellen und Lehrlinge – recht bald schon besser. Verdienste wurden in den Wiederaufbau des Geschäftes gesteckt. Der hölzerne Transportkarren wurde als erstes ausgetauscht gegen einen Kleintransporter Marke „Tempo Dreirad – Langlader, mit Plane".

1953, ich war neun Jahre alt, wurde der erste Urlaub geplant. Es sollte an die Nordsee gehen. Da kam mein erfindungsreicher Vater auf die Idee, aus unserem Baustellenfahrzeug eine Art „Wohnmobil" zu machen. Unter der großen Plane wurde auf der Ladefläche ein kleines Hauszelt montiert und mit Luftmatratzen und Wolldecken versehen. Zwei Werkzeugkisten, am Boden verschraubt, waren für Kleidung und Vorräte vorgesehen. Es gab einen Gaskocher und eine festgezurrte Gasflasche. Ein Teppich und eine Tischdecke sorgten für „Gemütlichkeit". Die Ladeklappe, in waagerechter Stellung, diente als „Sitz im Freien". Unter großer Anteilnahme von Familie, Freunden, Nachbarn und unserer Belegschaft ging es dann los Richtung Norddeich. Da es im Fahrerhaus sehr eng war, durfte ich hinten bei aufgerollter Plane auf dem Boden sitzen – „und winken". Die Landstraßen, Kopfsteinpflaster und Schlaglöcher, zogen sich endlos durch Norddeutschland hin. Bei jedem Stopp kamen Leute, denen meine Mutter alles erklären musste.

Familienbild vor dem selbstgebastelten „Wohnmobil"

Doch die raue Nordsee, die Park- und Übernachtungsplätze direkt am Meer, Cuxhafen und die großen Frachtschiffe in Brunsbüttelkog, das alles habe ich bis heute nicht vergessen – Und ich erinnere mich bis heute auch an das Glücksgefühl, die Geborgenheit im kuscheligen Zelt, den Geruch der einfachen Gummimatratzen und das nächtliche Hupen der vorbeifahrenden Schiffe.

Ein Jahr später starb mein Vater. Mit meinem Mann habe ich mit dem Wohnmobil viele Fernreisen gemacht. Vielleicht hat dieses schöne Kindheitserlebnis dazu die Grundlage gebildet.

Gerti Betting, Mülheim an der Ruhr

Meine erste Urlaubsreise

Im Jahre 1958, ich war im zweiten Lehrjahr, gerade 16 Jahre alt, bot die Katholische Jugend eine Reise in die Schweiz an, natürlich nur Mädchen. Meine Reiselust war geweckt und ich wollte unbedingt mitfahren, doch von meinem kleinen Taschengeld – die Lehrlingsvergütung musste ich zuhause abgeben – konnte ich das nicht bezahlen. Also bearbeitete ich meine Eltern, schließlich stimmten sie zu.

Ich zählte die Tage bis zur Abreise. Und endlich war der Tag da. So fuhren ca. 40 junge Mädchen, eine Schulfreundin von mir war auch dabei, in Richtung Schweiz. Nach vielen Stunden im Reisebus kamen wir bei unserer Unterkunft in Alt St. Johann an. Es war eine Holzhütte, alles sehr einfach. Wir schliefen in Doppelstock-Betten, was heißt Betten, es waren große Holzkästen mit Strohsäcken. Vier Personen lagen in einer Reihe, einsteigen ging nur vom Fußende aus. Gewaschen haben wir uns an einem großen Steintrog über den ein Wasserrohr mit vielen kleinen Löchern geführt war. Wurde der Wasserhahn geöffnet, tropfte es aus den Löchern mehr oder weniger stark. Zwei Frauen, die mitgefahren waren, bekochten uns. Mich störte das nicht sehr, denn zu der Zeit lebten wir ja alle noch sehr bescheiden. Außerdem durfte es nicht viel kosten.

So lernte ich etwas von der Schweiz kennen: Luzern, den Vierwaldstätter See, Kloster Einsiedeln und vieles mehr. Wir machten Wanderungen, auch auf den Säntis und hatten viel Spaß.

Nicht sehr ausgeruht kamen wir nach 14 Tagen wieder nach Bochum zurück. Doch meine Neugier auf andere Länder war geweckt.

Brigitta Knaut, Bochum

Urlaubsfreuden garantiert:
Werbeanzeigen aus dem Jahr 1954

Das Rattern der Züge …

Reisen, Tanzen und das Kennenlernen meines späteren Ehemannes 1957 bei einem Jazz-Band-Ball im Casino Friedrichseck in Herne waren die „Highlights" meiner ganz persönlichen 50er Jahre.

Gerne erinnere ich mich an diese Zeit. Da ich 1939 geboren bin, verbrachte ich in den 50ern meine Jugendjahre. Obwohl auch bei uns das Geld knapp war, mein Vater war in russischer Kriegsgefangenschaft verstorben, verstand es meine Mutter, meiner 3 ½ Jahre älteren Schwester und mir eine unbeschwerte Jugendzeit zu ermöglichen.

Schon zu Beginn der 50er Jahre hielt meine Mutter es während unserer Schulferien nicht mehr zu Hause aus. Es zog sie in die Ferne. Nach eigener Aussage hatte sie „Hummeln im Hintern". Also gingen wir auf Reisen, immer mit der Eisenbahn. Ein Auto besaßen wir nicht.

Damit zu Reisebeginn genügend Geld vorhanden war, entwickelte meine Mutter ihr eigenes System. Am Anfang des Monats verteilte sie ihre Witwenrente und ihren Verdienst aus Näharbeiten, die sie z. B. für eine Pastorenfamilie erledigte, in verschiedene Briefumschläge für Urlaub, Schule, Bekleidung, Lebensmittel und Dinge des täglichen Bedarfs, Miete, Strom, Heizkosten, Geschenke, Sonstiges für nicht geplante Ausgaben. Meine Mutter kam sehr gut mit dieser Methode zurecht. Was einmal im Umschlag war, wurde nicht für andere Dinge herausgenommen. Die Umschläge für Schuhe und Bekleidung wurden bei Bedarf im Frühjahr und Herbst geplündert. Für die große Urlaubsreise wurde ein Jahr lang gespart.

Unsere Reisen gingen in die Eifel, ins Sauerland, in den Schwarzwald, an die Nordsee-

Ferien im Schnee (o., 1958) und im Sauerland (u., 1955)

küste, später auch auf die Insel Amrum. Ende der 50er Jahre standen Dänemark und Kärnten in Österreich auf dem Programm. Natürlich reichte das Geld in dieser Zeit nur für einfache Frühstückspensionen mit einem Badezimmer für alle Gäste und evtl. einer Waschgelegenheit im Zimmer. An der Nordseeküste schliefen wir sogar im Schlafzimmer der Wirtsleute, das Waschbecken war in der Waschküche, da gab es auch einen Waschzuber zum Baden, und die Toilette befand sich auf dem Hof. Meiner Schwester und mir hat das nichts ausgemacht. Irgendwie war es abenteuerlich.

Burgenbau-Wettbewerb in Schillig an der Nordsee – das Ruhrgebiet ist dabei, 1954

Anfang Januar 1953 hatte meine Mutter Lust auf Schnee. Als sie erfuhr, dass in der Eifel viel Schnee lag, packten wir ein Köfferchen und fuhren mit dem Zug in einen kleinen Eifel-Ort. Dort fanden wir in einem gemütlichen Dorfgasthof Unterkunft. Am Abend saßen wir mit den Jägern des Dorfes am Kamin, wärmten uns und hörten interessante Geschichten.

Wenn wir von unseren Touren mit einem kleinen Schlitten durch den verschneiten Wald durchgefroren zurückkehrten, wartete schon heißer Tee oder heiße Milch mit Honig auf uns. Damit es im Schlafzimmer nicht so kalt war, es gab keine Heizung im Zimmer,

wohnten wir direkt über der Gaststube, die ja von dem Kamin beheizt war. Im Bett empfing uns wohlige Wärme. Die Gastwirtin hatte uns heiße Ziegelsteine ins Bett gelegt. Ermüdet von der frischen klaren Winterluft, fielen wir in einen wunderbaren Schlaf.

Reisen mit dem Zug war für mich der Inbegriff des Urlaubs überhaupt. Es war aufregend, da wir in meiner Jugendzeit den Zug nur für Urlaubsreisen benutzten, sonst fuhren wir mit der Straßenbahn. Allein schon die besondere Bahnhofsatmosphäre beeindruckte mich. Ich genoss es, andere Menschen kennenzulernen, das Treiben auf den Haltebahnhöfen zu beob-

Reise-Impressionen zwischen Travemünde und Schöllang bei Oberstdorf

Urlaub in Rügenwalde an der Ostsee, 1953

achten und zu träumen, während draußen die Landschaft vorbeiflog und das gleichmäßige Rattern des Zuges beruhigend wirkte. Diese Faszination habe ich bei späteren Urlaubsfahrten mit dem Auto nicht mehr so erlebt. Das Auto war eben alltäglich da, nicht so die Eisenbahn.

Christa Wittenbreder, Castrop-Rauxel

Endlich auch mal auf Ferienfahrt!

Meine Eltern, mein Bruder und ich wohnten in Mülheim-Heißen. An schönen Sommertagen wurde in unserem großen Garten eine Zink-

wanne mit Wasser gefüllt, und schon kamen noch einige Nachbarkinder hinzu, und wir kreischten vor Vergnügen, wenn wir uns gegenseitig mit dem Wasserschlauch bespritzten. Samstags fuhr mein Vater mit uns zum Baden an die Ruhr, und zwar mit einem Dreirad mit Aufbau. Mit diesem Fahrzeug führte mein Vater werktags kleinere Möbeltransporte aus. Da wir Kinder nicht schwimmen konnten, dienten zwei Autoreifen als Rettungsring.

Ein besonderes Erlebnis war ein Wochenende in der Eifel. Mit einem geliehenen VW-Käfer fuhren wir zum Schwammenauelsee. In der Nähe des Stausees wohnten wir in der Privatpension Kohl, Kleestraße in Hasenfeld. Wir genossen eine Schifffahrt auf dem Rursee, spielten Minigolf in Heimbach, und anschließend ging es in die Eisdiele.

1956 – ich war 14 Jahre alt und besuchte die Realschule für Mädchen in Essen-West – hörte ich von vielen Mitschülerinnen, dass sie in den Ferien schöne Urlaubsreisen machten. Das war in den 50ern durchaus nicht selbstverständlich. Zu Hause sagte ich: „Alle fahren in Urlaub, nur wir nicht". Dann wurde mein Wunsch erfüllt: Wir fuhren für zehn Tage in die Ferien, an den Bodensee und ins Allgäu. Wir wohnten in Schöllang auf einem Bauernhof. Frühstück mit selbstgebackenem Brot und frischer Milch gab es in der Bauernküche. Mein Bruder freute sich, dass er zum Füttern mit in den Stall durfte. Mir gefielen die gemeinsamen Wanderungen gut. Abends gingen wir zum Essen in ein gutbürgerliches Restaurant. Das Lieblingsgericht meines Bruders war Wiener Schnitzel.

So konnte ich nach den Ferien meinen Mitschülerinnen auch von meinem Urlaub erzählen!

Christa Neumann, Mülheim an der Ruhr

Erinnerungsfotos waren nicht immer leicht herzustellen

Unvermuteter Anblick in den 50ern: ein Irokesenschnitt

Der erste Irokese

Am 1. April 1959 trat ich als Lehrling meine Berufsausbildung an. Starkstromelektriker bei der Eisenwerke Gelsenkirchen. Nach der Grundausbildung von drei Monaten sponserte die Firma für alle Lehrlinge einen zweiwöchigen Urlaub in Zusammenarbeit mit dem DGB. Wir fuhren ins Sauerland in ein Jugendheim des DGB nach Willingen Usseln.

Bei einer Wanderung zum Diemelsee kam es während einer Wanderpause zu einem folgenschweren Gespräch. Ich wettete mit dem Jugendbegleiter um 18 DM, mir einen Irokesenschnitt zuzulegen. Gesagt – getan. Noch am selben Abend überraschte ich die gesamte Truppe beim Abendessen mit meinem Irokesenschnitt. Die Resonanz war traumhaft und überschwänglich. Fortan war ich bei allen Wanderungen und Ausflügen der „Star" der Truppe.

1968 bezog ich mit meiner 1967 angetrauten Frau meine erste Wohnung in Rotthausen, ein Sechsfamilienhaus mit jungen Leuten. Ein Nachbarsehepaar – eine Etage tiefer – hatte sich mit uns angefreundet und wir saßen oft zusammen, um über allerhand zu sprechen.

An einem Abend kam das Gespräch auf Urlaub und Sauerland. Dabei ließ ich die Bemerkung fallen, dass ich als Lehrling im Sauerland als Irokese Urlaub gemacht hatte. Da war meine Nachbarin plötzlich hellwach. „Ja, so einen haben wir schon mal am Edersee im Schloss Waldeck gesehen!"

Ein eher seltenes Bild in den 50er Jahren: am Steuer des Ford 12 M sitzt eine Frau

Ich ging in unsere Wohnung und holte mein Fotoalbum mit den Bildern herunter. Sie erkannte mich natürlich sofort, und der Abend landete in einer kräftigen Sause und noch mehr Spaß.

Peter Piaszynski, Gelsenkirchen

Mutti und Vatis großes Geheimnis

Es geschah im Jahr 1957 ...

Jetzt tuscheln Mutti und Vati schon wieder! Aber wehe wenn ich einmal jemandem ins Ohr flüstere. „Wer flüstert, lügt", sagt Mutti immer ganz ärgerlich! Aber wenn sie mit Vati

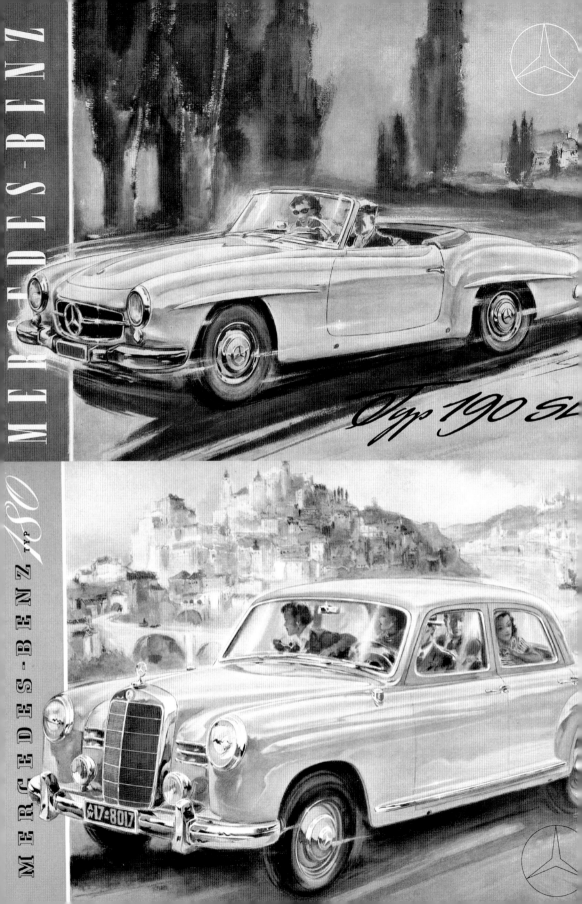

MERCEDES-BENZ

Typ 190 SL

MERCEDES-BENZ Typ 180

flüstert, ist das natürlich ganz was anderes. In den letzten Tagen ist mir diese Heimlichtuerei schon häufiger aufgefallen, manchmal sieht Mutti dann kurz zu mir und sie sieht dann so aus, als ob sie sich auf etwas freut, vielleicht auch so, als ob sie sich für mich freut. Natürlich habe ich sie gefragt, warum sie mit Vati immer tuschelt, sie sagte aber nur: „Du darfst zwar alles essen, aber du darfst nicht alles wissen!" Ende des Gesprächs.

Etwa einen Monat später, es war ein Samstag, merkte ich, dass Vati und Mutti etwas aufgeregt waren. Es war kein Morgen wie alle anderen. Die Frühstücksmilch war übergekocht und beim Abräumen fiel ein Teller auf den Boden. Es wurde erstaunlicherweise nicht geschimpft. Nach dem Frühstück zogen sie sich so an, als ob sie weggehen wollten. Auf meine Frage, wohin sie gehen wollten, sagten sie „Heute ist ein ganz besonderer Tag, heute fahren wir vier gemeinsam weg. Du wirst es gleich sehen."

„Wo fahren wir denn hin?" fragte ich ohne jede Begeisterung, denn Fahren bedeutete meist, an Straßenbahnhaltestellen endlos zu warten und zu irgendeinem Verwandten zu fahren und den ganzen Tag sehr brav auf einem Stuhl sitzen zu müssen. Und mit dem Blick, den ich vor einiger Zeit schon häufig bei Mutti gesehen hatte, sagte sie, „ich glaube, dass du gleich gerne mitfahren willst". Die 10-Uhr-Nachrichten kamen gerade aus dem Radio, als es schellte. Vati, der normalerweise während einer Nachrichtensendung mit versteinertem Gesicht nicht vom Radio weg zu bewegen war und jedes störende Geräusch von uns Kindern kritisierte, sprang auf und ging ziemlich schnell zur Tür, obwohl Mutti eigentlich näher an der Wohnungstür stand. Und dann war ich platt: Ein Mann, den ich

Ein Meisterstück von FORD

TAUNUS »12M«

Viel Raum - viel Komfort. Große Ausstattung bis ins kleinste. Meisterliche Technik in allen Teilen des Fahrwerks.

Wir führen Ihnen den Wagen jederzeit unverbindlich vor. Bitte, rufen Sie uns an oder besuchen Sie uns.

Autohaus FISCHER ESSEN — Altenessener Str. 289-293
Ruf 2 65 44
Ausstellung AEG-Haus an der Freiheit

Traum vieler Bürger war der mondäne Mercedes 190 SL oder die Limousine 180, die in allen Städten auch als Taxi genutzt wurde (Bilder Seite 206). Realistischer allerdings war es, auf den Ford Taunus 12 M zu setzen.

nicht kannte, kam in die Wohnung und sagte: „Einen schönen guten Morgen der ganzen Familie, ich bringe Ihnen Ihr neues Auto!" Keiner antwortete, aber meine Eltern grinsten den fremden Mann und mich an. „Ich wünsche Ihnen allzeit gute Fahrt und viel Spaß mit ihrem neuen Auto! Hiermit übergebe ich Ihnen die Autoschlüssel und die Autozulassung. Es gehört nun Ihnen. Ach übrigens, ich bitte noch einmal um Entschuldigung, dass das Auto

zwei Wochen später als geplant geliefert wurde, aber ihr Wunsch nach einer Autoheizung ließ sich leider nicht schneller erfüllen." Ich hatte gerade gehört, dass wir nun ein Auto besaßen, aber ich glaubte es nicht.

Mutti zeigte mir, dass ich ans Fenster gehen sollte, um hinaus zu sehen. Das tat ich dann und war nun völlig platt. Direkt vor dem Haus stand ein grünes Auto mit einem weißen Dach, ich sah sofort, dass es ein Ford Taunus war. Von oben gesehen wirkte er enorm groß, einige Spielkameraden von mir sahen neugierig durch die Scheiben in das Auto hinein. Der Mann fragte noch, ob mein Vater eine Einführung in die Bedienung haben wollte, der aber meinte, dass er eigentlich schon gut Bescheid wisse und außerdem sei ja sicher auch eine Bedienungsanleitung im Auto. Mutti sah mich begeistert an und sagte: „Jetzt kennst du das Geheimnis, das wir hatten. Wir haben ein Auto gekauft und heute wollen wir sofort damit eine Spazierfahrt unternehmen."

Als ich ein wenig unschlüssig da stand, fragte sie mich sehr erstaunt, ob ich mich

denn nicht über das Auto freuen würde? Klar freute ich mich, aber ich war auch traurig. Auf der einen Seite ist ein Auto eine tolle Sache, vor allem wenn es ein so schönes Auto ist. Auf der anderen Seite hätte ich so gerne mit überlegt, welches Auto wir kaufen und wäre so gerne mit zum Autohändler gegangen. Immer wenn irgendwo ein neues Auto stand, habe ich es mir genau angesehen und mit meinen Freunden über vermeintliche Vor- und Nachteile gesprochen. Von den meisten Autos wusste ich die Leistung und die Höchstgeschwindigkeit und die Anzahl der Sitze auswendig, ja sogar viele Preise wusste ich aus der Zeitung. „Warum habt ihr mit nicht gesagt, dass wir ein Auto kaufen?" fragte ich, und ein oder zwei Tränen rannen über die Backen, „ich wäre so gerne beim Aussuchen dabei gewesen!" Mutti war entsetzt über meine Reaktion. Sie hatte Freudensprünge, Umarmungen und Küsse erwartet. „Glaubst du denn, dass du mehr von Autos verstehst als dein Vater? Wie kannst du nur auf die Idee kommen, dass wir deine Hilfe nötig gehabt hätten? Wenn dir

unser Auto nicht gefällt, dann musst du ja nicht damit fahren." Sie war schwer enttäuscht von mir. Jetzt heulte ich richtig.

Und nun lernte ich meinen Vater von einer bisher nicht gekannten Seite kennen: Normalerweise war seine Art so zu sprechen, wie er als Steiger Anweisungen gab. Nun brüllte er mich aber nicht an, er sprach ganz ruhig „Ich weiß, dass du dich für Autos interessierst. Das merkt man sofort, wenn du die Bezeichnungen von Autos nennen kannst, die ich nicht einmal kenne. Wir haben lange überlegt, ob

Der wichtigste Wagen für Sie

wird stets Ihr eigenes Fahrzeug sein. Bevor Sie also Ihre

Entscheidung für einen neuen Wagen treffen, lernen Sie

den ideal-sicheren BMW für Geschäft und Reise kennen –

ein Meisterwerk im harmonischen Zusammenklang seiner

vielfältigen und typischen BMW Vorzüge

BMW 501 Sechszylinder

DM **12500.–** ab Werk | Unsere BMW Vertragshändler erwarten Sie zu einer Probefahrt!

Ein rollendes, behagliches Zuhause – selbst in den Weiten der Welt und bei hohen Geschwindigkeiten: 2,1 l 72 PS Sechszylinder-Motor, vereint tourenmäßige und sportliche Vorzüge • Eleganz der Linie • Großzügig gestalteter, 6 sitziger Innenraum • Hochwertige Verarbeitung bis ins letzte Detail • Vorbildliche Straßen- und Kurvenlage • Sprichwörtliche Fahrsicherheit – u. a. gewährleistet durch den BMW Vollschutzrahmen, der alle Insassen in voller Karosseriebreite schützt

BAYERISCHE MOTOREN WERKE AG MÜNCHEN

Er repräsentiert immer...

im geschäftlichen Alltag wie am festlichen Abend

OPEL KAPITÄN

Wir laden zur Probefahrt ein

VAN EUPEN · ESSEN

Hindenburgstraße 19 · Fernruf 21281

wir dich beim Aussuchen des Autos mitnehmen sollten. Wir wollten das dann aber doch nicht, weil du vor lauter Begeisterung bestimmt mit deinen Freunden über den Autokauf gesprochen hättest. Wir wollten aber nicht, dass die ganze Nachbarschaft und deine Onkel und Tanten darüber nachdenken, ob wir uns ein Auto leisten können und wenn ja, welches Auto denn wohl für uns das richtige sei. Wir wollten keine Ratschläge von anderen bekommen, ob, wann und welches Auto wir am besten kaufen sollten. Daher haben wir entschieden, erst darüber zu sprechen, wenn das Auto vor der Tür steht. Später wirst du unsere Entscheidung sicher verstehen. Und nun schlage ich dir vor, ich gehe mit dir zum Auto, schließe es auf, du setzt dich auf den Beifahrersitz und versuchst zu verstehen, was ich gerade gesagt habe. Dann kannst du dir in Ruhe alles angucken, und bevor du wieder rauf kommst, vergiss bloß nicht das Auto abzuschließen. Ich zeige dir gleich, wie es geht. Ach so, und lass keinen von deinen Freunden in das Auto." Wir gingen los und trotz der Tränen in meinen Augen sah ich bei dem kurzen Blick zu Mutti, dass sie wohl sehr über Vatis Ruhe erstaunt, aber immer noch böse auf mich war.

Gott sei Dank standen nun keine Freunde mehr am Auto, so dass ich mich hinein setzen konnte. Ich war begeistert von dem Auto: Ein großes Lenkrad mit einem Zierring, eine Lenkradschaltung, im Armaturenbrett ein große Geschwindigkeitsanzeige, die bis 140 reichte, vorne und hinten eine Sitzbank, dick gepolstert und mit einem schönen Stoff bezogen. Alles roch so neu und angenehm. Nach kurzer Zeit hörte ich auf zu weinen. Ich saß da und überlegte, was denn wohl so schlimm daran ist, wenn alle Nachbarn und Verwandten wissen, dass man ein Auto kauft? Darauf kann man doch eigentlich stolz sein. Ich dachte laut: „Die Erwachsenen sind schon komisch, ich werde bestimmt nicht so."

Ich sah mich noch einige Male im Auto um, stieg dann aus und ging mehrmals um das Auto herum. Es war ein 15 M, also hatte es sagenhafte 55 PS und es sah mit seinen Weißwandreifen Klasse aus. Am besten fand ich, dass der Tankverschluss hinter dem klappbaren Heck-Nummernschild versteckt war. In der ganzen Nachbarschaft hatte keiner so ein schönes Auto. Es war auch größer und vor allem schneller als das von Onkel Peter. Da fiel mir ein, dass Onkel Peter uns auch nicht erzählt hatte, dass er ein Auto kaufen wollte. Man redet wohl tatsächlich nicht darüber, wenn man ein Auto kaufen will! Ich schloss das Auto wieder ab, kontrollierte es mindestens fünf Mal und rannte nach oben in unsere Wohnung. Sofort erzählte ich, was ich alles entdeckt hatte und wie toll ich das Auto fand. Vati lächelte – was er selten tat – und Mutti sagte mit ernster Miene, aber nicht mehr böse: „Wie konntest du nur glauben, dass wir dich ärgern wollten, weil wir das Auto allein ausgesucht haben?" Dann nahm sie mich in den Arm und konnte auch wieder lachen.

„So, jetzt fahren wir nach Gladbeck zum Schloss Wittringen. Dort trinken wir eine Cola, gehen eine Runde spazieren und dann fahren wir … na, wohin fahren wir wohl?" fragte Mutti, „Zu Onkel Peter und Tante Maria" rief ich. „Richtig", sagte Vati. Dann nahm er eine Flasche Sekt aus dem Kühlschrank, wickelte sie in ein Handtuch um sie kühl zu halten, und sagte mit ungewohnt freudigem Gesicht: „Wir müssen doch unser neues Autos taufen, das gehört sich so!"

Reinhard Müller, Mülheim an der Ruhr

STATIONEN

SCHWARZPULVER UND ZWEI TOTO-GEWINNE

Eine goldene Zeit

Alles war in Bewegung. Straßen und Häuser, die im Krieg zerstört waren, wurden neu aufgebaut. Neue Geschäfte entstanden, boten Vieles an, das unsere Wünsche und Begehrlichkeiten weckte und uns ansporne, das nötige Geld zu verdienen. Gearbeitet wurde 48 Stunden in der Woche. Samstags begann dann das Wochenende um 13 Uhr und der Lohn eines Facharbeiters betrug 1,95 DM je Stunde.

Das Leben der neuen Bundesrepublikaner vollzog sich wellenartig. Zuerst erlebten wir die Fresswelle. Man konnte sich nach Jahren der Entbehrungen wieder richtig satt essen. Und dann brachten uns die Eismänner aus Italien den Genuss: Gelati. Sie verzauberten mit ihrem Eis unsere Gaumen. Ein Eis mit Sahne für 50 Pfennige, von Panciera auf der Marktstraße war für uns die Seligkeit schlechthin.

Nach der Fresswelle folgte die Kleiderwelle. Wie haben wir uns an den Schaufensterscheiben die Nasen plattgedrückt und unsere Wünsche gezüchtet. Jahrelang sind wir in abgewetzten Kleidern herumgelaufen. Nun zeigten uns die Modeschöpfer eine Vielfalt an Kleidung und Accessoires, wie wir sie bis dahin nicht kannten. Die Herrenmode war elegant, weit geschnitten und korrekt. Die Damen trugen bevorzugt glockig ausgestellte Kleider. Frau in Hose, unmöglich! Da Kleider bekanntlich Leute machen, und wir bei den Mädels ankommen wollten, schmissen wir uns in Schale. Ich hatte mich für einen kaffeebraunen Anzug, zweireihig mit langen Revers entschieden. Dazu Schuhe mit dicken Kreppsohlen, Ringelsocken und ein breitgestreiftes Oberhemd. Jetzt konnte man sonntags auf der Marktstraße bei den Mädels Eindruck machen, dabei mussten wir erfahren, dass nicht

alle Mädels sich von Äußerlichkeiten beeindrucken ließen. Schön war es anzusehen, wenn die Mädels mit ihren wippenden Röcken auf hochhackigen Schuhen über die Straßen stolzierten. Wenn der Freund es sich dann noch erlauben konnte, eine Vespa oder einen Lambretta-Motorroller zu besitzen, und das Mädel im Damensitz mit Petticoat auf dem Sozius saß, hing der Himmel voller Geigen. Auch die Erwachsenen waren stets korrekt gekleidet, insbesondere am Sonntag, wenn Papa und Mama spazieren gingen. Sonntags ohne Krawatte und Hut in der Öffentlichkeit zu erscheinen, unmöglich!

Mitte der 50er Jahre setzte ein Renommierprozess ein, der sich in „Schöner Wohnen", im Grad der Motorisierung und einem neuen Freizeitverhalten ausdrückte. Jetzt wurde nicht mehr nur das Nötigste gekauft, es entwickelte sich Luxus. Man hatte wieder eine stattliche Figur, die mit edlem Stoff umhüllt war, nun konnte man sich der Wohnung zuwenden. Anfang der „Fünfziger" war der Gelsenkirchener Barock groß in Mode. Seine schwulstigen Formen waren bald in jeder Wohnstube zu finden. Mitte des Jahrzehnts setzte sich dann ein neues Stilempfinden durch. Die Formgebung verläuft jetzt im Schalen- und Kurvenstil grazil und leicht beschwingt. Die wuchtigen Formen des Gelsenkirchener Barock werden abgelöst. Nierentische, Schalensessel, Tulpenlampen und Pastellfarben halten nun Einzug in Deutschlands Wohnungen.

Ein besonders beliebtes Möbel war die Musiktruhe. Mit solch einem Ding, wenn es zudem noch mit einem Zahnplattenspieler ausgestattet war, konnte man schon imponieren. Die Schallplattenindustrie sorgte mit ihren Produktionen dafür, dieses neue Wunderding zum Klingen zu bringen. Der deutsche

Schlager erlebte eine Blüte. Er weckte einerseits die Sehnsucht nach einer heilen Welt, andererseits wurde von paradiesischen Fernzielen geschwärmt. Bella Italia. „Wenn bei Capri die rote Sonne im Meer versinkt", schluchzte Rudi Schuricke und auch René Carol, der in Wirklichkeit Gerhard Tschierschnitz hieß, ins Ohr. Später die „Kilima Hawaiens", die uns den Zauber der Südsee vermittelten. Besonders beliebt waren Lieder von Freddy Quinn und Lale Andersen, die von Seeleuten und ihren wartenden Frauen sangen. So versetzte man uns träumerisch in die große weite Welt. Aber nicht nur die große weite Welt wurde besungen. Cornelia Froboess forderte uns auf, die Badehose einzupacken und zum Wannsee zu gehen. Bruce Low besang einen Pferdehalfter, der an der Wand hing, und Caterina Valente ließ ganz Paris von der Liebe träumen. Bald hörte man diese Schlager nicht nur in den Wohnstuben. In den Gaststätten wurden Musikboxen installiert, an denen man seinen Lieblingsschlager per Tastendruck wählen konnte, mit dem Nachteil, dass alle Anwesenden sich dem Musikgeschmack eines Einzelnen anpassen mussten. Aber es war neu, modern und steigerte im Grunde unser Lebensgefühl. Ende der 50er beglückte uns eine neue Musikwelle aus Amerika. Da wir Bundesrepublikaner ja inzwischen alles, was aus Amerika kam, gut und nachahmenswert fanden, nahmen wir auch diese Neuheit begierig auf, den Rock 'n' Roll. Nun waren Elvis Presley und Bill Haley die Stars in den Medien, die den Musikgeschmack und unsere Ohren malträtierten.

Die Filmtheater fanden größten Zuspruch. Zuerst waren es amerikanische Produktionen, bevorzugt Western, die uns mit Spannung erfüllten. Dann kamen die ersten deutschen Filme in die Kinos. Revuefilme, wie die Dritte von rechts, oder Heimatfilme wie das Schwarzwaldmädel begeisterten die Menschen und füllten die Kinos bis auf den letzten Platz. In den Fünfzigern hatten wir in Oberhausen 25 Kinos, in der Innenstadt waren vier große Filmtheater etabliert. Besondere Erlebnisse waren die Galaabende in der Lichtburg. Hier begeisterten uns Willy Berking und Kurt Edelhagen mit ihren Big Bands mit Swing und Jazz Rhythmen. Sänger wie Willy Hagara oder Peter Alexander versetzten uns ebenso in Träume wie der Startrompeter Mäcki Kasper. Nach einem solchen Abend waren wir voller Lebensfreude und hofften insgeheim, eines Tages auch ein Star zu werden und im Rampenlicht zu stehen, wie auch immer.

Ein Skandälchen war der Film „Die Sünderin" mit Hildegard Knef. Was haben sich die Leute aufgeregt, in einer Szene die Knef halbnackt ansehen zu müssen. Kirchen, CDU und die Zentrumspartei waren der Ansicht, dass damit die sittlichen Begriffe unseres christlichen Volkes zersetzt werden. Sie riefen zum Boykott auf. Wir, als Katholische Jugend, haben am Apollo Theater Randale gemacht, alle verprügelt, die an der Kasse standen, auch den Bundestagsabgeordneten der CDU, der sich ein persönliches Bild von dem Skandal machen wollte. Nach unseren damaligen Wertvorstellungen waren wir davon überzeugt, richtig zu handeln, und das wurde auch von großen Teilen der Bevölkerung so gesehen.

Gerd Plasmeier, Oberhausen

Ein Schimmer von Glück und Zuversicht

Im April 1948 wurde ich als Dagmar Evelyn Karin Harder in Rügenwalde, Pommern, geboren. Meine Eltern, ich und meine Geschwister Werner, Gerhard, Heinz, Lothar, Edelgard, Jürgen, Manfred und Karl-Edward lebten in einem ehemaligen Kapitänshaus, in das wir zwangseingemietet wurden.

Mein Vater entstammte einer Seefahrerfamilie und fuhr selbst jahrelang zur See, bis er sich der Familie zuliebe zum Aufhören entschloss. Er arbeitete dann in einer Fabrik für Schiffszubehör, wie auch mein Bruder Werner. Mein Bruder Gerhard lernte Maurer, mein Bruder Heinz Elektriker.

Am 24. Dezember 1952 starb mein Vater auf der Arbeit an Herzinfarkt. Am 30. Dezember 1952 wurde mein jüngster Bruder Karl-Edward geboren. Heiligabend war für uns immer ein emotionsreicher Tag. Für meine Mutter folgte eine schwere Zeit. Wir lebten hauptsächlich vom Fischfang meiner Brüder. Im Sommer wurde die obere Etage unseres kleinen Hauses an Badegäste vermietet.

Im Herbst 1955 kam ich in eine deutsch-polnische Schule. Unsere Lehrer waren hauptsächlich Deutsche. Die Schule war fünf bis sechs Kilometer entfernt, die wir zweimal täglich laufen mussten.

Auf Antrag meiner Großmutter und Tante, die in Deutschland lebten, erhielten wir über das Rote Kreuz 1957 die Ausreisegenehmigung. Unser erster Aufenthaltsort in Deutschland war ein Flüchtlingslager in Wentorf bei Hamburg. Wir wurden in einer ehemaligen Kaserne untergebracht. Für die einzelnen Familien wurden die Räume mit Decken abgeteilt. Eine Intimsphäre gab es nicht. Weil unsere Familie so groß war, erhielten wir später ein eigenes Zimmer. Luxus pur! Unterrichtet wurden wir auch in der Kaserne. Es gab so gut wie keinen Kontakt zur Außenwelt. Die Einheimischen hassten uns. Ein Grund war Sorge um

den knappen Wohnraum. Meine Brüder Gerhard und Heinz kamen dann bei Onkel und Tante in Langenfeld und Monheim unter, wo sie auch ihren Berufen nachgehen konnten. Meine gehörlosen Geschwister Edelgard und Jürgen wurden im speziellen Internat bzw. bei einer Pflegefamilie aufgenommen.

Im Lager lernte ich auch meine später beste Freundin Claudia kennen, die mit Mutter und Schwester aus der DDR geflüchtet waren. Aber kurze Zeit später wurden sie in ein anderes Lager verlegt. Als wir dann im Oktober 1957 ins Lager nach Essen-Heisingen kamen, trafen wir uns wieder. Claudias Mutter, später für uns nur Tante Loni, arbeitete in einer Metzgerei und brachte immer Wurstreste mit, die sie meiner Mutter gab. Daraus entwickelte sich zwischen den beiden starken Frauen eine tiefe Freundschaft.

In der örtlichen Schule waren wir Lagerkinder Außenseiter. Die Lehrer unterrichteten uns notgedrungen, aber es gab keine persönlichen Zuwendungen. Mit ganz geringen Ausnahmen durften auch die einheimischen Kinder nicht mit uns spielen.

1959 bekam Tante Loni eine Wohnung in Essen-Altenessen zugeteilt. Claudi schwärmte uns vor, wie toll die Wohnung sei. Riesige Zimmer, große Fenster und alles neu und modern. Dann kam der Abschied und es war sehr traurig.

Einige Wochen später bekamen wir auch eine Wohnung zugeteilt. Unsere paar Habseligkeiten wurden auf einem offenen LKW transportiert. Auf der Ladefläche saßen meine beiden jüngeren Brüder und ich. Als wir in unsere neue Straße einbogen, kam uns ein blondes Mädchen auf Rollschuhen entgegen gefahren. Ich konnte es kaum glauben. Es war Claudi. Die Freude war natürlich grenzenlos.

Aber was mich doch freute, ich konnte Claudis Wohnungsschwärmerei, sie neigte sehr zu Übertreibungen, noch toppen. Unsere Wohnung hatte einen Balkon, ihre nicht.

Wir blieben beste Freundinnen bis zu ihrem leider viel zu frühen Tod im Jahre 2011.

So endeten die fünfziger Jahre, die für uns alle nicht einfach waren, mit einem Schimmer von Glück und Zuversicht.

Dagmar Rüb, Essen

... und wir konnten wirtschaften

1950 war unsere Hochzeit. In meinem Elternhaus hatten wir ein Zimmer, es war voll eingerichtet. Es herrschte ja Wohnungsmangel. Einen Garten hatten wir auch bei den Eltern. Auf unserer Hochzeit aßen wir schon Erbsen und Möhren aus unserem Garten. Kaninchen hatten wir im eigenen Stall. Meine Eltern hatten auch zwei Schweine, Hühner und Kaninchen.

Mein Mann wurde am 28. September 1948 aus der Kriegsgefangenschaft entlassen und fing am 2. Oktober 1948 als Walzer bei der Hoag, später Thyssen-Krupp an. 1951 ist unsere Tochter geboren und 14 Tage später verlor mein Mann durch einen Walzenschuss das rechte Auge. Aber er arbeitete fleißig weiter.

Ich selbst bin bis heute Hausfrau, Mutter, Oma. Ich habe meinen Beruf als Säuglings- und Kinderschwester nur in der Familie ausgeübt. Aber wir konnten wirtschaften. So baute die Hoag 1952/1953 die ersten Eigenheime für die Werksangehörigen. Wir zogen am 3. Oktober 1953 in unser Eigenheim ein, wo ich noch heute wohne.

Wir waren begeisterte Radfahrer und machten mit dem Rad viele Touren in die nähere Umgebung. Zum Einkaufen gab es noch viele

Tante-Emma-Läden. Ein kleines Radio hatten wir schon 1950, Fernsehen 1955. Ich habe noch die Stimme im Ohr, wie Herbert Zimmermann in Bern ins Mikrofon rief: „Tor, Tor, Tor." Ins Kino gingen wir öfter. René Carol – Rudi Schurike sang: Ich küss' im Geist dein nachtschwarzes Haar, und auf Familienfesten sangen wir mit. Es wurde viel gefeiert. Unsere Tochter trug auch Petticoat und Rüschenkleider und Haarschleifen. Es ging weiter aufwärts und wir waren glücklich.

Paula Möller, Oberhausen

Schwarzpulver und ein Damenkonfektionswerk

Endlich, am 1. September 1950, war die im Krieg zerstörte Schule in unserem Stadtteil wieder aufgebaut. Der bisherige endlos lange Schulweg und der Schichtunterricht waren ausgestanden. Auch die schlimmsten Hungerjahre waren vorbei.

In der fünften Klasse musste jedes Kind Russisch lernen. Dieses Hauptfach bereitete uns schon gewisse Schwierigkeiten. Die schulischen Anforderungen waren recht hoch, weil alle Kinder bis zur achten Klasse die Grundschule besuchten. Unsere Lieblingsfächer waren Physik und Chemie. Alle Kinder verbrachten viel Freizeit in der Natur. Keine Sekunde konnte also vor nicht vorhandenen Fernsehern „verplempert" werden. Jedes Kind hatte auch häusliche Pflichten, z. B. im Schrebergarten, manchmal mussten auch äußerst ungern die Ziegen von Tante Hanna gehütet werden. Nahezu alle Mütter mussten arbeiten, da unsere Väter im Krieg gefallen waren oder sich noch in Kriegsgefangenschaft befanden. Zum Glück hatte fast jedes Kind eine Oma, die uns versorgte. Jedenfalls gab es genügend „Spielzeit". Dabei wurde vor allem von uns Jungen unvorstellbarer gefährlicher Unfug betrieben. Mit 10 Jahren sprach es sich schnell herum, aus Unkraut-Ex konnten die schönsten Silvesterknaller hergestellt werden. Zunächst bekamen auch Kinder das Pulver für kleines Geld in jeder Drogerie zu kaufen. Später wurde es nur noch an Erwachsene abgegeben. Das von Oma Lina versteckte Unkraut-Ex haben wir aber immer gefunden. Ein Fingerhut davon in einer Gießkanne vertilgte wirkungsvoll z. B. Unkraut auf dem Gehweg. Für Knaller rührten wir das Zeug zu einem Brei an, dann wurden Zeitungsabschnitte damit getränkt. Die Lufttrocknung dauerte uns zu lange, also wurden die Blätter auf dem Küchenofen getrocknet, dabei kam es auch schon mal zu einer Selbstentzündung. Die trockenen Blätter wurden in Zeitungspapier eingerollt und mit einer Zündschnur versehen, dann mit Draht umwickelt. Je nach Wickelschema sprangen die Knaller wie Frösche herum oder flogen raketenähnlich davon. Mit 12/13 war der Umgang mit Unkraut-Ex zu langweilig. Wir verlegten uns auf die Mischung von Schwarzpulver. In jedem Chemiebuch stand das Mischungsverhältnis (80 % Kalisalpeter, 10 % Schwefelblüte, 10 % gemahlene Holzkohle). Die Zutaten gab es in jeder Drogerie. Als Sprengkörper dienten Stahl- und Bleirohre. Mein jüngerer Bruder trieb es zur Perfektion, er betonierte ein Stahlrohr mit einem elektrischen Zünder ein und ließ dann die „Bombe" in einem Tümpel hochgehen. Dafür bekam er den Ehrenspitznamen Pulvermann.

Im März 1953 gab es einen denkwürdigen Schultag. Ein Lehrer teilte uns mit Tränen in den Augen mit, Stalin sei verstorben. Wir nahmen die Nachricht mit klammheimlicher Freude auf: Wieder gab es einen Schwerverbrecher weniger. Vom Juniaufstand 1953 bekamen wir in der tiefen vogtländischen Provinz nur wenig mit.

Etwa im Alter von zwölf Jahren verlegten wir unseren „Hauptspielplatz" in den tiefen Plauener Stadtwald. Dort erstellten wir gut versteckt in einer Fichtenschonung unsere „Höhle". Oft durchkämmten wir wilde Müllkippen, wir fanden dort für jeden von uns einen Stahlhelm sowie Säbel und mehrere Bajonette. So ausgerüstet durchstreiften wir die Wälder.

Im Juni 1954 schlossen wir die Grundschule mit einer ordentlichen Prüfung ab. Hans-Jürgen durfte als Klassenbester zur Oberschule. Jürgen wurde Lehrling im Zwickauer Steinkohlenrevier. Durch gute Beziehungen meiner Mutter zum Meister Müller bekam ich eine Stelle als Elektro-Lehrling. Meine Mutter war Leiterin der Qualitätssicherung in einem Damenkonfektionswerk. Dort betreute Meister Müller u.a. die Elektroanlagen. Für den vorher betriebenen Unfug gab es keine Zeit mehr. Es wurde nur noch gearbeitet. Die spärliche Freizeit musste nun ganz sorgfältig eingeteilt werden. Mit der Lehre kam man in eine ganz andere Welt, die auch äußerst spannend war.

Unsere „Lieblingsbaustelle" war das Damenkonfektionswerk. Dort arbeiteten ca. 200 schöne Mädchen um die 20 an den Nähmaschinen. Mit 17 hatte man bei den 20-jährigen Mädels keine Chance, aber Gaudi gab es genug. Im heißen Sommer 1959 herrschten in den Nähsälen unerträgliche Temperaturen. Die Werkleitung erlaubte daher den Mädchen, in Unterwäsche an den Maschinen zu sitzen. Das war für uns ein aufregend schöner Anblick.

1957 wurde die Lehre abgeschlossen. Bei monatlich ca. 220 Stunden gab es etwa 200 Mark netto. Etwa 80 Mark wurde als Kostgeld abgegeben. Es blieb also noch etwas übrig. Es wurde gleich ein Sparvertrag für ein Moped abgeschlossen. Im Februar 1958 stand es vor der Tür. Wegen der hohen Benzinpreise (1,55/ Liter) war das Fahrrad nach wie vor das Hauptverkehrsmittel. Im Sommer 1958 ging es 1.000 Kilometer durch die DDR. In Berlin konnte man noch durch das Brandenburger Tor in den Westteil fahren. Dort kaufte ich für 10 Westmark (ca. 50 Ostmark) eine Röhrenjeans. Das nächste Ziel war ein kleines Motorrad, und zwar eine 6 PS-MZ. Hier konnte man ein Mädchen auf dem Sozius mitnehmen.

Im Sommer 1959 zelteten wir auf der Insel Usedom. Auch hier machten wir Bekanntschaften mit hübschen „Käfern". In der Dämmerung saß ich mit einem netten Mädel in einem Standkorb. Plötzlich traf uns der Strahl einer Taschenlampe. Ein junger Grenzpolizist wollte unsere Ausweise sehen, die waren aber im Zelt. Er zeigte Verständnis und wünschte uns einen schönen Abend.

Ein kleiner Nachtrag: Während der langen Winterabende wurde viel gelesen, vorwiegend Karl May. Dann legte ich eine Bildermappe an. Jede Woche war ein Kinobesuch fällig, manchmal konnte ein Mädchen dazu eingeladen werden, dann durfte während der Vorstellung Händchen gehalten werden, man fühlte sich wie im siebten Himmel.

Musik war auch ein großes Thema. Zunächst konnte nur Radio Luxemburg über das 49m-Band der Kurzwelle empfangen werden, aber nicht störungsfrei. 1957 kaufte meine Mutter einen UKW-Empfänger für 600 Mark. Über UKW hörten wir dann störungsfrei den AFN (amerikanischer Soldatensender) und den Bayerischen Rundfunk. Fast jeden Tag wurde die Hitparade verfolgt.

Klaus Hellinger, Duisburg

Zwischen „Weltregierung" und „Schwanensee"

Das deutsche Wirtschaftswunder begann für meinen Mann und mich 1952 in Stuttgart, als wir in die großräumige Parterrewohnung eines neu gebauten Hauses zogen, am Hang gelegen zwischen Wald und Weinbergen, mit Blick über das Neckartal. Die Aktiengesellschaft in Gelsenkirchen, bei der mein Mann als Prokurist beschäftigt war, hatte für unseren Einzug in das gut ausgestattete Haus einen hohen Baukostenzuschuss gezahlt. Das war damals so üblich.

Zeitgleich wuchs im Hafengelände in solider Bauweise ein Betrieb mit Bürogebäude empor, die neu ernannte Niederlassung von EuM AG (sie war zuvor aus einem anfänglich ärmlichen Büro in eine größere Geschäftsetage an der Königsstraße umgezogen und erwartete nun die Fertigstellung des Betriebs am Neckar). Die Umsätze, die mein Mann mit seinem inzwischen angestellten Team machte, rechtfertigten eine gewisse selbstbewusste Großzügigkeit. „Wirtschaftswunder" halt. Ideen wurden zu Plänen, und die verwirklichten sich dann in einem atemberaubenden Tempo.

Auch kulturell wachsen uns die Bäume fast in den Himmel. Wir trafen einen alten Bekannten wieder, den es ebenfalls nach Stuttgart verschlagen hatte und der nun eine leitende Stelle beim Württembergischen Staatstheater mit Elan ausfüllte. Ich muss dazu erklären, dass dieser Freund Leo 1947 mit uns zusammen bei einer sonderbaren Partei in Essen ehrenamtlich politisch tätig war, der „Liga für Weltregierung". Gerd und ich waren damals verlobt und er beschwatzte mich, für die Liga die Pressearbeit zu machen. Wenn ich morgens in die Redaktion kam, fragte mich der stellv. Chefredakteur: „Na, Fräulein Narz, wie weit sind Sie denn mit der Weltregierung?" Mangels Erfolg in dieser Richtung löste sich die Liga später sang- und klanglos wieder auf.

Leo machte uns in Stuttgart mit Künstlern aus Oper, Ballett und Schauspiel bekannt, die alle freundschaftlich bei uns zu Hause verkehrten (zumal sie bei uns immer etwas zu essen bekamen – in jener Zeit sehr wichtig). Zu meinem 30. Geburtstag tanzte das Solopaar des Großen Hauses bei uns im freigeräumten Wohnzimmer „Schwanensee".

Unser Sohn Uli war nun drei Jahre alt, und Spielleiter Werner Dobbertin, der gerade mit einer Neuinszenierung der Oper „Butterfly" beschäftigt war, fragte mich, ob der Kleine darin das Kind spielen dürfe. Es hatte nämlich bei der Premiere eine Panne gegeben: Die Kinderrolle (Sohn der „Butterfly") war derzeit mit einem kleinen Mädchen besetzt, dem man eine blonde Jungenperücke übergestülpt hatte. Als nun die Szene kam, da der amerikanische Konsul das Kind ansingt: „Die schönen blonden Haare! Sage mir, wie du denn heißest" – da nahm die Kleine die Perücke herunter und antwortete im schwäbischen Dialekt: „I hoiß Lydia Hempel und I möcht jetztle hoim" (nach Hause). Das Publikum kriegte sich vor Lachen nicht mehr ein, die Vorstellung wurde abgebrochen. Unser Sohn Uli hat dann drei Jahre lang, bis zur Einschulung, das Kind in „Butterfly" gespielt, mit sehr viel Spaß für alle.

Alle vier Wochen fuhren wir von Stuttgart nach Essen. Mein Mann hatte beim Stammwerk Gelsenkirchen zu tun, und ich machte Besuche bei Verwandten, vor allem bei den Großeltern.

Felicitas Kapteina, Essen

Von Sibirien zu Zollverein

Der Koreakrieg begann 1950. Damals war ich in Sibirien noch in Gefangenschaft, 4.000 Kilometer hinter Moskau. Kurze Zeit danach haben wir die Heimreise angetreten. Wir landeten in Stalingrad. Dort verlebte ich das Weihnachtsfest mit Kriegsgefangenen, die zu 25 Jahren Kriegsverbrechen verurteilt waren.

1951 wurde wieder gesagt, du fährst nach Hause, aber es ging über Chaukow ins Gefängnis nach Kiew. Erst am 24. Mai 1952 wurden wir entlassen. Aber wir wurden noch in der DDR festgehalten.

Am 19. Juni 1952 kam ich nach West-Deutschland. Im Lager Friedland wurden wir untersucht, und ich hörte zum ersten Mal gut für den Pütt. Ich fand auch Arbeit in Essen auf Zollverein. Wo ich in Logis war, war das Klo noch im Garten.

Aber dann ging es aufwärts. 1955 konnte ich mir einen kleinen Wagen kaufen, ein Goggomobil. 1958 kaufte ich mir dann einen schönen Fiat. 1961 war es Zeit, eine Familie zu gründen. Uns wurden vier Töchter geschenkt.

Erich Lehmann, Essen

Weltstadt Duisburg

Unsere Flucht vor der Roten Armee von Schlesien über Sudetengau (heute Tschechien) brachte meine Mutter und mich nach Bayern. 1954 bekamen wir in Wolframshof eine Wohnung in einem Doppelhaus, mit je einem großen und einem kleinem Raum und einem angebauten Schuppen und einem großen Garten. Ein Klo gab es nicht, dafür stand ein Eimer zur Verfügung, der dann im Garten verbuddelt wurde – auf alle Fälle gedieh im Garten alles prächtig. Wasserleitung gab es natürlich auch nicht, das Wasser musste man mit Eimern von einem etwa 300 Meter entfernten Brunnen holen. Durch das Dorf floss ein Bach, die Waldnaab. Wir Jungens, Horst, Bernd, Werner, Franz und Winfried bauten uns Boote aus Benzinkanistern, die wir bei den Amerikanern, die in Grafenwöhr stationiert waren und in der Umgebung immer Manöver abhielten, „ausliehen". Unsere ersten Englischwörter waren: „Give me a cigarette please." Es gab noch zum Teil die Zigarettenwährung, der Schuster bekam für das Schuhebesohlen eine Schachtel Camel.

Mittlerweile waren wir alle in der siebten Klasse der Volksschule und einige, auch ich, sollten auf die Mittelschule in Kemnath gehen. Ich war nicht dumm, aber faul, und so hätte ich eine Ehrenrunde drehen müssen, was ich aber nicht tat. Es fehlte der Vater, der mich in den Hintern hätte treten müssen. Meine Mutter war eine sehr liebe Mama, aber sie lies mir die Leviten: Du musst etwas lernen! Ich wollte gerne Autoschlosser werden, bekam aber keine Lehrstelle, da machte ich einen Maurerlehrgang mit und bekam daraufhin eine Lehrstelle als Maurer in Kirchenlaibach in Oberfranken, das waren etwa zehn Kilometer mit dem Fahrrad. War ich stolz, ich war wer, ich verdiente eigenes Geld, 49 DM im Monat das steigerte sich bis auf 81 DM im dritten Lehrjahr.

Zum Glück litt die Freundschaft nicht darunter, dass ich eine Lehre machte und die anderen noch zur Schule gingen. Wir erlebten alle zusammen eine „verrückte Zeit", wir wurden Halbstarke, kauften uns zum Entsetzen unserer Eltern Nietenhosen und rote Hemden, bei denen wir die Kragen hochklappten. Die Unterhemden trugen wir verkehrt herum und die Haare ließen wir etwas wachsen. Noch

schlimmer für die Erwachsenen aber war die Tatsache, dass wir verrückte Musik hörten und grölten: Rock 'n' Roll. Natürlich hatte jeder von uns ein Moped, an dem wir schraubten. In unserer Kluft gingen wir samstags in einen Schützenverein oder tanzen und hatten so die ersten Kontakte zum anderen Geschlecht. Man hat darauf gefiebert, älter zu werden, um den Führerschein der Klasse eins für das Motorrad zu machen. Fast jeder kaufte sich eine NSU Max mit 17,5 PS, die fuhr dann bergab auch schon mal Tacho 150. Einmal fuhr ich durch Kemnath – ich hatte zwei Mädchen hinten draufsitzen – an der Polizeiwache vorbei, als zwei Polizisten aus dem Fenster schauten und meine Nummer notierten. Einer der beiden fuhr nach Hause zu meiner Mutter und sagte, ihr Sohn sei mit dem Motorrad zu dritt gefahren, er solle mal auf der Wache kommen. Als ich dort erschien, sagte der Beamte, der Kollege sei gerade beim Brotzeitmachen zu Hause, ich solle dorthin fahren, was ich auch tat. Dieser Beamte sagte schließlich: „Must den glei zwor mit nemma, langt denn niet eine, geh und wennt scho do bist nimmst glei mit." Ja, so war das damals.

1959 kam eine große Veränderung in mein Leben, die Maurerlehre hatte ich beendet und arbeitete als Geselle. Damals waren die Winter noch sehr streng und frostig, so dass auf dem Bau nicht gearbeitet werden konnte. Die Gesellen wurden entlassen und mussten zum Arbeitsamt, wir gingen „stempeln", bezogen Arbeitslosengeld.

Während der winterlichen Zwangspause besuchte ich meine Tante und Cousin (der auch Maurer war) in Duisburg. Duisburg war für mich eine Weltstadt, ich staunte über den Betrieb und den Hafen. Arbeit gab es in Hülle und Fülle. Da kam mir auch die deutsche Fassung von „Jailhouse Rock" in den Sinn: „Der Jimmy wollte immer aus dem Dorf heraus – er träumte nur vom wellenweiten Sturmgebraus – der Jimmy hatte Sehnsucht in die weite Welt – drum gab er für einen Rum sein letztes Geld – heut Nacht – In der Hafenbar findest du ihn dort – alles tanzt heute Hafenrock."

Als ich wieder nach Bayern zurückkam, sagte ich zu meiner Mutter: „Pack mir den Koffer, ich mach mich auf nach Duisburg." Ich bewohnte mit noch einem Maurer ein Zimmer in Duisburg Beek. Das war dann noch ein turbulentes Jahr mit Höhen und Tiefen, das Geld reichte von Freitag bis Montag, meine NSU Max, die ich mit genommen hatte, musste ich immer freitags betanken, weil manchen Montag war schon Ebbe in der Kasse war und wir uns bei unserer Vermieterin etwas leihen mussten. Wir arbeiteten als Maurer im Monat manchmal für mehrere Firmen – manchmal kam ein Polier von einer anderen Firma vorbei und bot 10 bis 20 Pfennig für die Stunde mehr. Ich besorgte in Duisburg-Buchholz eine 2 ½-Zimmer-Wohnung und holte meine Mutter aus Bayern nach. Jetzt wehte wieder ein anderer Wind, und es ging mit mir und uns allen aufwärts.

Martin Lux, Moers

Rosenseife – Luxus pur

Nach meiner Flucht aus Ostberlin kam ich 1953 ins Ruhrgebiet. Da ich noch nicht volljährig war und keine Bleibe hatte, schaltete sich sofort das Jugendamt ein. Ich wurde dann in Osterfeld in einem Kloster aufgenommen und konnte dort für kurze Zeit arbeiten.

Ich fühlte mich wie im Schlaraffenland, die vollen Schaufenster, die vielen Geschäfte, und man konnte alles kaufen, was das Herz begehrte. Einfach toll. Ich weiß noch, dass ich mir als Erstes ein Stück Rosenseife für 15 Pfennig gekauft habe, als ich 40 Pfennig Taschengeld bekam. Ich habe immer wieder daran gerochen, es war einfach Luxus pur! Nun wurde mir klar, dass ich schnellstens Arbeit finden musste, um mir all' diese schönen Dinge leisten zu können. Ich hatte einen guten Beruf erlernt, aber mir war es ganz egal, welche Arbeit, Hauptsache raus aus dem Kloster und auf eigenen Füßen stehen.

Ich hatte Glück und konnte in einer Gaststätte anfangen und dort auch wohnen, damit war auch das Jugendamt einverstanden und ich konnte das Kloster verlassen. Ich wurde auch weiterhin vom Jugendamt überwacht, denn das war damals ganz streng, man musste auch immer um 21 Uhr zu Hause sein.

Ich habe dann sehr schnell in meinem Beruf Arbeit gefunden und Fuß gefasst. Ich konnte mir dann ein Zimmer mieten, obwohl der Verdienst in dieser Zeit nicht hoch war. Das Geld musste genau eingeteilt sein, das war nicht einfach. Mittagessen gab es nur sonntags. Das Brot war genau eingeteilt und es gab oft Marmelade und Margarine, weil das erschwinglich war. Ich bin oft hungrig gewesen, aber da musste ich durch. Durch Zufall konnte ich meinen Arbeitsplatz wechseln und verdiente nun etwas mehr.

Diese Zeit hat mich sehr geprägt, es war nicht einfach, so alleine. Ich bin heute noch sehr dankbar, dass ich diese schwere Zeit so gut überstanden habe. Übrigens, mein Mann bewundert mich heute noch, wie gut ich mit einem Verdiener und vier Personen mit dem Geld auskam.

Renate Pill, Essen

Wie ich das Herz
von Fräulein Maria gewann

Unzählbar sind die Erinnerungen an die 50er Jahre, die ich im Alter von 21 bis 31 Jahren erleben durfte. Für mich fielen in diese Zeit u. a. das Ende meines Studiums, Führerschein, Motorrad, Tanzkurse, erste Reise (Paris), Verlobung, Meisterprüfung, Wohnungssuche, Heirat, Kinder und harte Arbeit in der elterlichen Schreinerei.

Der erste Linienbus fuhr nach Bottrop-Fuhlenbrock. Das Fernsehen befand sich in den Anfängen und verführte die Jugend noch nicht. Die aus heutiger Sicht harmlosen Filme „Die Sünderin" oder „Nachtfalter" wurden von den Kanzeln verdonnert und auch deshalb zu Erfolgen. Übrigens waren die Kirchen noch brechend voll. Allein in Bottrop sind in den zehn Jahren sieben neue Kirchen eingeweiht worden.

Der Jesuitenpater L. zog mit seinen Predigten mehr Zuhörer auf den Trappenkamp an, als alle Politiker und Gewerkschaftler mit ihren Reden. Zu Karneval sangen wir: „Einmal, das ist doch keinmal, denn so ein kleiner Seitensprung …" Das passte aber Pater S. überhaupt nicht. In seinen Predigten donnerte er: „Einmal, das ist hundertmal, denn dann ist die Hemmschwelle durchbrochen." Wie war es sonst mit der Moral? Auch in den 50ern gab es, wie zu allen Zeiten, Kinder, die „zu früh" geboren worden sind. Aber „Traufen", Trauung und Taufe an einem Tag waren noch nicht bekannt.

Im Radio schwärmte René Carol: „Rote Rosen, rote Lippen, roter Wein …", und Rudi Schuricke liebte „Frauen und Wein …". Er sang auch den Evergreen: „Auf Wiedersehen …". Willi Schneider riet: „Schütt` die Sorgen in ein Gläschen Wein …". Gerhard Wendland seufzte:

„Lebe wohl du schwarze Rose …"und Vico Torriani verabschiedete sich mit: „Addio Donna Gracia …".

Im Film begeisterten wir uns an „Schell/ Fischer", Rühmann, Lingen, Sima und Kemp. Die ersten amerikanischen Filme von „Metro-Goldwyn-Mayer" und den „Warner-Brothers" eroberten die deutschen Filmpaläste. Errol Flynn, Rita Hayworth und andere verdrängten die deutschen und österreichischen Stars. Ich habe manchmal drei Filme an Sonntagen gesehen: Es gab um 11 Uhr eine Matinee und um 22 Uhr noch eine Spätvorstellung.

Rot-Weiss Essen errang im Fußball den Pokalsieg und die Meisterschaft. Ich aber war Anhänger des VfB Bottrop und habe ihn auch zu Auswärtsspielen begleitet. So fuhr ich mit dem Motorrad zum Spiel nach Union Krefeld. Unterwegs habe ich auf der Autobahn gewendet, um einen verpassten Parkplatz anzusteuern. Auf der ganzen Autobahn war nur weit hinten ein Auto zu sehen. Aber das war genau die Polizei. Das fällige Protokoll wurde bezahlt, aber als ich in Krefeld den Eintritt zahlen wollte, war die Geldbörse futsch. Die hatte ich auf dem Parkplatz vor Aufregung und Ärger nicht in die Tasche gesteckt, sondern auf dem Motorradtank liegengelassen. Herr J. vom Feinkostgeschäft in der Stadtmitte half mir aus der Klemme und bezahlte für mich das Eintrittsgeld. Ob der VfB gewonnen hat, weiß ich nicht mehr, aber als ich auf dem Rückweg den besagten Parkplatz erneut angesteuert hatte, lag mein Portemonnaie noch auf der Straße. So wenig Betrieb gab es damals auf den Autobahnen. Herr J. war tags darauf erstaunt, als er das Eintrittsgeld zurück erhielt und er mir eine Flasche Likör verkaufen konnte.

Auch das waren die 50er: Meine Maria und ich gründeten eine Familie, zu der heute mehr als 20 Personen gehören. Und so habe ich meine Frau kennengelernt: Es war im Mai 1953, als meine Schwester Leni geheiratet hat. Leni war Präfektin der Jungfrauenkongregation, so hieß das damals, und sie hatte einige junge Damen zum Abend eingeladen. Eine dieser hübschen Mädchen interessierte mich besonders. Darum erfragte ich „hintenherum", wie es hieß und wo es wohnte. Was tun, um es näher kennenzulernen? Von meinem Cousin, der mit seiner „Lambretta" zu Gast war, habe ich mir den Schlüssel geliehen und bin mit dem NSU-Motorroller nach Hause gefahren. Aber wo war der Haustürschlüssel? Auch alle Fenster waren geschlossen. Da gelang es mir, die kleine Schweinestallluke zur Mistkuhle zu öffnen. Mit meinem „Sonntagsstaat" kroch ich durch den Stall ins Haus. Schnell wurde ein Brief an die „Auserwählte" mit der Bitte um ein Rendezvous geschrieben. Den Brief brachte ich mit der Lambretta zur Hauptpost in die Stadt und den Roller mit bestem Dank zurück.

Zwei Tage später stieg das 17-jährige Fräulein Maria Klein auf den Sozius meines Motorrades, und wir fuhren zur Gruga, weil uns niemand sofort sehen sollte. Aber, oh Schreck, in der Gruga trafen wir meine Schwester mit drei Freundinnen und ihrem Mann. Mit der Heimlichtuerei war es vorbei.

Jahre später haben wir uns verlobt und eine Wohnung gesucht. Man musste sich beim Wohnungsamt um eine Wohnung bewerben, aber bekam doch keine zugewiesen. Da bot uns ein Geschäftsmann aus der Nachbarschaft an, in seinen gerade gekauften Altbau zu ziehen. Aber dort waren nur zwei Zimmer bewohnbar. Es gab jedoch die Möglichkeit, aus dem angebauten Stallgebäude Wohnzimmer, Küche und Toilette herzurichten. Damit waren wir einverstanden, und so machten wir uns die Wohnung in monatelanger Arbeit zurecht. Haustür, Zimmertüren, Fenster, Fußböden und Anstreicherarbeiten wurden selbst erledigt, Wasser und Strom verlegten Handwerksbetriebe. Wegen der Selbsthilfe konnten wir ein paar Jahre kostenlos wohnen. Danach bezahlten wir für etwa 50 qm 55 DM Miete.

Bis zur Heirat kannten wir uns vier Jahre. Inzwischen sind wir über 55 Jahre verheiratet.

Maria und Ernst Riese, Bottrop

Tolle Abenteuer in Trümmern

Geboren bin ich 1947 in Bochum. Als ich sechs Jahre alt war, zogen wir nach Düsseldorf. In Derendorf in der Gartenstraße, später Bagelstraße genannt, bin ich dann größer und älter geworden. Auf der Straße waren viele Häuser zerbombt worden, auch das Haus, welches wir bezogen, war noch nicht wieder ganz aufgebaut. Drei Etagen waren fertig. Wir bewohnten die oberste Wohnung.

Über uns gab es nur ein provisorisches Dach, welches aus Teerpappe bestand. Darüber standen noch die Gerippe der alten Mauern. Hier waren ideale Nistplätze für die Spatzen. Wenn es gewitterte und stürmte, rief Vater immer die ganze Familie zusammen und wir mussten uns unter die Türstürze stellen. Er hatte Angst, dass Teile der Mauern umstürzten und durch das provisorische Dach schlugen.

Die Wohnung war groß, sie hatte 100 qm. Mit drei Personen schon ein richtiger Luxus. So hatten wir zwei Wohnzimmer, ein ganz gemütliches, bestehend aus alten Möbeln, die teils mein Großvater noch gebaut hatte. Ein super bequemes Sofa, auf dem ich regnerische Tage beim Lesen von Karl May verbrachte.

Und dann gab's da noch die gute Stube, das Wohnzimmer für den Besuch. Nierentisch, Cocktailsessel, den typischen Teppich mit den geschwungenen Streifen, die Anrichte und den Schrank aus Rüster (eine Holzart, die heute kaum noch gebraucht wird, sehr hell). Die Glasscheiben des Schrankes waren aus Pressglas mit Streifen, und davor waren die typischen Linien der Zeit im Messingimitat. Dazu die Lampen mit den rot-gelb-blauen Tütenschirmen und den aus geschwungenem Bambus mit Körben versehenen Blumenständern.

Zum Wohnzimmer gehörte auch die Musiktruhe. In den Abendstunden wurden bei irgendwelchen Tätigkeiten Hörspiele im Radio gehört. Das „magische Auge" des Radios zog mich immer in seinen Bann und ich konnte mich seinen Bewegungen kaum entziehen. Durch das gedämpfte Licht unseres Aquariums und das grüne Licht des magischen Auges bekamen die Hörspiele in dem sonst an sich dunklen Raum eine ungeheure Spannung.

Wir hatten auch schon ein richtiges Badezimmer, mit Badewanne und so, aber noch keine Wandfliesen. Die Wände waren mit so einer prickeligen Ölfarbe gestrichen. Zu der Zeit war das schon ein richtiger Luxus, wo die meisten doch nur das Klo auf halber Treppe hatten oder sich zum Baden und Waschen in die Badeanstalten begeben mussten.

Die Wohnung war aber auch nicht billig. Da Vater nach dem Krieg als Ingenieur noch nicht viel verdiente, wurde ein Zimmer vermietet. Das war damals so üblich, da Wohnraum knapp war und das Geld durch die Vermietung die Haushaltskasse aufbesserte. Unser Mieter hatte eigentlich das schönste Zimmer, Balkon mit Ausblick auf die Hinterhöfe. Später, als wir das Geld nicht mehr so nötig hatten wurde es dann mein Zimmer.

Das Leben in der Stadt war schön, Autos gab es noch nicht viele, Ampeln schon mal gar nicht. Die besten Abenteuerspielplätze waren die Trümmergrundstücke. Es gab es immer etwas zu entdecken. Hier konnten wir verstecken spielen, Buden bauen und vor allem vor den Erwachsenen unsichtbar sein. Besonders schön war es im Frühjahr oder Sommer, wenn überall die Büsche wuchsen und die Blätter uns verbargen. Wer genügend Mut besaß, hatte seine heimlichen Verstecke in den höheren Etagen. Es waren zwar keine Treppenhäuser mehr vorhanden, aber mit einigem Geschick kamen wir doch in den ersten Stock und weiter, falls noch Zimmer vorhanden waren. Die Keller waren immer etwas unheimlich, meist halb zugeschüttet, aber irgendwie gab es immer ein Loch, um hineinzukommen. Viel haben wir dort nicht gefunden, denn die Erwachsenen hatten in der ersten Zeit nach dem Krieg alles herausgeholt, was noch brauchbar war.

Aber da war noch die Rochuskirche. Der Turm ohne Dach stand noch, der Rest war zerstört. Die Kirche hatte auch einen Keller, und in dem gab es Schätze. Die Reste von ehemaligen Mosaiken. Diese Steine waren begehrte Tauschobjekte. Weiße Steine waren nichts Besonderes, blaue, rote und besonders die goldenen erzielten höchste Gewinne.

„Betreten verboten, Eltern haften für ihre Kinder" – Absperrungen, Türen und Tore gab es nicht. Die Trümmergrundstücke standen in den ersten Jahren jedem offen. Aber außer uns Kindern turnte da niemand herum, was sollte er auch da? Gefährlich war das schon, aber wir lernten schnell mit den Unwägbarkeiten umzugehen. Eine beliebte Freizeitbeschäftigung waren die „Räucherpöttchen": In eine leere Konservendose wurden Löcher gemacht. Weiterhin wurde ein langes Seil am oberen Rand befestigt. In der Konservendose wurde dann ein kleines Feuer entfacht und diese dann mit feuchtem Laub oder Papier abgedeckt. Das qualmte natürlich heftig, je mehr desto besser. Mit dem langen Band wurde die Konservendose im Kreis geschleudert, hinter sich eine Qualmwolke herziehend. Mit diesen einfachen Mitteln verbrachten wir unsere Zeit.

Die Erwachsenen kümmerten sich um solche Freizeitbeschäftigungen wie Trümmerspiel und Räucherpöttchen nicht, sie hatten wohl andere Sorgen. Hauptsache, wir konnten uns gut benehmen, wenn es nötig war.

Der Bezug zu Bochum ist die ganzen Jahre geblieben. Dort lebten meine Großeltern und noch weitere Verwandte. Auf der Wiemelhauser Straße, heute Universitätsstraße. Viele Häuser sind bei dem großen Angriff im November 1944 zerstört worden. Auch das meiner Großeltern. Mein Großvater hatte auf dem Grundstück hinter dem großen Trümmerhaufen ein Behelfsheim gebaut, immerhin schon zweigeschossig. Hier verbrachte ich immer meine Ferien. Mein Lieblingsplatz war die Werkstatt meines Großvaters. Hier und im angrenzenden Hühnerstall war ich immer zu finden.

Die Oster-, Sommer- und Herbstferien waren immer wunderschön. Aber die Ferien um Weihnachten habe ich nur kalt in Erinnerung. Zentralheizung gab es noch nicht, die Kohlen und Briketts mussten aus dem Keller geholt werden. Im Haus war nur die Küche geheizt. In den 50er Jahren hatten wir noch kalte Winter, sodass die Fenster mit Eisblumen beschlagen

waren. Ins Bett zu gehen war eine Qual. Der Raum war eisig, die marmorierte Deckenlampe gab nur ein funzeliges Licht, das dicke Federbett, wir sagten immer Zementbetten dazu, war genauso kalt wie die Außenluft, und bis man dann warm war, hatte man das Gefühl, schon tot zu sein.

Die Steigerung des Ganzen war das Baden. Großvater hatte aus vielen Trümmern Dinge zusammengesucht, die noch verwertbar waren. So war es ihm gelungen, alle Utensilien für ein Badezimmer zusammen zu bekommen. Nur eins fehlte, die Badewanne. Diese wurde dann gemauert und mit Kacheln ausgekleidet. Der zum Badezimmer gehörige Badeofen wurde mit Holz beheizt, bis das Wasser heiß war. Das heiße Wasser strömte dann in die Badewanne. Das Ergebnis war, die Wärme wurde so schnell abgeleitet, dass das Baden nur im kalten Wasser stattfand. So sträubte ich mich als Kind immer davor, mich dieser Tortur zu unterziehen.

Wir Kinder hatten zu der Zeit auch unsere kleinen Wünsche und Träume. Ob ich Taschengeld bekam, weiß ich nicht mehr, viel kann es aber nicht gewesen sein. So sammelte ich mit anderen Kindern Flaschen, Papier, Pappe, Schrott und alles, was verwertbar war, um es beim Klüngelskerl zu Geld zu machen.

Im Laufe der Jahre verschwanden unsere Spielplätze. Nach und nach wurden die Grundstücke in den zerstörten Städten wieder bebaut. Das Stadtleben verlor für uns Kinder und auch später als Jugendliche seinen Reiz.

Günter Pollmeier, Velbert

Pädagogik mit Strenge und Rohrstock

Ich wurde am Sonntag, 30. Dezember 1951 geboren. Es war ein ungewöhnlich milder

Dezember. Am ersten Weihnachtstag blühten in Norddeutschland Rosen, Primeln, Veilchen und sogar Kornblumen. In der Mitte des letzten Jahrhunderts geboren zu werden, hieß hineingeboren zu werden in die Armut, hineingeboren zu werden in das, was man nicht hatte. Und das ist ein unschätzbarer Verdienst der Eltern meiner Generation, sie haben Fülle vermittelt, wo es eigentlich nichts gab. Ludwig Erhard gilt zu Recht als der Vater des deutschen Wirtschaftswunders, aber wer in der Zeit gelebt hat weiß auch, dass sich das Wirtschaftswunder erst in den sechziger Jahren des letzten Jahrhunderts im Portemonnaie bemerkbar machte, vorher nicht.

Mein Vater war im Zweiten Weltkrieg an der Ostfront schwer verwundet worden, mehrere Narben von glatten Durchschüssen und eine verkrüppelte linke Hand zeugten von dieser Etappe seines Lebens. Er kam bei der Stadtverwaltung unter. Der Verdienst war sehr gering, von daher war die Dienstwohnung im Heimatmuseum schon ein Segen, zumal ein riesiges Grundstück dazu gehörte. So vergingen meine ersten Lebensjahre, wohlbehütet von meiner Mutter oder eifersüchtig beäugt von meinen Geschwistern.

Kleidung für uns Kinder wurde von Mutter Agnes selber genäht. Als Jüngster durfte ich aus dem Riesenfundus meiner beiden großen Brüder aussuchen, aus den abgelegten, abgetragenen und hinausgewachsenen Kleidungsstücken. Die Kleidung meiner größeren Geschwister bestand aus abgelegten Anzügen und Mänteln meines Vaters, die – sorgsam auseinander getrennt und gewaschen – von Mutter zu neuen Kleidungsstücken wieder zusammengenäht wurden. Alte Pullover wurden aufgeribbelt, gewaschen und mit neuer Wolle (und entsprechendem Muster) wieder zu neuen Pullover gestrickt. Für meine Schwester wurde das Gleiche mit den Sachen meiner Mutter gemacht.

Unser Kinderzimmer maß drei mal fünf Meter mit einem kleinen Fenster. Im Zimmer stand ein riesiger alter Kleiderschrank, ein einzelnes Bett für meinen ältesten Bruder und ein ausrangiertes Ehebett, in dem ich zusammen mit meinem zwei Jahre älteren Bruder schlief. Eine Heizung besaß das Zimmer nicht, dafür gab es als Ersatz im Winter die schönsten Blumen – Eisblumen! Durch die Schweißabsonderungen nachts war die Luftfeuchtigkeit so hoch, dass sich an der Innenseite herrliche Eiskristalle bildeten. Isolierverglasung gab es nicht, alle zwei Jahre musste der Kitt aus den Fenstern erneuert werden, da er mit der Zeit hart wurde und allmählich heraus bröselte. Meine Schwester Anna hatte kein eigenes Kinderzimmer, weil sie ja ein Mädchen war – sie schlief in einem Klappbett im Schlafzimmer der Eltern.

Überhaupt sah auch Erziehung in den 50er Jahren anders aus als heute. Vier Kinder, drei Jungen ein Mädchen, alle drei Jungen machen das Abitur, das Mädchen nicht. Normal? In der damaligen Zeit schon, denn, so die Devise, Mädchen werden geheiratet und bekommen Kinder. Warum also eine so teure Ausbildung, die hinter doch nicht ausgenutzt wird. Schon ein paar Jahre später sah das alles ganz anders aus.

Aber zurück zu meiner Kindheit. Gespielt wurde in der Küche, entweder auf dem Fußboden oder an dem großen Küchentisch. Überhaupt war die Küche der zentrale Treffpunkt der Familie. Dort wurde am Tisch das Essen vorbereitet, gegessen, gespielt oder die Hausaufgaben erledigt, gelesen oder gebastelt. Gekocht wurde auf einem wunderschönen, alten, herrlich chromverzierten Schamott-Ofen, der mit Holz und/oder Kohle befeuert wurde. Zum Kochen konnten man an der Feuerstelle Eisenringe entnehmen, so dass der Topfboden direkten Kontakt mit dem Feuer hatte. Das Waffeleisen konnte direkt in die Öffnung eingehängt und gedreht werden, herrlich knusprig braune Waffeln!

Es gab nur ganz wenige Fernseher, vielfach haben sich Familien ein Gerät geteilt. Und schaltete man ein Radio ein, dauerte es einige Minuten bis ein grünes Auge sichtbar war und signalisierte – jetzt bin ich bereit. Man konnte auch die Hand auflegen und am Wärmegrad ertasten ob es „hochgefahren" war, denn die Glasröhren mussten erst auf Betriebstemperatur kommen.

Gebadet wurde einmal die Woche am Samstag. Dazu wurde in der Waschküche der große Kochkessel aufgeheizt, die große Zinkbadewanne von der Wand abgenommen und dann wurde gebadet. Der Kessel gab zwei Wannenfüllungen her, eine für meine Mutter und für meine Schwester, eine für den männlichen Part der Familie (vier Personen). Noch Jahre später vermied ich es, über den Zustand des Badewassers zu philosophieren, wenn man das Pech hatte, als letzter baden zu „dürfen". Dieser Umstand führte aber schnell dazu, dass zumindest Bernard, Wilhelm und später auch ich – noch war ich ja zu klein dazu – wir uns eine eigene Dusche bastelten. Wir benutzten den Wasseranschluss für die Waschmaschine, um dort einfach ein Stück Schlauch anzuschließen und – fertig war die Dusche. Den Wasserstrahl konnte man regulieren, indem man das Ende des Schlauches zusammendrückte. Unsere Dusche hatte nur einen Nachteil: Es gab nur kaltes Wasser.

Und auch dies – die Fahrradreparatur: Wie bekommt man eine verklebte, schmierige Fahrradkette am besten und möglichst schnell sauber? Ein alter, durchgeschnitten Kanister mit Benzin gefüllt und ein alter Pinsel. Es dauert nicht lange und die Kette glänzt wie neu. Wohin aber jetzt mit dem verdreckten Benzin? Ich habe nie erfahren und will es ehrlich gesagt heute auch gar nicht mehr, ob dort ein spezieller Behälter im Boden lag, aber diese Reste wurden alle in einem Gully ausgegossen. Schrecklich! Umweltverschmutzung! Keine Frage, aber es waren die 50er Jahre des letzten Jahrhunderts und der Krieg war gerade einmal ein paar Jahre vorbei. Es war die Zeit, als die Feuerwehrhelme die alten Stahlhelme der Wehrmacht waren – nur schwarz lackiert – und seitlich noch Löcher besaßen. Nein, keine Einschusslöcher, bei einigen Ausführungen war dort das Hakenkreuz befestigt gewesen. Es war die Zeit, wo ich in der Nachbarschaft noch in Bombentrichtern spielte bevor später dort gebaut wurde. Und wo ich im eigenen Garten beim Umgraben ständig auf Munition und alte Münzen stieß – ein höchst gefährliches aber wahnsinnig interessantes Spielzeug!

Ostern 1954 begann der Kindergarten. Kindergarten, zumal ein katholischer Kindergarten, hieß in den 50er Jahren – zumindest in meiner Kleinstadt im Schatten des Kirchturms – Nonnen. Sie führten ein strenges Regiment. Zucht und Ordnung waren angesagt, sowohl beim gemeinsamen Morgengebet als auch beim Anstellen an den Spielgeräten. „Freies Spielen" gab es nicht, alles war minutiös geregelt. Auch als dreijähriger Steppke legte ich den Weg zum Kindergarten alleine zurück. Straßenverkehr – ja den gab es schon, aber die Autos die fuhren konnte man an einer Hand abzählen. Überhaupt, Autos waren damals viel schöner. Ohne bewusstes Training lernten wir Jungen – Mädchen spielten eh nur mit Puppen oder mit der Strickliesel – alle Automarken und die einzelnen Modelle kennen. Wir wussten sofort, ob Käfer oder DKW, Borgward oder Goggo, selbst auf 100 Meter Entfernung konnten wir die einzelnen Fahrzeugtypen voneinander unterscheiden.

Am Tag der Einschulung, 1958, gab es eine echte Schiefertafel. Ja, ich habe noch auf einer Tafel das Schreiben gelernt und war auf viele meiner Mitschüler – natürlich gab es noch eine strenge Geschlechtertrennung – neidisch, weil sie zum Säubern der Tafel einen Schwamm hatten. An meiner Tafel hing, festgebunden an einer extra Vorrichtung ein von Muttern selbst gehäkeltes „Läppchen". Peinlich war das damals in meinen Augen.

Unser Lehrer vermittelte uns den Lehrstoff mehr mit Strenge denn mit Verstand. Machten wir `mal Unsinn und wurden erwischt, so hieß es: Vortreten vor die Klasse, Hände austrecken, Handinnenflächen nach oben und dann kam der Rohrstock. Traf er voll die Hand oder die Finger tat es zwar fürchterlich weh, aber der Schmerz verging auch recht schnell wieder. Rutschte der Rohrstock aber an den Fingerkuppen ab, war es doppelt schlimm. Zum einen tat es erheblich mehr weh, zum anderen wurden die Finger dick. Und wenn man mit leicht geschwollenen Fingern nach Hause kam, gab es dort sofort einen Satz Ohrfeigen. Warum? Der Lehrer hat immer Recht, und wenn der Lehrer ein Kind diszipliniert, dann hat das seine Richtigkeit. Andererseits gab es auch Boni. Verhielt man sich lieb und nett, also angepasst, dann durfte man auch schon mal für

den Lehrer einkaufen gehen, Orangen, Äpfel und Zigaretten.

Da es sich um eine katholische Volksschule handelte stand natürlich zweimal in der Woche der obligatorische Schulgottesdienst auf dem Stundenplan, Dienstag und Donnerstag, 8 Uhr. Natürlich waren die Sitzplätze damals streng geteilt, wenn man in die Kirche eintrat saßen links die Mädchen/Frauen, rechts die Jungen/Männer. Zu Zeiten meiner Schwester (Jahrgang 1947) war den Mädchen in der Volksschule verboten, Hosen zum Kirchgang anzuziehen. Und mehr noch: Meine Schwester besaß eine kleine Holzmaus als Brosche, die musste sie auf Anordnung ihrer Klassenlehrerin vor der Kirche abnehmen.

Im Jahre 1958 stand eine Notiz in der Zeitung, dass der Bundeskanzler, Herr Dr. Konrad Adenauer, an dem und dem Tag zu einer bestimmte Uhrzeit durch unsere Stadt fahren würde. Damals bekamen wir hausaufgabenfrei, verbunden mit der Auflage, an der Straße zu stehen und zu winken. Was wir natürlich auch getan haben.

C. H. Minch, Castrop-Rauxel

Ruß von der Zeche und zwei Toto-Gewinne

Ich bin Jahrgang 1938 und habe den grausamen Krieg als Kind miterlebt. Somit waren für uns die 50er Jahre wirklich das „Wirtschaftswunder". 1950, das erste Jahr ohne Lebensmittelkarte, und in den Geschäften konnte man alles kaufen, so wie das Geld reichte, man wurde satt.

Auch bei uns war die nächste Zeche nicht weit. Die Trinkhalle auf der Kreuzung Schönscheidtstraße und Am Zehnthof hat gut von den Bergleuten gelebt. Wir mussten jeden Morgen den Ruß von der Zeche Katharina mit dem Handfeger von der Fensterbank fegen. Um diese Zeit fuhren auch noch die Züge mit Dampfloks und trugen zur schlechten Luft bei. Bald fuhren diese Züge elektrisch und die Luft wurde besser.

Wir hatten eine moderne Wohnung von Allbau. Zwei Räume, Wohnküche mit Elektroherd, zwei Abstellkammern, Schlafzimmer, kleine Diele und ein Bad mit WC, gefliest, Waschbecken, Badewanne. Darüber hing ein großer Elektroboiler. 1952 gewann mein Vater im Toto. Es wurde ein modernes Radio, eine Musiktruhe und Schallplatten gekauft. Wir waren aus dem Häuschen. Um diese Zeit gab es im Radio die Hörfolge „Paul Tempel und der Fall Curzon". Wir saßen alle um den Küchentisch und hörten immer gespannt zu. 1954 gewann mein Vater wieder im Toto. Es wurde ein Fernseher gekauft. Es gab noch kein 24-Stunden-Programm. Das was gesendet wurde, haben wir abends gesehen, Tagesschau, besonders Fußball.

Es war einfach eine schöne Zeit. Meine ersten Nylonstrümpfe habe ich 1953 bekommen. Das war noch Qualität! Es konnte ein Auto damit abgeschleppt werden. Man trug Ferse mit Naht. Es machte ein schlankes Bein.

Im April 1953 trat ich meine Lehre an und verdiente meine ersten 25 DM. Davon konnte ich mal zum Friseur und mal ins Kino. Meine Filme waren: Ben Hur, Jeanne D'Arc, der Glöckner von Notre Dame, Die Christel von der Post, Es geschah am helllichten Tag. Der Rest des Geldes wurde gespart. Zur Firma musste ich zu Fuß 20 Minuten stramm gehen, viermal am Tag, da wir eine Stunde Mittagspause hatten. Nach den offiziellen Arbeitsstunden musste das Atelier geputzt wer-

den. Ich trug natürlich auch einen Petticoat und später auch den Minirock, denn es war ja mein Beruf.

Dann bekam meine Mutter eine elektrische Waschmaschine für die Wohnung, elektrische Schleuder extra. Für meine Mutter eine riesige Erleichterung. Sonst wurde in der Waschküche der große Kessel mit Kohlefeuerung zum Kochen gebracht, mit einem Wäscheknüppel die gekochte Wäsche rüber gehoben in den Holzbottich mit Wassermotor. Auch die heiße Lauge wurde dort hineingeschüttet und das Holzkreuz bewegte sich hin und her für eine bestimmte Zeit. Dann wurde diese heiße Wäsche durch die angebrachten zwei Walzen gerollt. Dafür musste man den großen Eisenschwengel drehen. Dabei habe ich oft geholfen. Das schwerste war die Bettwäsche. Dann die ausgewrungene Wäsche in das Wasserbecken, von da aus in das zweite Becken. Alles zurück in den geleerten Holzbottich und durch die Walzen gedreht. Danach konnte die schwere Wäsche aufgehängt werden. Das machte man alle vier Wochen. Diese Schwerstarbeit mussten auch schwangere Frauen ausüben.

Was die DDR anbelangte, machte mir der 17. Juni 1953 doch sehr Angst. Mein Onkel ist mit seiner Familie aus Berlin geflüchtet und hat später sein Zuhause in Köln gefunden. Sie haben eine Zeit in einem Fabrikgebäude verbracht, wo manche Räume zu den anderen Flüchtlingen nur mit Wolldecken abgetrennt waren. Es waren schwere Zeiten für diese Menschen.

Die größte Sensation war der Sputnik mit dem Hund Leika. Und der Gewinn der Fußballweltmeisterschaft 1954 durch die deutsche Mannschaft war einfach klasse. Fidel Castro und der Korea-Krieg waren Gott sei dank weit weg. Vom Krieg hatte ich echt genug.

1956 lernte ich meinen Mann kennen. Sein erstes Zweirad war eine NSU Quickly. Dann kaufte er eine Lambretta und wir unternahmen manche Ausflüge. In Cochem haben wir in der Jugendherberge übernachtet. Auf Anweisung vom Herbergsvater musste der Roller 500 Meter von der Jugendherberge geparkt werden. Diese war nur für Wanderer bestimmt. Ich durfte mit Sondererlaubnis die Herberge mit langer Hose betreten und musste sofort ein Kleid anziehen. Damals trug die Frau keine lange Hose. Ich hatte mir eine sehr schöne Skihose gekauft. So waren die Zeiten. 1959 kaufte mein Verlobter sein erstes Auto, einen Opel Olympia, und wir sind bis Metz gefahren. Im Juli 1960 haben wir geheiratet.

1956 wanderte mein Bruder nach Kanada aus und zwar per Schiff. Wir schrieben Briefe und mein Bruder besprach ein Tonband. So konnten wir an seinem Leben teilnehmen. Ende 1950 bekamen meine Eltern ein Telefon. Mein Bruder rief öfters von Kanada an, denn für ihn war es billiger. Wir mussten für zehn Minuten 40 DM bezahlen. Das konnten wir uns nicht leisten. Man wurde noch mit dem „Fräulein vom Amt" verbunden. Auch einen Flug nach Kanada konnten wir uns nicht leisten. Es wären 3.000 DM gewesen. So war es damals!

Lieselotte Reintjes, Essen

Die Stahlarbeiter vom Blaubuchsenviertel

Meine Familie war im Zweiten Weltkrieg ausgebombt. Als Folge wohnten meine Eltern, meine Großmutter und ich im Bochumer Eh-

renfeld bei einer Familie zur Untermiete. Das bedeutete: Wir bewohnten eine Küche, ein Schlafzimmer und einen kleinen Schlafraum für meine Großmutter. Die Toilette mussten wir mit der Mieterfamilie teilen. Gebadet wurde in einer Zinkwanne in der Küche. Das Badewasser erwärmte unser mit Kohlen befeuerter Kochherd. Als ich in die Schule kam, machte ich meine Hausaufgaben am Küchentisch, dort, wo sich das ganze Familienleben abspielte. Das war kein Zustand auf Dauer, zumal der Hauptmieter unseren baldigen Auszug erwartete.

Mein Vater arbeitete damals als Heizungsmonteur in einem Handwerksbetrieb. 1952 fing er im Stahlwerk IV des Bochumer Vereins für Gussstahlfabrikation AG an, einem der größten Stahlkonzerne Deutschlands. Der wichtige Grund hierfür war, über das Werk schneller an eine neue Wohnung zu gelangen.

1957 wurde uns dann endlich eine neue Wohnung in Altenbochum zugewiesen. Als meine Eltern sie besichtigen wollten, erfuhren sie, dass diese zwischendurch anderweitig vergeben worden war. Wütend ging mein Vater zum Wohnungsamt der Stadt Bochum. Er hatte so viel Krach geschlagen, dass das Wohnungsamt ihn zur Schadensbegrenzung an das für Wohnungsvergabe zuständige Mitglied des Betriebsrats des Bochumer Vereins verwies, das auch Mitglied des Wohnungsausschusses der Stadt Bochum war. Als mein Vater von diesem Betriebsratsmitglied zurückkam, sagte er zu meiner Mutter: „Ich habe richtig auf den Tisch gehauen. Daraufhin musste ich eine Viertelstunde warten und auf einmal gab es eine Wohnung für mich. Als ich den Betriebsrat fragte, wer denn jetzt für mich verschoben worden sei, antwortete der nur: Willst du nun die Wohnung, oder nicht?"

Die neue Wohnung lag in der Bessemerstraße im Bochumer Stahlarbeiterviertel Griesenbruch, im Volksmund Blaubuchsenviertel genannt. Das rief den Protest meiner Mutter hervor: „Bloß nicht ins Blaubuchsenviertel!" Wir schauten uns trotzdem die Wohnung an. Sie hatte eine Größe von 64 qm. Die Wohnungen für Stahlarbeiter besaßen in der Regel 45 qm bis 52 qm. Meine Großmutter überzeugte meine Mutter mit folgenden Worten: „Diese Wohnung hat eine schöne große Küche, in der auch der Junge spielen kann. Die anderen Wohnungen haben doch nur kleine Kochküchen." Meine Eltern mieteten die Wohnung und wir zogen im Sommer 1957 ins Blaubuchsenviertel.

Das neue Haus wurde nur von Familien bezogen, deren Männer beim Bochumer Verein arbeiteten. Jetzt lebte ich unter Stahlarbeitern. Stahlarbeiter waren ein Menschenschlag, der nicht groß über Solidarität und Nächstenliebe redete, sondern half, wenn es notwendig war.

Zwei Seiten unseres neuen Viertels begrenzten die Werkshallen der Stahlindustrie. Auf der anderen Straßenseite unseres Hauses produzierte das Elektrostahlwerk der Deutschen Edelstahlwerke. Durch die halb geöffneten Fenster der Werkshalle sah ich beim Abstich des Ofens im höllischen Feuerschein die huschenden Schatten der Stahlarbeiter, die rund um die Uhr in Hitze, Staub und Lärm arbeiteten. Siesta gab es nicht. Ich erahnte, was für eine harte Arbeit das ist. Ich lernte die Stahlarbeiter achten. Es dröhnten die Schläge der Gesenk- und der Freiformschmiede zu uns herüber. Über der Silhouette dieser Industrielandschaft thronten die mächtigen Hochöfen, die

beim Abstich den Abendhimmel hell erleuchteten.

Ich wurde erfasst von der Wucht der Stahlindustrie. Sie bestimmte ab jetzt mein Leben mit. Auch im negativen Sinn. Wenn von Nordwest der Wind die Schwefelgase der Hochöfen in unser Viertel trieb, stank es nach faulen Eiern. Im Herbst beherrschte oft Tiefdruck das Wetter. Dann konnte der ungefilterte Rauch des Elektrostahlwerks nicht nach oben aufsteigen. Er verbreitet sich als rotgelber Nebel in unserem Viertel. Auf meinen Mandeln bildeten sich Eiterpickel. Unser Hausarzt entfernte sie mit einem Holzstab und verschrieb mir ein Medikament zum Gurgeln.

Auto und Fernsehen besaßen wir nicht. Der Griesenbruch war glücklicherweise das Viertel der kurzen Wege. Rund achtzig Meter von unserem Haus entfernt befand sich das Gesundheitshaus des Bochumer Vereins. Hier genoss ich mein Kinderturnen. Die zweite Etage beherbergte die Werksbücherei, die ich intensiv nutzte. Zu Fuß erreichten wir in fünf Minuten den Springerplatz, auf dem dienstags und freitags ein attraktiver Wochenmarkt stattfand. Wir brauchten nicht einmal eine Viertelstunde, um in die Bochumer Innenstadt zu gelangen. Meine Spielkameraden und ich hatten schnell heraus, dass in der Elektroabteilung eines großen Kaufhauses ständig ein Fernseher lief. Es gab nur ein Programm, das Erste. Mit der Genehmigung unserer Eltern, Autos fuhren noch nicht viele, gingen wir in dieses Kaufhaus, um nachmittags unsere Lieblingssendungen wie „Corky und der Zirkus", „Lassie" und „Fury" zu sehen. Schnell arrangierten wir uns mit dem Verkaufspersonal, das uns fernsehen ließ, wenn wir die Kundschaft nicht störten. Wir verhielten uns sehr gesittet.

Seit dem siebten Lebensjahr wuchs ich im Blaubuchsenviertel auf. Es prägte mich für mein Leben.

Heinz Rittermeier, Bochum

Die starke Mutter

Im Jahre 1950 war ich acht Jahre alt. Wir – das heißt meine Mutter und vier Geschwister, ich war die Jüngste – lebten in einer Baracke, hatten eine Ein-Raum-Wohnung, Toilette draußen im Garten. In diesem einen Raum wurde geschlafen, gekocht, gewaschen. Wir machten an einem Küchentisch Hausaufgaben, einmal in der Woche wurde gebadet.

Meine mittlere Schwester und ich waren die einzigen Mädchen, die in diesen Jahren in das übernächste Dorf in die Mittelschule gingen, acht Kilometer entfernt. Im Sommer fuhren wir mit dem Fahrrad, im Winter gingen wir zu Fuß.

Mein Vater war seit 1942 in Russland vermisst. Wir hörten jeden Tag den Suchdienst des Roten Kreuzes. Meine Mutter fuhr zu jedem Heimkehrertreffen und kam jedes Mal mit weniger Hoffnung zurück. Wir haben nie mehr etwas von meinem Vater gehört.

Zu meinem zehnten Geburtstag wünschte ich mir einmal ¼ Pfund Leberwurst nur für mich alleine. Ein Brot mit Wurst gab es nur am Sonntag. In dem kleinen Garten wurde Gemüse angebaut.

Wir haben alle einen Schulabschluss gemacht und eine Lehre, ich bin Kinderkrankenschwester geworden.

In diesem Jahr wurde ich 70 Jahre alt. Ich bin im Rückblick meiner Mutter noch dankbar, was sie für uns getan hat und ermöglicht

hat. Sie gehörte zu diesen Kriegerwitwen, die nie aufgegeben haben. Sie war nie ängstlich oder deprimiert. Von ihrer Stärke hat sie uns viel für unser Leben mitgegeben. So sahen meine 50er Jahre aus, doch es waren auch gute Jahre mit einer treusorgenden Mutter und einem guten Zusammenhalt in der Familie.

Traute Schnieber, Essen

Bei uns zuhaus

Es war das Jahr 1950, eine Woche vor Weihnachten. Mein Mann besuchte zum ersten Mal nach dem Krieg seine Eltern, die vom Sudetenland nach Graz in Österreich ausgesiedelt waren. Damals war mein Mann Handelsvertreter, der Verdienst war unregelmäßig. Meine Mutter und ich gaben ihm das letzte Geld, das zur Verfügung war, mit auf die Reise. Täglich wartete ich vergeblich auf eine Überweisung der Firmen. Es kam kein Geld und es gab kein Weihnachtsgeschenk. Nicht einmal für meinen kleinen Sohn, anderthalb Jahre, konnte ich etwas kaufen. Ich musste meine und seine Phantasie spielen lassen. Darum mussten Wäscheklammern als Autos herhalten. Ich brummte mit ihm, wenn er die Klammern als Autos über den Tisch gleiten ließ. Von Pappkartons bastelte ich einen Zug, den er mit einem Band durch die Wohnung zog.

Trotzdem waren wir glücklich und zufrieden, weil auch ein lieber Brief von meinem Mann ankam. Der bunte Christbaum mit den brennenden Kerzen war für uns alle die größte Freude. Dieser Christbaum gab uns die gemütliche und besinnliche Weihnachtsstimmung.

Ilse Ulbrich, Gelsenkirchen

Ein frohes Fest? Weihnachten 1956

Draußen lag kein Schnee. Die Mädchen gingen mit ihren Puppenwagen spazieren oder fuhren Roller, die Jungs sausten auf Rollschuhen umher oder spielten Fußball. Sie trugen Sommerkleidung auf der Straße – ein Osterhimmel lachte über den Weihnachtskerzen. Einmal hatte es über Nacht sogar geschneit, aber einen Tag später war alles nur noch nass und grau, die Autos hinterließen matschige Spuren ihrer Reifen im Schnee. Es machte uns traurig und verbittert.

Im Radio und im Fernsehen plätscherten die Weihnachtslieder, in den Zeitungen standen Gedichte und Legenden und über allem wie Paukenschläge die Berichte und Bilder von den „örtlich begrenzten" Kriegen, den Raketen- und Atombombenversuchen. Es gab keinen richtigen Weihnachtszauber mehr, man spielte nur Weihnachten. Wolfgang Borchert hatte mit seinem Heimkehrerdrama „Draußen vor der Tür" die Menschen zum Weinen gebracht, aber sie hatten nichts gelernt.

Und dann war Heiligabend. Das Radio brachte Glockenläuten und Orgelklang aus aller Welt ins Haus. Kinderchöre sangen. Vergisst ein Mensch wirklich so schnell? Oder verdrängt er nur?

Die Älteren hatten Tränen in den Augen, die Jüngeren lächelten und unter dem Lichterbaum spielten selbstvergessen die Kinder mit ihren Puppen und mit Blechautos, die sie sogar aufziehen konnten. Die Teller waren wieder gefüllt mit Nüssen und Weihnachtsmännern aus Schokolade und selbst gebackenen Plätzchen.

„Ach, Mutter, es geht uns doch wieder gut," sagte der Vater. Und während sie glücklich auf die Pracht unter dem Tannenbaum blickten, versuchte er, auf einem Bein – das andere stand hölzern in der Ecke – zu seinem Sohn zu gelangen, um mit ihm zu spielen: Panzer spien Funken, Soldaten schossen liegend und kniend, warfen Handgranaten. Und über ihnen hing an einem dünnen Faden ein Düsenjäger. Ein kleines Pferdchen, hölzern und schwarz-weiß bemalt, lag unbeachtet in der Ecke, als wolle es sich verstecken. Dabei ist es noch gar nicht so lange her, da hatten Tiere – sogar Pferde – noch einen realen Wert. Für ein Stück Fleisch, für ein paar Pfund Kartoffeln brachte man das Tafelsilber oder den Perserteppich zum Bauern. Doch das war gestern. Heut ist heut, das Leben ist doch wieder schön!

Aus Russland waren endlich die letzten Kriegsgefangenen zurückgekehrt, die Rosinenbomber der Amis retteten die Berliner vor dem Erfrieren und Verhungern, vor den Geschäften standen keine Schlangen mehr. Und aus meinem kleinen Fernseher – 47 cm, 27 Nachbarn und unzählige Raten – hatte eine sich überschlagende Stimme ganz Deutschland in einen Freudentaumel versetzt: „Rahn müsste schießen – Rahn schießt. Tor – Tor – Tor!!! Deutschland ist Fußballweltmeister!!!"

Aber morgen? Was bringt uns das morgen? Unbekannte Worte, auf einmal erschreckend vertraut: Bikini-Atoll, Reichweite, Radioaktivität, Megatonnen. Wird es noch ein Morgen geben?

In den Geschäften drängen sich wieder die Menschen, die Schaufenster quellen über! Kaufen, kaufen, kaufen! Das neue Geld sitzt locker – hoch lebe das Wirtschaftswunder! „Bitte, meine Damen und Herren, treten Sie näher, treten Sie ein, und sehen Sie sich das an: Ein Steak, infrarot geröstet – in zwei Minuten gar. Oder hier diese Bananen: Gestern geerntet – heut auf dem Tisch. Aber, meine Damen und Herren, das ist ja noch gar nichts: Hier haben wir den absoluten Hammer: Einen Bausatz für einen familiengerechten Atombunker, passt in jeden Garten. Und dazu die passenden Schutzanzüge in allen Größen." Aber was sollen wir dann bloß machen? Wir waren Heimatvertriebene und hatten doch gar keinen Garten. Wir waren froh, dass wir nach vielen Jahren endlich eine winzige Mietwohnung am Grünring bekommen hatten. Ob die Stadt Herne uns erlauben würde, in der Grünanlage ein Loch zu buddeln?

Aus einem Lautsprecher dröhnte Jazzmusik und irgendein Mensch schreit: „Hier haben wir die Musik der neuen Zeit, Glenn Miller, Louis Armstrong, Benny Goodman." Und Bing Crosby singt „White Christmas". Das ist meine Musik, und nicht die Caprifischer oder das Heideröslein. Sogar die Klassik – Gigli und Caruso und Tauber und Mozart und Wagner rücken mir näher.

Auf allen Straßen dudelt und schreit es, ein Nikolaus bimmelt und Kinderchöre singen die Lieder vom Tannenbaum und von der fröhlichen Weihnachtszeit. Wieviele Automaten gibt es auf der Welt, die den Menschen überflüssig machen? In der Fabrik, in der Küche und weiß der Teufel wo sonst noch? Selbst in einem Krieg genügt ein Druck mit dem Finger auf einen roten Knopf und tausende Kilometer entfernt bebt die Erde.

Und die Kinder spielen unterm Weihnachtsbaum, blicken mit glänzenden Augen auf die Kerzen und Sterne und Herzen und Engel. Sie warten auf den Weihnachtsmann, auf Väterchen Frost oder auf Santa Claus.

Draußen lag immer noch kein Schnee. Wenn er doch endlich käme und den Schrecken und das ganze Elend zudecken würde. Dann wäre alles weiß und sauber. Dann gäbe es vielleicht wieder Hoffnung auf Frieden. Vielleicht könnte man sogar den Stern am Himmel sehen. Ich stehe am Fenster. Vor den dunklen Scheiben fallen nun doch die ersten Flocken, ein paar Kinder lachen und hüpfen und tollen umher. Und ich kann wieder lächeln.

Diese kleine Geschichte entstand 1956 zur Zeit des Kalten Krieges, als die Grenze zwischen Ost und West noch Eiserner Vorhang hieß, als sich riesige Heere an der deutsch-deutschen Grenze gegenüber standen und die Angst vor einem Atomkrieg immer größer wurde.

Erich Völkel, Herne

Wirklich viel passiert

Die 50er Jahre waren für mich und mein späteres Leben sehr prägend und einschneidend, sowohl in beruflicher als in persönlicher, aber auch in sportlicher Hinsicht.

Beruflich

1950 Erstes juristisches Staatsexamen nach Studium von 1945–1949 unter schwierigsten Nachkriegsbedingungen an den Unis Köln und Bonn.
1950–1953 Referendarzeit bei verschiedenen Gerichten und anderen Stellen, u.a. Staatsanwaltschaft, Rechtsanwalt, Stadt Essen, Regierung Düsseldorf, Stadt Langenberg.
Dezember 1953 Große Juristische Staatsprüfung.
Ab Januar 1954 Dienstbeginn und somit beruflicher Anfang im Dienst des Landes NRW.
1955 und 1958 erste Beförderungen.

1955 Heirat im Kölner Dom.

1955, 1957 und 1960 Geburt von drei Kindern. Die Ehe endete leider im April 1968 tragisch und unglücklich, da alle vier in den Osterferien bei einer Wattwanderung in der Nordsee vor Cuxhafen ertranken, als ich dort im Krankenhaus lag. Die WAZ berichtete damals sehr ausführlich über dieses Unglück.

Von 1950 bis 1955 bin ich fünfmal umgezogen, bis ich 1959 hier im Erntedankweg mein Haus bauen ließ und hier sesshaft geworden bin.

Mobilität

Nachdem ich Anfang der 50er Jahre noch alles mit dem Fahrrad absolvierte, machte ich 1952 meinen Führerschein und kaufte mit dem ersten hart verdienten Lohn eine „Vespa", mit der ich direkt nach Österreich in meinen ersten Auslandsurlaub fuhr – und natürlich auf dem damals noch ziemlich leeren Ruhrschnellweg, damals B1, heute A40.

1955 mein erstes Auto, ein FIAT-Sportcabriolet, bei dem ich umfangreiche Kfz-Kenntnisse erlangte, da an diesem Auto fast alles irgendwann kaputtging. Selbst die vordere Stoßstange riss bei einem der vielen Abschleppmanöver ab. Er hauchte 1958 sein Motorleben ausgerechnet auf dem Parkplatz vor dem Duisburger Wedaustadion aus, als Schalke 04 dort spielte.

1958 kaufte ich dann einen Opel, mit dem ich dann als Erstes nach Schweden zur Fußball-WM fuhr.

Sportlich

1952 lernte ich Uwe Seeler bei einem internationalen U-18-Jugendturnier im Ruhrgebiet kennen. Er begeisterte mich schon damals als 18-Jähriger.

Am 4. Juli 1954 erlebte ich persönlich in Bern das „Wunder von Bern", die Fußballweltmeisterschaft gegen Ungarn, ein für mich bis heute unvergessenes Erlebnis.

Von da wurde ich Fan der Deutschen Fußballnationalelf. Ich besuchte alle Länderspiele in Europa, u.a. das berühmte Spiel im Wembley-Stadion in London im Dezember 1954 mit Stan Matthews, bei dem auf der Rückfahrt in Belgien unmittelbar neben uns ein Sonderzug mit deutschen Schlachtenbummlern verunglückte, bei dem es viele Tote gab.

Ich erlebte 1958 in Schweden die WM mit dem unglücklichen Ausscheiden in Göteborg 1:3 gegen die schwedische Elf mit dem Platzverweis von Erich Juskowiak und der Verletzung von Fritz Walter.

Ich glaube, ich bin einer der Wenigen in Essen, der alle Endspiele der jeweiligen Weltmeisterschaften mit deutscher Beteiligung persönlich erlebt hat, z.B. 1966 im Wembley-Stadion in London gegen England, 1974 in München, 2:1 gegen Holland, 1982 in Madrid, 2:3 gegen Italien und viele mehr.

Meine Lieblingsvereine waren Schalke 04 und Rot-Weiss Essen. Ich erlebte die Endspiele beider Vereine.

Am 26. Juni 1955 war ich mit meiner damaligen Frau in Hannover beim denkwürdigen Spiel gegen Kaiserslautern, das 4:3 endete. Man beachte den Preis von 7,20 DM für einen günstig in der Mitte des Stadions gelegenen Tribünensitzplatz.

1958 erlebte ich – wieder in Hannover – die letzte Deutsche Meisterschaft von Schalke 04, 3:0 gegen den HSV mit Uwe Seeler.

Da für mich die 50er Jahre sehr viel Erlebtes mit sich brachten, konnte ich mich leider nicht kürzer fassen.

Paul Werner, Essen

CHRONIK

VON DER „SÜNDERIN" BIS ZUR KOHLENKRISE

1950

8. Januar 1950
Bei einer Kundgebung der KPD auf dem Dortmunder Hansaplatz protestieren große Teile der Bevölkerung gegen die beabsichtigte Wiederaufrüstung der BRD.

15. Februar 1950
In Deutschland sind 2,018 Millionen Menschen arbeitslos. Die größte Zunahme vermeldet NRW mit 35.000 neuen Arbeitslosen.

31. März 1950
Das Bundeskabinett beschließt, die Rationierung der Lebensmittel zum 1. Mai 1950 zu beenden. Die Zeit der Lebensmittelkarten ist vorbei.

18. Juni 1950
Aus den Wahlen zum NRW-Landtag geht die CDU mit 36,9 Prozent der Stimmen als Gewinner hervor. Die SPD erhält 32,3, die FDP 12,1 und die KPD 5,5 Prozent. Gleichzeitig wird die Verfassung Nordrhein-Westfalens per Volksentscheid gebilligt.

21. Juni 1950
Eröffnung der Ruhrfestspiele Recklinghausen.

3. Juli 1950
Die Rheinbrücke Duisburg-Rheinhausen wird für den Verkehr freigegeben. Sie ist mit 756 Metern Länge die größte Stahlbogenbrücke Europas.

21. Juli 1950
Spektakulärer Zwischenfall in Wuppertal: Elefant Tuffi springt aus der Schwebebahn in die Wupper, ohne sich zu verletzen.

8. Dezember 1950
Der Köln-Bonner Flughafen wird gegründet. Am 18. Juli 1957 wird er von der Royal Air Force freigegeben.

29. Dezember 1950
Mit Richard Wagners „Die Meistersinger" wird das wiederaufgebaute Essener Opernhaus eröffnet.

1951

18. Januar 1951
Der deutschen Uraufführung des Films „Die Sünderin" folgen heftige Proteste. Weil die Darstellerin Hildegard Knef Sekundenbruchteile nackt zu sehen ist, wird lautstark über den „Verfall der Sitten" geklagt. Der Film erregt deutschlandweit Anstoß.

29. Januar 1951
Demontage: Im Dortmund-Hörder Hüttenverein wird von der britischen Militärregierung eine 10.000-Tonnen-Schmiedepresse entfernt und nach Liverpool verschifft. Es ist die letzte Demontageaktion der Briten.

21. Mai 1951
Der Bundestag verabschiedet das Gesetz zur Montanmitbestimmung. Über 90 Prozent der Arbeiter waren für dieses Ziel seit Ende 1950 in den Streik getreten.

5. Dezember 1951
Auf der Essener Schachtanlage Mathias Stinnes 1/2/5 kommt es zu einem Grubenbrand. Zehn Bergleute sterben.

1952

2. Februar 1952
In Dortmund weiht Bundespräsident Theodor Heuss die neue Westfalenhalle ein.

NUMMER 131 / III. JAHRGANG

WESTDEUTSCHE ALLGEMEINE

DONNERSTAG, 8. JUNI 1950

Einzelpreis 15 Pf

Essener Stadtanzeiger – Unabhängige Tageszeitung

Erscheint täglich

SED-Ulbricht tritt deutsche Ostgebiete ab

Endgültiges Abkommen mit Polen in Warschau getroffen
SED-Gegenleistung für die Aufnahme in das Kominform

Ulbricht (Zeichnung: Berenbrok)

Von unserem Sonderkorrespondenten BERLIN, 7. Juni

Die Sowjetzonen-Regierung hat in einer gemeinsam mit der polnischen Regierung herausgegebenen Erklärung die Oder-Neiße-Grenze ausdrücklich als endgültig anerkannt. Innerhalb eines Monats soll durch ein Abkommen die Markierung erfolgen und der Grenzverkehr geregelt werden. Die Erklärung wurde in Warschau bei dem Besuch einer Sowjetzonen-Delegation unter Führung des stellv. Ministerpräsidenten Ulbricht unterzeichnet. Die endgültige Anerkennung der Grenze ist, wie in Berlin verlautet, eine Gegenleistung der Sowjetzonen-Republik für die Zurückziehung des polnischen Einspruchs gegen den Eintritt der deutschen demokratischen Volksrepublik in das Vertragssystem der Ostblockstaaten.

In der amtlichen polnischen Erklärung heißt es, die Markierung der „unverletzlichen Friedens- und Freundschaftsgrenze an der Oder- und an der Lausitzer Neiße", liege im Interesse der weiteren Entwicklung und Vertiefung der gutnachbarlichen Beziehungen und der Freundschaft zwischen dem polnischen und deutschen Volk. Mit der Grenzregelung erfülle die Sowjetzonen-Republik eine entsprechende Zusage des Ministerpräsidenten der Sowjetzonen-Republik, Grotewohl, vom 12. Oktober 1949.

Neben dem Abkommen über die Oder-Neiße-Grenze wurde in Warschau ein Wirtschafts- und ein Kreditabkommen abgeschlossen und ein Austausch wissenschaftlicher und kultureller Informationen mit Polen vereinbart.

Der polnische Ministerpräsident Cyrankiewicz gab der großen Befriedigung der polnischen Regierung über das Abkommen Ausdruck und versicherte, das Vertrauen zu den demokratischen Kräften sei in Polen gewachsen.

Ulbricht richtete in Warschau eine Einladung an die westdeutsche Geschäftswelt, sich über die Sowjetzonen-Republik in den Handel mit den Volksdemokratien einzuschalten.

Bonn: Abkommen wird nie anerkannt
Regierungsprotest erwartet – „Völkerrechtlich wertlos"

Von Adam Vollhardt BONN, 7. Juni

Unter schärfstem Protest wendet man sich in Kreisen der Bundesregierung gegen das zwischen der polnischen und der ostdeutschen Regierung in Warschau abgeschlossene Abkommen, das die Anerkennung der Oder-Neiße-Linie als endgültige Grenze zwischen Deutschland und Polen vorsieht. Eine derartige Grenzziehung werde, wie man in Bonn betont, niemals als gültig anerkannt.

Eine amtliche Stellungnahme wird von der Bundesregierung erst dann abgegeben, wenn der genaue Wortlaut der Vereinbarung vorliegt.

„Niemals" war die kurze Stellungnahme, die Flüchtlingsminister Lukaschek auf die Frage abgab, ob deutscherseits jemals eine derartige Vereinbarung anerkannt werden könne. An der völkerrechtlichen Wertlosigkeit der „Festlegung" der Oder-Neiße-Linie als Staatsgrenze Deutschlands gegen Polen werde auch durch die „Markierung" dieser Grenze nichts geändert, stellt die SPD-Fraktion des Bundestages fest. Eine Aenderung der Vorkriegsgrenzen Deutschlands könne grundsätzlich und überall — auch hinsichtlich der Saar — nur durch einen Friedensvertrag erfolgen, es sei denn, daß sich eine demokratisch-ausreichend legitimierte gesamtdeutsche Regierung freiwillig anders entscheide.

McCloy: Regelung im Friedensvertrag

FRANKFURT/M., 7. Juni

„Die Grenzfestsetzung ist keine Angelegenheit, die einseitig oder zweiseitig beschlossen werden kann. Sie kann für Deutschland nicht von Vertretern eines Regimes entschieden werden, die im deutschen Volk keine echte Unterstützung haben", erklärte der Hohe Kommissar McCloy in Frankfurt. Sowohl Außenminister Byrnes in seiner Stuttgarter Rede 1946 als auch Außenminister Marshall auf der Moskauer Konferenz 1947 erklärten, daß die Behandlung der Frage der deutschen Ostgrenze einem Friedensvertrag mit Deutschland vorbehalten bleibe. „Das war auch die Auffassung der drei Mächte (USA, Großbritannien und Frankreich) in Potsdam. Artikel 8 des Potsdamer Abkommens bestimmt ausdrücklich, die endgültige Festlegung der Westgrenze Polens einer Friedensregelung vorzubehalten."

Die Regierung der Sowjetzonen-Republik hat nach britischer Ansicht kein Recht, Teile des ehemaligen deutschen Reichsgebietes an Polen abzutreten. Die britische Regierung betrachte die im Potsdamer Abkommen niedergelegte Grenzziehung als provisorisch. Niemals hätten sich die westlichen Alliierten damit einverstanden erklärt, die polnischen Forderungen auf endgültige Beibehaltung dieser Grenze anzuerkennen. (dpa/ap)

Ein Schachergeschäft der SED

Eig. Ber. BERLIN, 7 Juni

Unterrichtete politische Kreise der Sowjetzone bezeichnen die von Ulbricht in Warschau unterzeichnete Grenzerklärung als ein sowjetzonales Gegengeschenk für politische Abmachungen, die zwischen der Sowjetzonenregierung und Polen getroffen wurden, aber im Warschauer Kommuniqué nicht zum Ausdruck gekommen sind.

Möglicherweise, so wird erklärt, habe die polnische Regierung in diesen Abmachungen ihren Einspruch gegen den Eintritt der Sowjetzonenrepublik in das Vertragssystem der Ostblockstaaten zurückgezogen und auch die kommunistische Partei Polens habe vermutlich auf ihren Widerspruch gegen die Aufnahme der SED in das Kominform verzichtet. Man erwartet weitere Reisen Ulbrichts nach Prag und anderen Hauptstädten der Volksdemokratien, wo ähnliche Abmachungen getroffen werden sollen.

Einparteien-Regierung in Belgien

BRUSSEL, 7. Juni

Duvieusart

Der christlich-soziale Politiker Jean Duvieusart, bisheriger Wirtschaftsminister im Kabinett Eyskens, nahm am Mittwoch den Auftrag Prinzregent Charles' an, eine neue belgische Regierung zu bilden. Duvieusart wird eine Einparteien-Regierung bilden, um das Hauptziel der Christlich-Sozialen, die Rückkehr König Leopolds nach Belgien, zu erreichen.

15 christlich-soziale Parlamentsabgeordnete versammelten sich am Mittwochmorgen vor dem Büro des zurückgetretenen Ministerpräsidenten Eyskens. Jeder glaubte, einen Ministerposten in der neuen Regierung zu erhalten, da alle in der Nacht zum Mittwoch dringend telephonisch aufgefordert worden waren, sich nach Tagesanbruch sogleich vor dem Büro Eyskens' einzufinden. Alle Abgeordneten sind jedoch einem Schwindler aufgesessen. Eyskens wußte von nichts. Niemand hatte daran gedacht, nach dem Namen des nächtlichen Anrufers zu fragen. (dpa/ap)

Ostzonen-Sport mit ‚Lokomotive' u. ‚Rotation'
Vereine werden politische Schwerpunkte

BERLIN, 7. Juni

„Motor", „Lokomotive", „Rotation", „Mechanik", „Stahl" und „Einheit" — das sind, genau nach sowjetischem Muster, die Namen der sogenannten „demokratischen Sportgemeinschaften", die in der Ostzone im Zuge der Reorganisation des Sports nach politischen Gesichtspunkten neu gebildet werden. Diese Sportgemeinschaften sollen auf der Basis von Industrie-Vereinigungen „Schwerpunkte der demokratischen Sportbewegung" werden, erklärt der kommunistische FDGB-Vorstand. Die Sportbewegung soll nicht nur der Gesunderhaltung der Werktätigen dienen, sondern zur Planerfüllung und politischen Organisation beitragen (ap)

•

König Leopold wird am Freitag zu einem Pilgerbesuch in Rom eintreffen. Der Papst wird den König und seine Gemahlin, die Prinzessin von Rethy, und ihre vier Kinder in Audienz empfangen.

Die liberale Partei des japanischen Ministerpräsidenten Yoshida ist nach dem Endergebnis der Oberhauswahlen die stärkste Partei Japans geblieben.

Der Kampf Asiens um die Abschüttelung der Kolonialherrschaft sei eines der wichtigsten Ereignisse dieses Zeitalters, erklärte der zu einem Staatsbesuch in der indonesischen Bundesrepublik eingetroffene indische Ministerpräsident Pandit Nehru vor dm Parlament in Djakarta

Weltmeister der Friseure wurde in Rom der Pariser Haarkünstler Font. Sein Vorgänger kam auf den sechsten Platz. Bei der Punkt-Länderwertung siegte Frankreich vor Oesterreich.

Die deutsche Lungenheilstätte in Davos wird, wie in Bonn verlautet, wieder in deutschen Besitz übergehen. Das Bundeskabinett beschloß, die erforderlichen Kosten für die Unterhaltung zu tragen.

Eine namentliche Liste aller noch in der Sowjetunion befindlichen Kriegsgefangenen wird die Bundesregierung, wie der Beauftragte für Kriegsgefangene, Pfarrer Merten, mitteilt, in etwa einem Monat der alliierten Hohen Kommission überreichen

Acheson lehnte am Mittwoch einen Vorschlag aus dem USA-Kongreß ab, Großbritannien jede Marshallplan-Hilfe zu sperren, bis es sich bereit erklärt, an dem Schuman-Plan für eine europäische Montan-Union teilzunehmen.

Kekkonen, der finnische Ministerpräsident, ist nach Moskau unterwegs, um ein russisch-finnisches Fünfjahres-Handelsabkommen zu unterzeichnen.

Ein Einjährigen-Jahr für Parteischulung wird von der SED eingeführt, damit „die marxistisch-lenistische Erziehung auf Grund einheitlicher Lehrpläne vorgenommen werden kann und eine ständige Kontrolle der Ergebnisse ermöglicht wird".

Die Sowjetzonen-LDP ordnete an, daß alle Parteifunktionäre sofort aus der LDP auszuschließen seien, wenn sie sich nicht schriftlich zur Parteilinie und Oder-Neiße-Grenze bekennen. (eigen/dpa/ap)

Deutsche Wiederaufrüstung militärisch erwünscht, politisch unerwünscht

WASHINGTON, 7. Juni

Außenminister Acheson erklärte am Mittwoch erneut, daß die USA jede Wiederbewaffnung der deutschen Bundesrepublik als Mittel zur Stärkung des Westens ablehnten. Generalstabschef Bradley hatte am Vortage geäußert, eine Einbeziehung der Bundesrepublik in den Atlantikpakt wäre vom „militärischen Standpunkt" aus gesehen begrüßenswert. Acheson betonte, Bradley habe eindeutig zu verstehen gegeben, daß seine Ansicht eine rein militärische Beurteilung darstelle.

Eine Geheimkonferenz, in der die Verstärkung der Verteidigung Europas besprochen wurde, fand am Mittwoch bei Generalstabschef Bradley statt. (dpa)

Kartoffelkäfer fliegen über See

OLDENBURG, 7. Juni

Einen Massenanflug von Kartoffelkäfern erlebt gegenwärtig die ostfriesische Küste. Selbst die vorzeitig auf dem Wasser niedergegangenen Schwärme kommen noch lebend an Land und fliegen bereits nach kurzer Zeit die nächstgelegenen Kartoffelfelder an. (dpa)

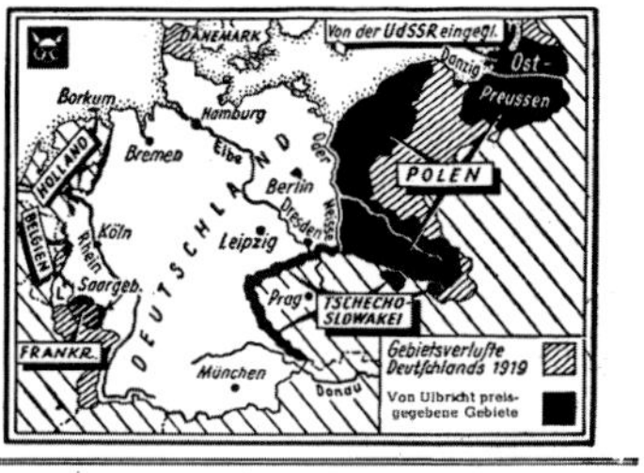

„Mitbestimmung kann gefährlich werden"
Bischofskonferenz befaßte sich mit der Erklärung des Papstes

Von Friedel Hange KEVELAER, 7. Juni

Im Mittelpunkt der Bischofs-Konferenz, an der unter dem Vorsitz von Kardinal Frings sämtliche west- und nordwestdeutschen Bischöfe teilnahmen, stand die von Papst Pius XII. auf dem internationalen Kongreß für Sozialforschung bekundete ablehnende Haltung gegen das wirtschaftliche Mitbestimmungsrecht der Arbeiter. Diese Stellung hat in weiten Kreisen Aufsehen, ja Bestürzung hervorgerufen.

Aus der Umgebung von Kardinal Frings verlautet hierzu, daß das Oberhaupt der katholischen Kirche die Bestrebungen der Arbeiter nach einer gesunden Sozialpolitik unterstütze. Die Beschlüsse des Bochumer Katholikentags über das Mitbestimmungsrecht würden weiterhin als hoffnungsvoller Anfang sozialer Gerechtigkeit angesehen.

Warnung vor kollektiver Verantwortung

Eine wirtschaftliche Mitbestimmung der Arbeiter bedeute auf den ersten Blick zweifellos einen Fortschritt, jedoch auch eine große Gefahr. Papst Pius, so wurde mir erklärt, wolle die Arbeiter warnen, durch das wirtschaftliche Mitbestimmungsrecht eine kollektive Verantwortung für die sie beschäftigenden Betriebe „in Bausch und Bogen" auf sich zu nehmen.

Eine solche Entwicklung könnte im Falle von Krisen dazu führen, daß außer dem Betriebsinhaber auch die mitbestimmende Belegschaft verantwortlich gemacht, als Gläubiger herangezogen und finanziell haftbar gemacht werde. Daher müßten nach Ansicht des Papstes die Vertreter der Arbeitnehmer diese Gefahr abzuwenden suchen. Uebertreibungen der Mitbestimmung könnten schwere Folgen nach sich ziehen, die ausschließlich von den arbeitenden Menschen getragen werden müßten.

Episkopat will Appell an Wähler erlassen

Ha KEVELAER, 7. Juni

Der katholische Episkopat wird wahrscheinlich aktiv in den Wahlkampf von Nordrhein-Westfalen eingreifen und einen Appell an die Wählerschaft richten, am 18. Juni nur Landtagskandidaten der christlichen Parteien (worunter wohl in erster Linie CDU und Zentrum verstanden werden) zu wählen und damit gleichzeitig die Annahme der nordrhein-westfälischen Verfassung durch das Volk zu sichern.

Hierzu wird in Kevelaer, wo gegenwärtig unter Vorsitz von Kardinal Frings eine dreitägige Bischofskonferenz stattfindet, erklärt, die erschreckend knappe Mehrheit von nur 13 Stimmen bei der Abstimmung über die NRW-Verfassung mache einen solchen Schritt notwendig.

49 fielen infolge der Hitze um
Beim Probemarsch für Geburtstagsparade König Georgs VI.

LONDON, 7. Juni

Infolge der ungewöhnlichen Hitze wurden in Devon bei der Probe für die Geburtstagsparade für König Georg VI. 39 Matrosen und zehn Angehörige des Frauenhilfskorps ohnmächtig. Der heißeste Ort in England war Southport (Lancashire) mit über 33 Grad Celsius im Schatten.

Sogar im kühlen Norden in Oslo ist es heiß. Die italienischen Wetterkundigen melden aus Rom das Herannahen von kühlem Luftstrom aus dem Balkan. (dpa)

Schweizer Hochpässe noch tief verschneit

BERN, 7. Juni

Während der europäische Kontinent im Bereich einer ungewöhnlichen vorsommerlichen Hitzewelle liegt, beherrscht auf den Hochpässen der Schweizer Alpen der Winter noch immer das Landschaftsbild. Späte und ausgiebige Schneefälle im April haben in diesem Jahre zu einer besonders starken Verwehung der hochgelegenen Paßstraßen geführt. Verschiedene Uebergänge sind immer noch gesperrt. Der Verkehr über den St.-Bernhard-Paß wird erst Ende der Woche wieder in vollem Umfange möglich sein. (dpa)

Großfeuer im US-Depot war geheim

MÜNCHEN, 7. Juni

Ein Großfeuer in einem amerikanischen Depot brach in der Nacht zum Mittwoch aus. Zehn amerikanische Feuerwehren wurden eingesetzt, jedoch durfte die deutsche Feuerwehr während der ersten Viertelstunde des Brandes nicht in das Lager einfahren.

Die zuständigen amerikanischen und deutschen Stellen lehnen jede weitere Auskunft ab. Ein Berichterstatter und ein Photograph, die über den Brand berichten wollten, wurden einer Zeitungsmeldung zufolge festgenommen und abgeführt. (dpa)

Schepmann-Prozeß beginnt 14. Juni

Eig. Ber. DORTMUND, 7. Juni

Der Prozeß gegen den ehemaligen Dortmunder Polizeipräsidenten Wilhelm Schepmann wird am Mittwoch, dem 14. Juni, vor dem Schwurgericht beginnen. Die Anklage wirft Schepmann Verbrechen gegen die Menschlichkeit vor und hat bisher rund 100 Belastungszeugen benannt.

Der Angeklagte, der sich im Dortmunder Untersuchungsgefängnis befindet, soll 1933 und 1934 als Polizeipräsident und SA-Obergruppenführer in Dortmund zahlreiche politische Verhaftungen und Mißhandlungen von politischen Häftlingen durch die SA veranlaßt oder mindestens von ihnen gewußt und sie geduldet haben. Ueber seine Tätigkeit als letzter Stabschef der SA wird in diesem Prozeß nicht verhandelt werden.

Als Verteidiger werden Professor Friedrich Grimm aus Freiburg im Breisgau, der durch internationale Prozesse nach dem ersten Weltkrieg bekannt wurde, und Rechtsanwalt Dr. Vogelbruch aus Bochum-Linden auftreten.

Hagelsturm in Frankreich

PARIS, 7. Juni

Auf den Titelseiten der Pariser Zeitungen erschienen am Mittwoch wieder Photos der Eisbären aus dem Zoo von Vincennes, die Schutz vor der Hitze suchen. Das ist immer so, wenn die sommerliche Wärme in den Pariser Asphaltschluchten dem Durchschnittsbürger die Nacktkultur als ein erstrebenswertes Ziel erscheinen läßt. Während die Sonne ihre volle Glut auf die französische Hauptstadt niedersenkte, ging 200 km südwestlich über le Mans ein schwerer Hagelsturm mit wolkenbruchartigen Regenfällen nieder. In einigen Stadtteilen stauten sich die Wassermassen bis zu einer Höhe von 2 m und überfluteten Autos, die nicht rechtzeitig in Sicherheit gebracht werden konnten. (dpa)

5. Februar 1952
Die Entnazifizierungsmaßnahmen in NRW werden durch ein Gesetz beendet.

9. März 1952
In der Dortmunder Westfalenhalle wird Heinz Neuhaus neuer Europameister der Schwergewichtsboxer.

9. Mai 1952
Die Stadt Essen begeht ihre 1100-Jahr-Feier.

19. Juni 1952
Eine Schlagwetterexplosion auf der Zeche Adolf von Hansemann in Dortmund-Mengede fordert fünf Tote und 25 Verletzte.

26. Juli 1952
Wegen der zunehmenden Verbreitung von Kinderlähmung werden die Strandbäder an der Ruhr geschlossen.

29. November 1952
Gustav Heinemann gründet zusammen mit Helene Wessel die Gesamtdeutsche Volkspartei (GVP).

26. Dezember 1952
Auch in NRW beginnt offiziell das Fernsehzeitalter. Als „Premiereknüller" überträgt der NWDR das DFB-Pokalspiel FC St. Pauli gegen Hamborn 07 (3:4).

1953

16. Januar 1953
In Bonn einigen sich Arbeitgeber und die IG Bergbau auf die Einführung der 7,5-Stunden-Schicht.

10. März 1953
Das Gesetz über die Landesfarben, -wappen und -flaggen des neuen Bundeslandes NRW tritt in Kraft.

1. Mai 1953
Rot-Weiss Essen gewinnt durch ein 2:1 gegen Alemannia Aachen den DFB-Pokal.

10. Mai 1953
Erstmals findet in der Essener Villa Hügel eine Kunstausstellung statt. Für die breite Öffentlichkeit ist es gleichzeitig die erste Möglichkeit, den ehemaligen Wohnsitz der Industriellen-Familie Krupp von Innen zu sehen.

6. September 1953
Bei der Bundestagswahl wird die CDU / CSU mit 45,2 %. der Stimmen stärkste Kraft. Die SPD bekommt 28,8 %.

23. September 1953
Mit der Premiere von Shakespeares „Richard III." wird das neue Schauspielhaus in Bochum eröffnet.

16. Oktober 1953
Auf der Zeche Mathias Stinnes 1/2/5 in Essen-Karnap nimmt der Zentralförderschacht den Betrieb auf. Die Fördermaschine ist mit 10.000 PS ausgestattet und damit die leistungsstärkste der Welt.

1954

4. Januar 1954
Sturmflut an der Ostseeküste. Das Wasser erreicht zwei Meter über dem Normalstand, Häfen und Küstenstädte werden überschwemmt.

10. bis 12. Januar 1954
Lawinenkatastrophen in den österreichischen, Schweizer und bayrischen Alpen. Mehr als 150 Menschen finden den Tod.

21. Januar 1954
Als erstes Atom-U-Boot läuft die „Nautilus" der amerikanischen Marine vom Stapel.

19. Februar 1954
Als erste Deutsche erringt die 18-jährige Kölnerin Gundi Busch den Weltmeistertitel im Eiskunstlauf der Damen.

26. Februar 1954
Im Deutschen Bundestag stimmt eine Zweidrittel-Mehrheit – die SPD votiert dagegen – für die „Wehrergänzung zum Grundgesetz". Damit ist der Weg zur Einführung der Wehrpflicht in der Bundesrepublik geebnet.

1. März 1954
Die USA testen die bisher stärkste Wasserstoffbombe im Pazifik. Die Zerstörungskraft der Bombe übertrifft die Berechnungen der Wissenschaftler.

18. März 1954
Schwierige Lage im Steinkohlenbergbau. Auf Ruhrgebiets-Zechen werden erstmals seit zwei Jahrzehnten wieder Feierschichten gefahren.

25. März 1954
Die UdSSR überträgt der Sowjetzone Souveränitätsrechte.

8. April 1954
Ein „Comet"-Düsenverkehrsflugzeug stürzt mit 21 Menschen an Bord in die Bucht von Neapel. Es ist das zweite Unglück mit einer Maschine

der „Comet"-Flotte innerhalb von drei Monaten. Folge: Flugverbot für die „Comet".

17. Mai 1954
Der oberste Gerichtshof der USA erklärt die Rassentrennung an den Universitäten und Schulen für verfassungswidrig.

23. Mai 1954
Hannover 96 wird durch ein 5:1 gegen den 1. FC Kaiserslautern Deutscher Fußballmeister.

25. Mai 1954
Das Land NRW erhält einen eigenen Rundfunksender. Der „Westdeutsche Rundfunk" wird seinen Sitz in Köln haben.

17. Juni 1954
Erstmals gesetzlicher Feiertag zur Erinnerung an den Volksaufstand vom 17. Juni 1953 gegen das SED-Regime in Ostberlin und zahlreichen anderen Orten in der DDR.

19. Juni 1954
Der erste Strommast zur Elektrifizierung der Bundesbahnstrecke Düsseldorf-Hamm wird in Essen errichtet. Für die gesamte Eisenbahnstrecke quer durchs Ruhrgebiet werden rund 135.000 Masten benötigt.

27. Juni 1954
Landtagswahl in NRW. Die CDU erreicht 41,3 Prozent, die SPD 34,5, die FDP 11,5, das Zentrum 4, 0, die KPD 3,8 Prozent. Die Wahlbeteiligung beträgt 72,6 Prozent. Ministerpräsident Karl Arnold (CDU) führt eine Koalition aus CDU, FDP und Zentrum.

4. Juli 1954
Das „Wunder von Bern": Deutschland wird Fußball-Weltmeister. Trotz eines 0:2-Rückstands

EINZELPREIS 20 PF / NR. 153

MONTAG, 5. JULI 1954

WESTDEUTSCHE
ALLGEMEINE

Unabhängige Zeitung • Höchste Auflage in Essen und im Ruhrgebiet

DEUTSCHLAND WELTMEISTER
UNGARN 3:2 GESCHLAGEN
Rahn schießt das Siegtor

So fiel das zweite Tor für Deutschland: Grosits und Schäfer (in der Luft) verpassen die Flanke, im Hintergrund (verdeckt) lauert Rahn und schießt ein (unten links)! — Sekunden später: Verteidiger Budzanski liegt neben dem Ball im Netz. Mit hocherhobenen Armen: Rahn und Schäfer. (unten)

ZU TODE ERMATTET, ABER ÜBERGLÜCKLICH: Mannschaftskapitän Fritz Walter mit der Weltmeisterschaftstrophäe im Arm nach der Siegerehrung (links). — Im Siegestaumel umarmen sich hier Helmut Rahn, Schütze des dritten Tores, das für Deutschland die Weltmeisterschaft bedeutete, Torwart Toni Turek, dessen Sicherheit und Ruhe die Ungarn entnervten, und Otmar Walter. Sie können es noch gar nicht fassen, daß sie es geschafft haben.

Was keiner zu hoffen wagte, ist Tatsache geworden: Deutschland ist Fußball-Weltmeister 1954! Eine bedingungslos kämpfende Mannschaft von elf Kameraden war es, die den hohen Favoriten Ungarn im Endspiel verdient zu schlagen! Als nach der Siegerehrung durch den großen FIFA-Ehrenpräsidenten Jules Rimet das Deutschlandlied ertönte, stand die deutsche Mannschaft Hand in Hand vor der Tribüne. Neben seinem Mannschaftskapitän am rechten Flügel stand der Mann, dessen Triumph nicht größer sein konnte: Sepp Herberger. Nach einem spannungsgeladenen und fairen Spiel hatten die Ungarn als erste den Deutschen gratuliert. Ihre sportliche Haltung war bewundernswert.

Fünf Minuten vor dem Abpfiff stellte der Rechtsaußen Helmut Rahn mit einem satten Flachschuß in die linke Torecke den Sieg für die deutsche Nationalmannschaft sicher. Mit diesem Sieg hat die deutsche Mannschaft ihren größten Triumph errungen, seit in Deutschland Fußball gespielt wird, und den 3:8-

bilder aus bern - funkbilder aus bern - funkbi

Ein Sparbuch für Uwe Rahn

WAZ ESSEN, 4. Juli

Für Uwe Rahn, den 15 Wochen alten Sohn unseres Nationalspielers Helmut Rahn aus Essen, legt die WAZ ein Sparbuch mit 3000 DM an. Die Überreichung des Buches erfolgt nach Rückkehr der Eltern in die Heimatstadt.

Niederlage im Achtelfinale gegen die favorisierten Ungarn, den Olympiasieger von 1952, vergessen gemacht. Über einen dritten Platz — vor 20 Jahren in Italien durch einen 5:2-Sieg über Österreich errungen — ist Deutschland bisher in der Weltmeisterschaft noch nie hinausgekommen. Der Sieg ist der vollkommene Triumph einer als Außenseiter angesehenen Mannschaft, die Bundestrainer Sepp Herberger zu einer ungeheuer ehrgeizigen Mannschaft zusammengeschweißt, die in Kondition, Können und Kampfmoral überragend war.

Selbst bei der in sieben Minuten erreichte 2:0-Vorsprung der Ungarn konnte der Elf nicht den Nerv rauben: Sie erzielte bis zum Pausenpfiff den Ausgleich und war nervenstark genug, im ungarischen Drangperioden zu überstehen, das Siegtor zu schießen und zu halten.

Bundespräsident Prof. Heuss sandte der Elf folgendes Telegramm: „Mit dem heutigen Sieg in der Fußball-Weltmeisterschaft, dessen sich Millionen Deutsche freuen, werden die großartigen Leistungen gekrönt, die Sie in der

Schweiz gezeigt haben. Ich spreche Ihnen zu Ihrem Erfolg meine herzlichsten Glückwünsche aus und freue mich, Ihnen das silberne Lorbeerblatt verleihen zu können."

Bundeskanzler Dr. Adenauer: „An Ihrem großartigen Sieg nimmt das ganze deutsche Volk mit größter Freude Anteil. Ich spreche der deutschen Fußball - Nationalmannschaft meine herzlichsten Glückwünsche aus und übersende Ihnen allen meine besten Grüße."

Bundesinnenminister Schröder sandte an Dr. Peco Bauwens, den Präsidenten des Deutschen Fußballbundes, ein Glückwunschtelegramm, in dem er den Sieg als Ergebnis einer „hervorragenden kameradschaftlichen und kämpferischen Einstellung" und als „den größten sportlichen Erfolg seit Kriegsende" bezeichnete.

Der SPD-Vorsitzende Erich Ollenhauer und sein Stellvertreter Wilhelm Mellies sandten folgendes Telegramm: „Die herzlichsten Glückwünsche für den Fußball-Weltmeister 1954. Wir danken Euch für das herrliche Spiel und den schönen Erfolg, den Ihr für Deutschland errungen habt. Nochmals aufrichtige und herzliche Glückwünsche und gutes Wetter für die wohlverdienten Urlaubstage!"

Während der Übertragung des Endspieles waren die Straßen in Deutschland menschenleer. Vor jedem Fernsehgerät stauten sich Menschentrauben. Viele Wirte mußten „Zulassungskarten" ausgeben. Weil die Fernsehempfangsverhältnisse in München ungünstig sind, fuhren viele Münchener nach Stuttgart.

Für die Nationalmannschaft laufen zahllose Glückwünsche und Einladungen ein. (WAZ dpa ap)

Linksaußen Hans Schäfer und Ungarns Torwart Grosits steigen einer Flanke entgegen. Der aufmerksame englische Schiedsrichter Ling ist in der Mitte, Rahn im Hintergrund ist zu sehen.

Ungarns Kapitän Puskas und Toni Turek sind zu Boden gegangen, der Ball ist im Netz: die Ungarn haben ihr drittes Tor erzielt . . . aber es war Abseits, wenige Minuten vor Schluß!

schlägt die Elf von Bundestrainer Sepp Herberger die ungarische Mannschaft beim Endspiel in Bern mit 3:2.

17. Juli 1954
Der erste Bundespräsident der Bundesrepublik, Theodor Heuss (70), wird wiedergewählt. Der FDP-Politiker bekleidet das Amt von 1949 bis 1959.

15. September 1954
„Familie Schölermann" geht als erste deutsche Familienserie im Fernsehen auf Sendung.

2. Oktober 1954
Die Londoner Außenminister-Konferenz – sieben westeuropäische Staaten, die USA und Kanada – nimmt die Grundsatzerklärung zur deutschen Wiederbewaffnung an. In weiteren Konferenzen der wichtigsten westlichen Staaten in diesem Monat – auch in Paris – werden entscheidende Weichen gestellt: Das Ende des Besatzungsregimes wird beschlossen und die Aufnahme der Bundesrepublik in die Nato.

31. Oktober 1954
Der „weiße Blitz" Heinz Fütterer stellt in Yokohama den Weltrekord von Jesse Owens über 100 Meter in 10,2 Sekunden ein.

30. November 1954
Wilhelm Furtwängler, einer der führenden Dirigenten seiner Zeit, stirbt im Alter von 68 Jahren. Zuletzt war Furtwängler, der auch komponierte, Leiter der Berliner Philharmoniker.

4. Dezember 1954
Das Ruhrlandmuseum in Essen wird wiedereröffnet. Biologie, Geologie, Vor- und Frühgeschichte sowie Ortsgeschichte sind die Ausstellungsthemen.

10. Dezember 1954
Die deutschen Wissenschaftler Max Born (Universität Göttingen) und Walter Bothe (Universität Heidelberg) erhalten gemeinsam den Nobelpreis für Physik. Der Nobelpreis für Literatur wird in diesem Jahr Ernest Hemingway zugesprochen.

18. Dezember 1954
Eisenbahnunglück im Dortmunder Hauptbahnhof: Ein Nahverkehrszug aus Duisburg stößt mit einem Sonderzug aus Kiel zusammen – 15 Menschen werden getötet, 64 verletzt.

18. Dezember 1954
Die Rheinbrücke Duisburg-Ruhrort/Homberg wird eingeweiht.

22. Dezember 1954
Ein Sturm über Deutschland fordert binnen 48 Stunden 22 Todesopfer.

1955

1. Januar 1955
In Marl wird das erste Zentrum für Erwachsenenbildung in der Bundesrepublik eingeweiht: das Volksbildungswerk „die insel".

25. Januar 1955
Die Sowjetunion erklärt den Kriegszustand mit Deutschland für beendet. Der Erlass bezieht sich sowohl auf die Sowjetzone als auch auf die Bundesrepublik.

8. Februar 1955
Der sowjetische Ministerpräsident Georgij Malenkow wird gestürzt. Auf Vorschlag des Ersten Parteisekretärs Nikita Chruschtschow wird Verteidigungsminister Nikolai Bulganin zu Malenkows Nachfolger gewählt.

16. Februar 1955
Am ersten Tag der Konferenz der Ministerpräsidenten in Düsseldorf einigen sich die Länderchefs auf eine Vereinheitlichung der Schulsysteme. So soll das Schuljahr nun überall zu Ostern beginnen.

18. März 1955
Der US-Amerikaner Louis Jones stellt einen neuen Weltrekord über 400 Meter auf: Der Läufer bewältigt die Strecke in 45,4 Sekunden.

22. März 1955
Urabstimmung der Bergarbeiter im Ruhrgebiet und im Aachener Revier: Mit 93,7 % stimmen sie dafür, die gewerkschaftlichen Forderungen auf Erhöhung der Löhne und Gehälter um 12 % auch mit einem Streik durchzusetzen.

28. März 1955
Boxeuropameister Heinz Neuhaus verteidigt seinen Titel gegen den Herausforderer Hein ten Hoff in der Dortmunder Westfalenhalle.

31. März 1955
Der Streckendienst der neuen Deutschen Lufthansa wird durch Bundesverkehrsminister Hans-Christoph Seebohm (Deutsche Partei, ab 1960 CDU) feierlich eröffnet. Die erste Flugstrecke führt von Hamburg nach München.

31. März 1955
In Los Angeles wird der Film des Regisseurs Elia Kazan „Die Faust im Nacken" mit Marlon Brando, Eva Marie Saint und Karl Malden mit Oscars regelrecht überschüttet.

5. April 1955
Der britische Premierminister Winston Churchill gibt seinen Rücktritt aus gesundheitlichen Grün-

den bekannt. Sein Nachfolger wird Anthony Eden, der bisherige Außenminister.

7. April 1955
Einigung im Bergbau: Die Bergarbeiterlöhne sollen um durchschnittlich 9,5 % erhöht werden.

18. April 1955
Albert Einstein, der deutsche Physiker und Nobelpreisträger von 1921, stirbt im Alter von 76 Jahren in Princeton, USA. Einstein ist der Schöpfer eines neuen physikalischen Weltbildes und der Entwickler der Relativitätstheorie.

29. April 1955
Wanne-Eickel wird mit Glockengeläut und Sirenengeheul als Großstadt proklamiert, die 100.000-Einwohner-Grenze wurde überschritten. Wanne-Eickel ist damit amtlichen Verlautbarungen nach die 50. Großstadt der Bundesrepublik.

5. Mai 1955
Die zehnjährige Besatzungszeit endet formell, die Bundesrepublik wird souverän. Um Punkt 12 Uhr werden in Bonn die Ratifizierungsurkunden über die Aufhebung des Besatzungsstatus hinterlegt.

9. Mai 1955
Die Bundesrepublik wird offiziell in die Nato aufgenommen.

14. Mai 1955
Der Warschauer Pakt unter der Führung der Sowjetunion wird gegründet. Das Militärbündnis ist die Reaktion auf die Aufnahme der Bundesrepublik Deutschland in die Nato.

20. Mai 1955
In Hagen und im Ennepe-Ruhr-Kreis sind

EINZELPREIS 20 PF / NR. 179

FREITAG, 5. AUGUST 1955

WESTDEUTSCHE
ALLGEMEINE

Unabhängige Zeitung · Höchste Auflage in Essen und im Ruhrgebiet

41 Tote auf Zeche Dahlbusch

Rettungsaktion eingestellt

25 Bergleute konnten nicht geborgen werden

waz GELSENKIRCHEN, 4. August

Bisher insgesamt 41 Tote und 21 noch im Krankenhaus liegende Verletzte forderte das zweite schwere Nachkriegsunglück auf der Schachtanlage Dahlbusch 2/5/8 in Gelsenkirchen-Rotthausen. 16 Bergleute konnten tot geborgen werden. Die Rettung von 25 Bergleuten mußte am Donnerstag als aussichtslos und wegen der großen Gefahr für die Rettungsmannschaften aufgegeben werden. Die Trauerfeier wird voraussichtlich am Sonntag stattfinden. Im Mai 1950 waren auf Schacht 6 derselben Zeche 78 Bergleute bei einer Schlagwetterexplosion ums Leben gekommen, 1943 bei einem ähnlichen Unglück 37 Bergleute.

Die Ursache der Explosion, die sich, wie bereits gemeldet, Mittwoch gegen 17.30 Uhr zwischen der zehnten und elften Sohle von Schacht 8 ereignete, ist nach Mitteilung der Zechenleitung bisher ungeklärt. Die Wetterführung sei intakt gewesen. Der Entschluß, die Rettungsarbeiten abzubrechen, sei in voller Einmütigkeit von den anwesenden Vertretern der Bergbehörde, der parlamentarischen Grubensicherheitskommission, der Hauptstelle für das Grubenrettungswesen und der Zechenleitung gefaßt worden.

Die IG Bergbau erklärte zu dieser Verlautbarung, daß sie glaube, in der zuständigen Stellen zu gehören. Sie sei zu der entscheidenden Sitzung jedoch nicht hinzugezogen worden. Gegen ein solches Verfahren lege sie schärfsten Protest ein und behalte sich weitere Schritte vor.

In einem Beileidstelegramm an den Gelsenkirchener Oberbürgermeister Geritzmann (MdB) versicherten der SPD-Vorsitzende Ollenhauer und sein Stellvertreter Mellies: „Das neue furchtbare Unglück wird uns veranlassen, im Parlament darauf zu drängen, daß die Sicherheitsmaßnahmen durchgeführt werden, um solchen Unglücksfällen vorzubeugen." Auch die CDU erklärte, das neue Unglück sei Anlaß dafür, die Sicherheitsvorkehrungen sowie

die besonderen Verhältnisse auf der Zeche Dahlbusch eingehend zu überprüfen.

Die Untersuchung der Bergbehörde beginnt am Freitag. Die parlamentarische Untersuchungskommission will ihre Tätigkeit am Samstag aufnehmen. Die Belegschaft, die am Donnerstag nicht angefahren ist, wird am Freitag die Arbeit wiederaufnehmen.

In Telegrammen an die Zechenleitung und die Angehörigen der Toten sprachen der Bundespräsident, der Bundeskanzler, Bundesarbeitsminister Storch, Landtagspräsident Gockeln, DGB-Bundesvorsitzender Walter Freitag, Präses D. Wilm und zahlreiche ausländische Diplomaten ihr Beileid aus.

Siehe auch Kommentar auf Seite 2 und ausführliche Berichte auf der Seite „Aus dem Westen".

Den schweren Gang zum Zechentor

mußten viele Angehörige der verunglückten Bergleute am Donnerstag antreten. waz-Bild: Werner Ebeler

Flugzeugabsturz in den USA fordert 30 Todesopfer

ROLLA (Missouri), 4. August

Beim Absturz eines amerikanischen Düsenflugzeuges vom Typ „Convair" kamen am Donnerstag im Staate Missouri 30 Insassen der Maschine ums Leben. Das Unglück ereignete sich südwestlich von St. Louis, wo die Maschine in einen Wald stürzte und sofort in Flammen aufging, gelb-

Fußgänger erhalten „Vortritt"

... an bestimmten Straßenkreuzungen

waz BONN, 4. August

An bestimmten Straßenkreuzungen werden die Fußgänger zukünftig unbedingten „Vortritt" haben. Das sieht eine jetzt im Bundesverkehrsministerium ausgearbeitete Ergänzung der Straßenverkehrsordnung vor. Die betreffenden Straßenübergänge sollen durch besondere, gelb-

Rücksichtsvolle Verkehrsteilnehmer mit Schokolade belohnt

HANNOVER, 4. August

Mit „süßen Belohnungen" überraschte das Ordnungsamt Hannover am Donnerstag 100 Verkehrsteilnehmer, die sich an den Fußgängerüberwegen besonders rücksichtsvoll und mustergültig verhielten. Den beobachteten Mitarbeiter des Ordnungsamtes das Verhalten der Verkehrsteilnehmer an den Zebrastreifen. Dann überreichten sie den höflichen Kraft- und Radfahrern eine Tafel Schokolade mit einem schriftlichen Dank des Städtischen Ordnungsamtes. Mit dieser „Schokoladen-Aktion" will das Ordnungsamt alle auf die Bedeutung der Zebrastreifen hinweisen. (dpa)

„Bundesbeamtinnen müssen Hausarbeitstag bekommen"

KÖLN, 4. August

In einem Musterprozeß will der Deutsche Beamtenbund klären, ob der Bund seinen Beamtinnen einen bezahlten Hausarbeitstag im Monat gewähren muß. Der Beamtenbund erklärte am Donnerstag in Köln, daß sich das Bundesinnenministerium bisher weigere, den Hausarbeitstag einzuführen. In vielen Ländern werde den weiblichen Angestellten des Bundes der Hausarbeitstag seit langem zugestanden. (dpa)

blinkende Kugellampen gekennzeichnet werden, die auf 2 m hohen Pfosten angebracht sind. Der Zebrastreifen wird beibehalten.

Die Verordnung soll dem Bundesrat etwa Mitte September zugeleitet werden, damit sie Anfang Oktober in Kraft treten kann.

*

Noch 40 000 Wohnungen für Bergleute fehlen im Bundesgebiet, stellte der Vorsitzende des Wohnungsbauausschusses im Bundestag, Lücke, auf einer Informationsreise durch das Ruhrgebiet fest.

Mehr als 50 000 Menschen kamen am Donnerstag abend zum Schloß Nymphenburg bei München, wo der verstorbene Kronprinz Rupprecht aufgebahrt wurde.

Heinz Krekeler, deutscher Botschafter in Washington, kündigte nach Beendigung seines Urlaubs in der Bundesrepublik Bundeskanzler Adenauer am Donnerstag in Murren seinen Abschiedsbesuch ab.

Die CDU (Saar) und ihre Gründungsversammlung am Sonntag Bundeskanzler Adenauer eingeladen.

Die europäische Saarkommission wird voraussichtlich am Samstag in Saarbrücken zusammentreten, um die Beschwerden zu prüfen, die inzwischen von verschiedenen Parteien an der Saar bei der Kommission eingetroffen sind.

Sowjetnote enthält kein Wort über die Wiedervereinigung

Blücher antwortet in Berlin · Erklärung nach Eingang der Note abgeändert

Von unseren Korrespondenten

BONN/BERLIN, 4. August

In der neuen sowjetischen Note an die Bundesregierung, deren Text am Donnerstag in Bonn veröffentlicht wurde, ist mit keinem Wort der deutschen Wiedervereinigung die Rede. Als Thema für die Besprechungen mit dem Bundeskanzler in Moskau wird lediglich die „Herstellung diplomatischer, handelspolitischer und kultureller Beziehungen" genannt. Als Antwort hierauf unterstrich Vize-

kanzler Blücher am Donnerstag in einer Regierungserklärung in Berlin den Wunsch der Bundesregierung, die Wiedervereinigung zu erreichen.

Blücher, dessen Rede nach Eingang der Note abgeändert worden war, lehnte einschieden alle „real-Versuche ab, an Stelle von verbindlichen Gesprächen die Wege der Irrwege" zu gehen. Ein „gesamtdeutsches Gespräch" könne niemals die verantwortlichen Handlungen der vier Mächte ersetzen. Zu dem bevorstehenden Moskauer Gespräch Dr. Adenauers sagte Blücher, es sei sicher, daß der Bundeskanzler mit vollem Willen nach einer Normalisierung der Beziehungen zur Sowjetunion strebe.

Der Vizekanzler unterstrich auch die Bereitschaft der Bundesregierung, alle Maßnahmen zur Erleichterung des geistigen und materiellen Austausches zwischen der Bevölkerung der beiden Teile Deutschlands zu treffen. Als ein besonders Anliegen bezeichnete Blücher die Freilassung der noch in der Sowjetunion zurückgehaltenen Kriegsgefangenen.

Fortsetzung auf Seite 2

Fahndung nach Cernak-Attentäter bisher ohne Erfolg

FRANKFURT, 4. August

Die Fahndung nach dem Unbekannten, der am 4. Juli in Frankfurt das tödliche Sprengstoffpaket für den slowakischen Exilpolitiker Matus Cernak nach München aufgegeben hat, ist bisher erfolglos geblieben. Beamte des bayrischen Landeskriminalamtes haben in München und Frankfurt über 600 Vernehmungen vorgenommen und Spuren durch das ganze Bundesgebiet verfolgt. (dpa)

Sowjetunion erprobt neue Atomwaffen

WASHINGTON, 4. August

Die Sowjetunion hat die Erprobung von Atomwaffen wiederaufgenommen, gab die amerikanische Atomenergie-Kommission am Donnerstag bekannt. Aus der Mitteilung geht nicht hervor, ob es sich bei dem sowjetischen Versuch um die Erprobung einer Atom- oder einer Wasserstoffbombe handelte. (ap)

Dicke Rauchschwaden quollen noch am Donnerstag aus dem Wetterschacht der Zeche Dahlbusch. dpa-Bild

„Lösung der deutschen Frage ist möglich"

... erklärt Bulganin · Hoffnung auf Außenministerkonferenz

Berichte unserer Nachrichtendienste

MOSKAU, 4. August

Die Möglichkeiten zur Lösung der Deutschlandfrage seien nicht erschöpft, betonte der sowjetische Ministerpräsident Marschall Bulganin vor über 1300 Abgeordneten beider Kammern des Obersten Sowjets am Donnerstag in Moskau. Bei der Lösung dieser Frage müsse jedoch die „reale Lage" berücksichtigt werden, daß zwei deutsche Staaten bestehen. Auf der bevorstehenden Außenministerkonferenz im Oktober in Genf könnten neue Möglichkeiten für eine Einigung in der Deutschlandfrage erörtert werden.

Der Ministerpräsident nannte den erweiterten Vorschlag auf Herstellung diplomatischer, wirtschaftlicher und kultureller Beziehungen mit der Bundesrepublik einen „wichtigen Schritt", der positive Ergebnisse zeitigen könne.

Fortsetzung auf Seite 2

Frankreich für Abdankung des jetzigen Sultans von Marokko

PARIS, 4. August

Die französische Regierung beabsichtigt im Rahmen ihrer neuen Befriedungspolitik in Marokko, den vor zwei Jahren von ihr eingesetzten Sultan Ben Arafa zur Abdankung zu bewegen. Die Staatsgeschäfte sollen nach Stammesführern sowie religiösen und politischen Führern zu bildenden Regentschaftsrat übertragen werden. (ap)

Deutsche Saarpartei warnt vor Provokateuren

SAARBRÜCKEN, 4. August

Bei Abschluß der ersten Großkundgebung der Deutschen Sozialdemokratischen Partei (DSP) in Saarbrücken hat der Versammlungsleiter darum, nicht — wie in den bisherigen Versammlungen der Demokratischen Partei Saar (DPS) — das Deutschlandlied anzustimmen. „Wir haben nicht nötig, Demonstrationen" sagte er, „daß hier im Saale Leute sitzen, die bestellt sind, im Anschluß daran ‚Die Fahne hoch' zu singen." Die DSP-Landesvorstand teilte ergänzend mit, als Zweck dieser Aktion sei, Handhaben für ein Vorgehen des saarländischen Innenministeriums gegen die neuen deutschen Parteien zu schaffen. (waz/dpa/ap)

Eisenhower: Zeit für Fernostkonferenz noch nicht gekommen

WASHINGTON, 4. August

Solange die Regierung in Peking als Angreifer in Korea durch die UNO gebrandmarkt sei, hätten die USA nicht die Absicht, die rotchinesische Regierung diplomatisch anzuerkennen, erklärte Präsident Eisenhower auf einer Pressekonferenz in Washington. Auf die Frage, ob eine Konferenz mit höchster Sowjet über asiatische Fragen stattfinden solle, antwortete der Präsident, daß die Zeit für eine solche Konferenz noch lange nicht gekommen sei. (dpa) mehrere hundert Menschen an Typhus erkrankt. Als Infektionsherd gilt ein Brunnen, mit dessen Wasser Milchflaschen gereinigt werden.

11. Juni 1955
Entsetzen in Le Mans: Beim 24-Stunden-Rennen wird ein Mercedes-Rennwagen in eine Kollision verwickelt. Außer Kontrolle geraten rast der Wagen in die Zuschauermenge am Rande der Piste. Mehr als 80 Menschen finden den Tod.

26. Juni 1955
Mit einem 4:3-Sieg über den 1. FC Kaiserslautern wird Rot-Weiss Essen Deutscher Fußballmeister.

26. Juni 1955
Schweres Unglück auf der Zeche Nordstern in Gelsenkirchen: Bei einer Explosion auf der 11. Sohle finden 14 Bergleute den Tod.

7. Juli 1955
In Aachen gewinnt Hans Günter Winkler die Weltmeisterschaft der Springreiter.

10. Juli 1955
Bei der Handballweltmeisterschaft erringt das bundesdeutsche Team in Dortmund den Titel durch einen 25:13-Sieg gegen die Mannschaft aus der Schweiz. 50.000 Zuschauer im ausverkauften Stadion „Rote Erde" verfolgen das Finale.

16. Juli 1955
In Kassel wird die 1. „documenta" eröffnet, eine Ausstellung für zeitgenössische Kunst.

3. August 1955
Wieder ein schweres Grubenunglück. Auf der

Schachtanlage Dahlbusch 2/5/8 in Gelsenkirchen-Rotthausen sterben 42 Bergleute. Ein 17 Jahre alter Junghauer, der bereits zu den Todesopfern gezählt wurde, wird doch noch gerettet.

12. August 1955
Der Schriftsteller Thomas Mann stirbt im Alter von 80 Jahren in der Schweiz. Für seinen Roman „Die Buddenbrooks" wurde er mit dem Nobelpreis ausgezeichnet.

13. September 1955
Bundeskanzler Konrad Adenauer (CDU) in Moskau. Bedeutendes Ergebnis der Reise: Er bewirkt die Freilassung der letzten deutschen Kriegsgefangenen in der Sowjetunion.

30. September 1955
Bei einem Autounfall kommt der amerikanische Schauspieler James Dean im Alter von 24 Jahren ums Leben. Seine Rollen des unverstandenen jugendlichen Rebellen machen Dean nach seinem Tod zum Idol der jungen Generation.

7. Oktober 1955
Die ersten Heimkehrer aus der Kriegsgefangenschaft in der Sowjetunion kommen in Deutschland an.

9. Oktober 1955
Das Lotto-Zeitalter beginnt. Start der Ziehung 6 aus 49 in Hamburg: Beteiligt sind zunächst Nordrhein-Westfalen, Hamburg, Schleswig-Holstein und Bayern.

4. November 1955
Die rund sechs Kilometer lange Teilstrecke des Ruhrschnellweges zwischen Essen und Bochum ist fertig und wird für den Verkehr freigegeben.

12. November 1955
Verteidigungsminister Theodor Blank (CDU) ernennt ganz offiziell die ersten 101 Offiziere und Soldaten der Bundeswehr.

20. Dezember 1955
Die Bundesrepublik und Italien schließen ein Abkommen, nach dem 80.000 bis 100.000 italienische Arbeitskräfte in Westdeutschland als „Gastarbeiter" beschäftigt werden sollen. Arbeitskräfte werden dringend gebraucht; in der Bundesrepublik ist die Arbeitslosigkeit auf einem Rekord-Tiefstand.

1956

7. Januar 1956
Das erste Atomkraftwerk Frankreichs geht in Marcoule in Betrieb.

18. Januar 1956
Die DDR-Volkskammer beschließt die Aufstellung der Nationalen Volksarmee.

20. Februar 1956
Sturz von Ministerpräsident Karl Arnold (CDU) in NRW. Nachfolger wird der SPD-Politiker Fritz Steinhoff. Er führt eine sozial-liberale Koalition.

25. Februar 1956
Zäsur in der Sowjetunion. Nach dem XX. Parteitag der KPdSU bricht Moskau mit Josef Stalin, der 1953 gestorben ist. Die „Entstalinisierung" im sowjetischen Machtbereich Osteuropas einschließlich der DDR beginnt. Bei den politischen „Säuberungen" unter dem Diktator Stalin waren Millionen Menschen ums Leben gekommen.

5. März 1956
Das amerikanische Unternehmen IBM stellt ihre

modernsten Computer erstmals in Europa auf. Schauplatz ist Westberlin.

19. April 1956
Traumhochzeit in Monte Carlo. Der Fürst von Monaco, Rainier III., heiratet die amerikanische Filmschauspielerin Grace Kelly („12 Uhr mittags" mit Gary Cooper, „Über den Dächern von Nizza" mit Cary Grant).

27. April 1956
In allen seinen 49 Profikämpfen blieb der Schwergewichts-Weltmeister ungeschlagen. Jetzt beendet „Rocky" Marciano seine Boxer-Karriere.

6. Mai 1956
Die Hubschrauber-Fluglinie Duisburg-Eindhoven-Brüssel wird eröffnet und im Frühjahr 1957 bis Dortmund erweitert. Im Oktober 1962 wird sie wieder eingestellt.

24. Mai 1956
Der erste „Grand Prix de la Chanson" findet statt. Mit dem Beitrag „Refrain" entscheidet die Schweizerin Lys Assia die Konkurrenz in Lugano/Schweiz für sich. Westdeutschland wird durch Walter Andreas Schwarz („Im Wartesaal zum großen Glück") und Freddy Quinn („So geht das jede Nacht") vertreten.

3. Juni 1956
Die wieder aufgebaute St. Reinoldi-Kirche im Herzen Dortmunds wird eingeweiht.

17. Juni 1956
Legendärer Olympia-Sieg in Stockholm. Der Springreiter Hans Günter Winkler, im ersten Durchgang verletzt, wird von seiner „Wunderstute Halla" im zweiten Durchgang fehlerfrei

durch den Parcour getragen. Mit Fritz Thiedemann und Alfons Lütke-Westhues erringt auch im Mannschafts-Wettbewerb Gold.

22. Juni 1956
Der Grundstein für das Musiktheater Gelsenkirchen wird gelegt.

24. Juni 1956
Borussia Dortmund erringt die deutsche Fußballmeisterschaft.

30. Juni 1956
Als einziger nicht-deutschsprachiger Titel des Jahres wird Bill Haleys „Rock around the clock" Nr. 1-Hit in Deutschland. Vier Wochen land bleibt der Song an der Spitze.

7. Juli 1956
Gegen die Stimmen der SPD-Fraktion verabschiedet der Bundestag das Wehrpflichtgesetz. Der Entscheidung waren leidenschaftliche Debatten über das Für und Wider einer deutschen Wiederbewaffnung vorausgegangen. Laut Gesetz können alle Männer zwischen 18 und 45 Jahren zum Wehrdienst einberufen werden.

21. Juli 1956
Das Ikonen-Museum in Recklinghausen wird eröffnet.

25. Juli 1956
Etwa 200 Meilen vor New York stößt das italienische Passagierschiff „Andrea Doria" mit der schwedischen „Stockholm" im Atlantik zusammen. 50 Menschen kamen ums Leben, rund 1700 wurden gerettet.

8. August 1956
Bei einem Grubenunglück in Marcinelle/Belgien finden 262 Bergleute den Tod. Es ist das schwerste Grubenunglück der Nachkriegszeit.

17. August 1956
Das Bundesverfassungsgericht in Karlsruhe verbietet die Kommunistische Partei Deutschlands (KPD).

9. September 1956
Elvis Presley hat seinen ersten, viel versprechenden Auftritt in der beliebten Ed-Sullivan-TV-Show. Der Auftritt ist ein wichtiger Schritt für die Karriere des späteren „King of Rock 'n' Roll".

29./30. September 1956
Die erste Spielzeit der „Deutschen Oper am Rhein" wird eröffnet. Träger sind die Städte Duisburg und Düsseldorf.

17. Oktober 1956
Das erste kommerziell genutzte Atomkraftwerk steht im britischen Calder Hall. Königin Elizabeth II. übergibt den Meiler seiner Bestimmung.

23. Oktober 1956
Der Volksaufstand in Ungarn beginnt. In Budapest fordern zehntausende Menschen den Rücktritt der Regierung und den Abzug der sowjetischen Truppen aus dem Land.

27. Oktober 1956
Westdeutschland und Frankreich regeln vertraglich die „Saarfrage". Das Saarland soll zum 1. Januar 1957 politisch in die Bundesrepublik eingegliedert werden und zum 1. Januar 1960 auch wirtschaftlich.

29. Oktober bis 6. November 1956
Suez-Krieg. Ende Juli hatte Ägyptens Präsident Gamal Abd el Nasser den Suez-Kanal verstaat-

EINZELPREIS 20 PF / NR. 173
VERLAGSORT ESSEN

FREITAG, 27. JULI 1956
BUNDES-AUSGABE

WESTDEUTSCHE
ALLGEMEINE
Die unabhängige Zeitung des Ruhrgebiets

Ozeanriese gesunken

DAS LETZTE BILD DES ITALIENISCHEN OZEANRIESEN „ANDREA DORIA": mit dem Bug voran sinkt er in die Tiefe.

29 000-t-Luxusdampfer im Atlantik gerammt
Passagiere gerettet – Fünf Tote – Zahlreiche Schwerverletzte

Berichte unserer Nachrichtendienste
NEW YORK, 26. Juli

Die schwerste Schiffskatastrophe im Nordatlantikverkehr seit dem Untergang der „Titanic" 1912 ereignete sich in der Nacht zum Donnerstag vor der amerikanischen Ostküste. Zwei der modernsten großen Fahrgastschiffe der Europa-Amerika-Route, die 29 000 BRT große italienische „Andrea Doria" und die 12 000 BRT große schwedische „Stockholm", stießen mit insgesamt 1384 Personen an Bord in dichtem Nebel, 45 Seemeilen vor der Insel Nantucket, zusammen. Die „Andrea Doria" wurde dabei so schwer beschädigt, daß sie am Donnerstagmittag sank. Passagiere und Besatzung wurden von einigen zu Hilfe geeilten Schiffen übernommen und befinden sich in Sicherheit. Bei dem heftigen Anprall, der auch in die „Stockholm" ein großes Leck riß, gab es auf beiden Schiffen zahlreiche Verletzte, von denen fünf inzwischen gestorben sind. Der „Stockholm" gelang es, nach New York zurückzufahren.

Die Ursache des Unglücks ist noch völlig rätselhaft. Beide Schiffe gehörten zu den sichersten des Nordatlantikverkehrs und waren mit modernen Radaranlagen ausgerüstet. Man vermutet, daß vor dem Zusammenstoß eine Radaranlage ausgefallen war. Verschiedene günstige Umstände, vor allem die ruhige See, verhinderten eine noch größere Katastrophe. Obgleich dichter Nebel herrschte, waren fünf Stunden nach dem Zusammenstoß alle Schiffbrüchige von anderen Schiffen übernommen.

Die „Andrea Doria" war auf der Fahrt von Genua nach New York. An Bord wurde bereits Abschied gefeiert, als um 23.20 Uhr ein gewaltiger Stoß das Schiff erschütterte. Die „Stockholm", die auf dem Weg von New York nach Europa war, hatte es in Höhe der Brücke gerammt. Zwei Minuten später gingen von beiden Schiffen die ersten SOS-Rufe in den Äther. Die „Andrea Doria" zeigte sogleich starke Schlagseite. In den Funksprechverkehr schalteten sich die amerikanischen Küstenstationen und nach und nach zahlreiche Schiffe ein. Viel wird in der Nähe und anderen zu

Hilfe, funkte der große französische Passagierdampfer „Ile de France".

Als erster traf der Dampfer „Cape Ann" kurz nach Mitternacht zwischen den beiden havarierten Ozeanriesen ein. Er brachte seine Rettungsboote zu Wasser. Die „Andrea Doria" hatte sich um 45 Grad zur Seite geneigt. Sie war völlig manövrierunfähig und konnte ihre eigenen Boote nicht niederlassen. Über Strickleitern und Transportnetze kletterten die 1143 Passagiere in die Rettungsboote der inzwischen herangekommenen „Ile de France" und acht weitere Schiffe des Küstenschutzes. Viele der Schiffbrüchigen waren im Schlaf überrascht worden. Sie kletterten in Pyjamas die Strickleitern herab. Viele waren verletzt, einige weinten um Angehörige, die sie tot glaubten. „Es war schrecklich", schilderte der Kapitän des französischen Schiffes. „Wie im Krieg." „Zuerst gingen Kinder und Frauen, dann die Männer von Bord. Alle bewahrten Disziplin", schildert ein anderer Augenzeuge.

Mit Hängematten in Hubschrauber

Ärzte und Krankenschwestern waren zur Stelle und leisteten Erste Hilfe. Hubschrauber trafen ein, um Schwerverletzte, darunter ein fünf Jahre altes Mädchen, zu übernehmen. Sie konnten aber weder auf der „Andrea Doria" noch auf der „Stockholm" landen. So mußten die Verletzten mit Hängematten in die Flugzeuge hinaufgeholt werden.

Als letzter ging am Donnerstagvormittag Kapitän Piero Calamai von Bord der „Andrea Doria". Mit einem Teil der Besatzung hatte er noch alles getan, um das Schiff über Wasser zu halten und eventuell abzuschleppen. Aber es lag an Steuerbord schon bis über das Hauptdeck im Wasser. Um 15.09 Uhr MEZ ging die „Andrea Doria" über den Vordersteven in die Tiefe. Der Atlantik ist an dieser Stelle 67 m tief. Der Regionaldirektor der „Italian Line" sah dem Unglücksschiff noch von einem Flugzeug, mit dem er über der Unglücksstelle kreiste, „ich sehe nur noch ein paar Luftblasen und ein im Wasser treibende Rettungsflöße."

Siehe auch im Innern des Blattes

BOSTON
50 Seemeilen
80 Kilometer
Nantucket
NEW YORK

Über 20 000 Berliner Ferienkinder am Ziel
35 000 Freiplätze gemeldet

FRANKFURT, 26. Juli
Über 20 000 Berliner Ferienkinder sind jetzt bei ihren Pflegeeltern im Bundesgebiet und zum Teil auch in anderen westeuropäischen Staaten eingetroffen. Wie Direktor Schwarz von der Stiftung

Hilfswerk Berlin am Donnerstag in Frankfurt mitteilte, sind bisher rund 35 000 Freiplätze in Familien und Heimen gemeldet worden. Mit dem Beginn der Berliner Ferien vor drei Wochen sei das Angebot von Ferienplätzen ruckartig emporgeschnellt. Darum sind alle Berliner Ferienkinder in der Reisezeit seien noch nicht alle Ferienkinder eingetroffen. (dpa)

Sowjetzone
läßt 281 Häftlinge frei

BERLIN, 26. Juli
Aus den Zuchthäusern Luckau und Brandenburg in der Sowjetzone sind am Mittwoch 281 politische Häftlinge vorzeitig entlassen worden. Bei den Freigelassenen handelt es sich nach Angaben des Deutschen Roten Kreuzes um Gefangene, die von sowjetischen Militärtribunalen zu Freiheitsstrafen verurteilt worden waren, 35 von ihnen sind in der Nacht zum Donnerstag im West-Berlin eingetroffen, 78 wurden in die Bundesrepublik entlassen, während die übrigen 168 in Orte der Sowjetzone als dem früheren Wohnsitz oder in Krankenhäuser entlassen worden sind. (ap/dpa)

Der ägyptische Staatspräsident Nasser kündigte am Donnerstag in Alexandria an, daß seine Regierung beschlossen habe, die Suez-Kanal-Gesellschaft zu verstaatlichen.

Eine erneute mündliche Verhandlung im Verbotsprozeß gegen die KPD hat der kommunistische Prozeßbevollmächtigte, Kaul, beim Bundesverfassungsgericht beantragt.

Um die Mittel zur Finanzierung des Krieges in Algerien aufzubringen, beabsichtigt die Regierung Mollet Einsparungen innerhalb der Regierung und Verwaltung in Höhe von 400 Milliarden Frank vorzunehmen und im Rahmen 10 000 Regierungsangestellte zu entlassen.

Der amerikanische Botschafter in der Bundesrepublik, Conant, ist am Donnerstag zu einem sechswöchigen Erholungsurlaub in die USA abgeflogen. (waz/dpa/ap)

Bonn schlägt Ministerkonferenz über Truppenverminderung vor
Bundesregierung richtet Note an die Partner der Westeuropaunion

DER BUG DES SCHWEDISCHEN SCHIFFES „STOCKHOLM", das mit der „Andrea Doria" zusammenstieß, wurde durch den Zusammenprall eingedrückt.
(ap-Funkbilder aus New York)

BONN, 26. Juli
In einer Note an die sechs Partnerstaaten innerhalb der Westeuropäischen Union (WEU) hat die Bundesregierung am Donnerstag vorgeschlagen, daß sich alle Mitglieder der WEU auf einer Ministerkonferenz mit der neuen strategischen Lage und den Plänen zur Verminderung der herkömmlichen Waffen befassen sollen. Neben dem Wunsch nach einer kontrollierten Abrüstung betont die Note, daß die neue strategische Planung sei für Westeuropa von lebenswichtiger Bedeutung. Gleichzeitig wird in der Note noch einmal vor einer überstürzten Umrüstung von konventionellen auf atomare Waffen gewarnt.

In Bonn ist noch nicht bekannt, ob auf Grund der Initiative der Bundesregierung eine Sitzung des Rates der Westeuropäischen Union einberufen wird.

Wie in Bonn verlautet, schlägt die Bundesregierung in ihrer Note an die WEU-Staaten (England, Frankreich, Italien, Belgien, Holland und Luxemburg) vor, an Stelle des geplanten Abbaues der westlichen Streitkräfte lieber Maßnahmen zu einer kontrollierten Abrüstung in Ost und West vorzubereiten. Zu der Note erklärte Vizekanzler Blücher am Donnerstag in Bonn, eine rechtzeitige deutsche Äußerung zu den britisch-amerikanischen Überlegungen über eine militärische Neuplanung sei dringend notwendig gewesen.

Unterrichtete Kreise in London berichten am Donnerstagabend über eine starke Verärgerung im britischen Außenministerium – auch bei Außenminister Lloyd –, weil ein Sprecher der Bundesregierung den Inhalt der Noten an die WEU-Partner bereits vorher bekanntgegeben und damit gegen die diplomatische Höflichkeit verstoßen habe. Ein Sprecher des Foreign Office lehnte jeden Kommentar zu dem Inhalt der Note ab und erklärte, der Text der Note werde in London „noch erwartet". (waz/ap)

Theologiestudenten greifen in Streit um Evangelische Synode ein

waz BONN, 26. Juli
Die Konvente der Theologiestudenten der Evangelischen Kirche im Rheinland stellten am Donnerstag in Bonn mit einer Erklärung hinter die Bonner Theologie-Professoren Gollwitzer und Iwand und wandten sich scharf gegen das Vorgehen von Pastor Dr. Müller. Wie wir berichteten, hatte Müller Anfang dieser Woche in Bonn in einer öffentlichen Veranstaltung scharfe Angriffe gegen Mitglieder der Evangelischen Synode geführt und sie beschuldigt, innerkirchliche Beschlüsse durch unlautere Manipulationen in eine politische Aktion umgemünzt zu haben.

Siehe auch Kommentar auf Seite 2

Paßzwang fällt für Belgien und Luxemburg

BRÜSSEL, 26. Juli
Der Paßzwang zwischen der Bundesrepublik, Belgien und Luxemburg fällt am 5. August, auf Grund eines Notenaustausches zwischen dem belgischen Außenminister Spaak und dem deutschen Botschafter Ophuels über ein entsprechendes Abkommen. Ein gleichlautendes Abkommen ist durch einen Notenaustausch mit der luxemburgischen Regierung abgeschlossen worden. (dpa)

Bulganin: Schlesien für immer polnisch

WARSCHAU, 26. Juli
In einer Grußbotschaft an die Bevölkerung Schlesiens versicherte der sowjetische Ministerpräsident Schukow, daß die Westgrenze Polens für immer unverändert bleiben werde.

Die Garantie dafür sei die Freundschaft der sozialistischen Nationen und vor allem die Freundschaft zwischen der polnischen und der sowjetischen Nation. Die „Rückgabe" Schlesiens an Polen sei ein „Akt der Gerechtigkeit" gewesen. Niemand werde in der Lage sein, diesen Akt rückgängig zu machen. „Die Westgrenzen und Schlesien sind jetzt für immer polnisch." Bulganin leitet eine sowjetische Regierungsdelegation, die zu den Festlichkeiten des polnischen Nationalfeiertages nach Warschau kam und inzwischen Polen bereits hatte. (dpa/ap) licht und militärisch besetzen lassen. Durch die Enteignung hatten Großbritannien und Frankreich Kapitalbeteiligungen verloren. Für Israel bedeutete das Vorgehen Ägyptens den Verlust einer sehr wichtigen Verbindung für den Schiffsverkehr. Am 30. Oktober greifen israelische Truppen die ägyptischen Stellungen an, einen Tag später folgen britisch/französische Luftangriffe.

4. November 1956
Der Ungarn-Aufstand spitzt sich dramatisch zu. Nach anhaltenden Massendemonstrationen in Budapest war eine neue Regierung angetreten. Ministerpräsident Imre Nagy erklärt Ungarn für neutral und kündigt die Mitgliedschaft Ungarns im Militärbündnis Warschauer Pakt auf. Jetzt rücken sowjetische Panzer vor.

6. November 1956
US-Präsident Dwight D. Eisenhower wird wiedergewählt.

10. Dezember 1956
Überreichung der Nobelpreise in Stockholm. Der deutsche Mediziner Werner Forßmann erhält zusammen mit den beiden Amerikanern Andre Cournand und Dickinson W. Richards den Nobelpreis für Medizin für die Entwicklung des Herz-Katheters.

15. Dezember 1956
Entspannung am Suez-Kanal. UN-Friedenstruppen kontrollieren die Region, die britischen und französischen Truppen ziehen ab.

1957
1. Januar 1957
Das Saarland gehört wieder zu Deutschland. In einer Volksabstimmung hatten sich knapp 68 Prozent der Saarländer gegen das seit 1954 bestehende europäische Saarstatut ausgesprochen. Erster Ministerpräsident des zehnten Bundeslandes der Bundesrepublik Deutschland wird Hubert Ney.

21. Januar 1957
In NRW setzt die Polizei erstmals in Deutschland ein Foto-Radargerät zur Messung von Geschwindigkeitsübertretungen ein.

25. Januar 1957
In Cape Canaveral wird die weltweit erste Mittelstreckenrakete, die US-amerikanische Thor, gestartet. Der Versuch schlägt ebenso fehl wie die nächsten drei Teststarts.

25. März 1957
Die „Geburtsstunde Europas": In Rom werden die Verträge über die Europäische Wirtschaftsgemeinschaft (EWG) und der Atomgemeinschaft „Euratom" unterzeichnet.

1. April 1957
Die ersten Wehrpflichtigen rücken in die Kasernen der Bundeswehr ein.

12. April 1957
18 Atomforscher aus der Bundesrepublik wenden sich in der „Göttinger Erklärung" gegen die von Bundeskanzler Konrad Adenauer und Verteidigungsminister Franz-Josef Strauß angestrebte atomare Bewaffnung der Bundeswehr.

3. Mai 1957
Der Deutsche Bundestag beschließt das Gesetz zur „Gleichberechtigung von Mann und Frau auf dem Gebiet des bürgerlichen Rechts". Gegen die Stimmen der CDU/CSU wird das „Letztentschei-

dungsrecht" des Ehemannes in allen Eheange-
legenheiten abgeschafft. Das Gesetz tritt am
1. Juli 1958 in Kraft.

15. Mai 1957
England erprobt auf den Christmas Islands (Aus-
tralien) seine erste Wasserstoffbombe.

1. Juni 1957
Auf der 124 Kilometer langen Strecke zwischen
Hamm und Düsseldorf wird der erste elektrifi-
zierte Zugbetrieb aufgenommen.

14. Juni 1957
Gelsenkirchen ist Schauplatz einer Großkundgebung gegen die geplante Bewaffnung der
Bundeswehr mit Atomwaffen. Auch in Essen
demonstrieren 10 000 Menschen für Abrüstung.

23. Juni 1957
Borussia Dortmund wird durch ein 4:1 gegen
den Hamburger SV in Hannover erneut Deutscher Fußballmeister.

1. Juli 1957
Die ersten drei Divisionen der Bundeswehr werden der NATO unterstellt.

4. August 1957
Durch seinen Sieg beim Großen Preis von
Deutschland auf dem Nürburgring sichert sich
Juan-Manuel Fangio im Maserati vorzeitig die
Formel-1-Weltmeisterschaft. Es ist Fangios fünf-
ter WM-Titel.

1. September 1957
In der Bundesrepublik Deutschland wird die
Höchstgeschwindigkeit von 50 km/h innerhalb
geschlossener Ortschaften eingeführt.

4. September 1957
In Little Rock im US-Staat Arkansas lässt der
Gouverneur Nationalgardisten aufmarschieren,
um neun schwarzen Schülern aus Gründen der
Rassentrennung den Zutritt zur örtlichen Schule
zu verwehren. Am 24. September entsendet
US-Präsident Dwight D. Eisenhower National-
gardisten, um den schwarzen Jugendlichen den
Zutritt zur Schule zu garantieren.

15. September
Jeder zweite wählt bei der Bundestagswahl die
Union. Sie übertrifft ihren Erfolg von 1953 und
holt die absolute Mehrheit mit 50,2 Prozent. Die
SPD als zweitstärkste Partei kommt auf 31,8 Pro-
zent. Der Wahlslogan der CDU traf offenbar den
Nerv der Deutschen, die ihr Land jetzt wieder
kraftvoll aufstreben sehen: „Keine Experimente".

21. September 1957
Um 16 Uhr der verzweifelte Ruf: „Viermastbark
Pamir in schwerem Hurrikan ... Alle Segel ver-
loren, 45 Grad Schlagseite". Das ist der letzte
Funkspruch des deutschen Segelschulschiffes
„Pamir". Es versinkt im Atlantik. Nur sechs von
86 Seeleuten werden gerettet.

3. Oktober 1957
Willy Brandt (SPD) wird als Nachfolger des ver-
storbenen Otto Suhr zum Regierenden Bürgermeister von Berlin gewählt.

4. Oktober 1957
Die UdSSR startet einen künstlichen Erdsatelliten in den Weltraum. „Sputnik 1" ist ein Schock
für die westliche Welt: Es gibt technologisch
nichts Gleichwertiges entgegenzusetzen.
Am 3. November startet Moskau den zweiten
Satelliten – mit der Hündin Laika an Bord. Sie
stirbt, als der Sauerstoff ausgeht.

EINZELPREIS 20 PF / NR. 233
VERLAGSORT ESSEN

WESTDEUTSCHE ALLGEMEINE

MONTAG, 7. OKTOBER 1957

Höchste Auflage im Ruhrgebiet — WAZ — Unabhängige Tageszeitung

Der zweite Sowjet-Erdsatellit schon startklar

Der erste legte bereits über eine Mill. km zurück

Berichte unserer Nachrichtendienste
FRANKFURT (Main), 6. Oktober

Der künstliche sowjetische Erdsatellit, dessen Start am Freitagabend eine neue Epoche der Wissenschaft einleitete, gleichzeitig jedoch in den politischen Kreisen des Westens zu ernster Besorgnis Anlaß gab, hat bis Sonntag gegen 19 Uhr MEZ 29mal die Erde umkreist und dabei die Strecke von über einer Million Kilometer zurückgelegt. Der sowjetische Raketenexperte Blangonrawow, der an einer internationalen wissenschaftlichen Tagung in Washington teilnimmt, erklärte, der zweite sowjetische Erdtrabant sei ebenfalls schon startbereit. Ein anderer Sowjetwissenschaftler, Prof. Fessenkow, nannte in Kairo als Erbauer des ersten Satelliten den stellv. Vorsitzenden der sowjetischen Akademie der Wissenschaften, Prof. Bargain.

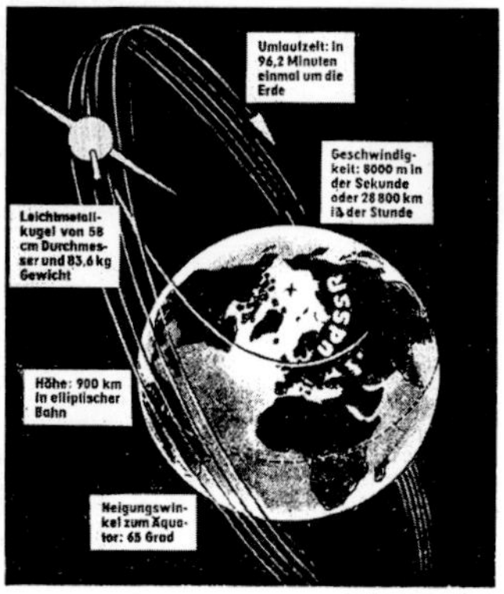

WAZ-Zeichnung: Voßnacke

Die Geschwindigkeit des Satelliten auf seiner elliptischen Bahn beträgt unverändert 28 800 km/st, wie der Moskauer Rundfunk am Sonntag bekanntgab. Die Sendeanlage funktioniere nach wie vor einwandfrei. Die Meßergebnisse zeigten, daß die Umlaufzeit von 95 Minuten praktisch konstant geblieben sei. „Dies beweist, daß der Einfluß der Reibungskräfte unwesentlich ist."

Überall hörbar

Die Funkzeichen des Satelliten wurden in allen Ländern der Erde, so auch in Deutschland, deutlich empfangen. Die Funkkontrollstelle der Bundespost in Darmstadt teilte mit, sie empfange die Sendezeichen des Satelliten im Abstand von genau 95 Minuten jeweils 25 Minuten lang auf den beiden Frequenzen 40 und 20 Megaherz.

Radio Moskau brachte am Sonntag einen ausführlichen Bericht über die Flugbahn des Erdsatelliten. Danach passierte er am Sonntag Montevideo, Saigon, Mukden, Kabul, Bagdad, Bukarest, Kiew, Moskau, Madrid, Paris, Berlin und Reval. In den ersten Morgenstunden des Montags soll er Bergen (Norwegen), Washington, New York, Stockholm und Hamburg überfliegen. Über Hamburg werde er um 6.31 Uhr festzustellen sein.

Nach Darstellung des Sowjetexperten Blangonrawow dürfte sich der Satellit etwa drei Wochen im Weltraum halten. Er wies Vermutungen zurück, daß der Satellit verschlüsselte Meßergebnisse aussendet. Durch die hohe Geschwindigkeit schwanke der Ton des Erkennungszeichens. Mit dem nächsten künstlichen Satelliten wollen die Sowjets auch Tiere in den Weltraum aufsteigen lassen.

„Hervorragende Leistung"

In Washington wurde darüber Klage geführt, daß man aus Gründen der „Ersparnis" und „Sorglosigkeit" den Sowjets einen Vorsprung auf so wichtigen Gebieten ermöglicht habe. Moskau habe weder Kosten noch Anstrengungen gescheut, um sein Ziel zu erreichen. Der republikanische Senator Langer erklärte, es erweise sich jetzt als verhängnisvoll, daß man nach Kriegsende versäumt habe, führende deutsche Wissenschaftler nach den USA einzuladen, und daß man sie statt dessen den Sowjets überlassen habe.

Der Vorsitzende des Deutschen Ausschusses der am Geophysikalischen Jahr beteiligten Wissenschaftler, der Göttinger Physiker Professor Bartels, würdigte am Sonntag den Start des sowjetischen künstlichen Satelliten als eine hervorragende technische Leistung. Man müsse den russischen Technikern und Wissenschaftlern dafür rückhaltlose Bewunderung zollen.

Siehe auch Seite 2

Künstlicher Mond über dem Ruhrgebiet

WAZ BOCHUM, 6. Oktober

„Satellit Montag früh zwischen 4 und 5 Uhr am nördlichen Himmel zu beobachten. Bitten um Überwachung." Dieses Telegramm des Max-Planck-Instituts Weißenau (Bodensee) traf Sonntag, 17 Uhr, bei der Volkssternwarte Bochum ein. Der erste künstliche Erdtrabant, der wie ein kleiner Stern mit gelblichem Licht jede Sekunde eine Mondbreite vorrückt, sollte bei diesem Durchgang etwa vier Minuten hier im Revier zu beobachten sein.

Sieben Jahre Zuchthaus für Djilas

BELGRAD, 6. Oktober

Der frühere jugoslawische Vizepräsident, Milovan Djilas, wurde am Wochenende von einem jugoslawischen Gericht in Sremska Mitrovika zu sieben Jahren Zuchthaus verurteilt. Der Richter zog dieses Urteil mit der im Dezember 1956 gegen Djilas verhängten dreijährigen Freiheitsstrafe zu neun Jahren Zuchthaus zusammen. Das Gericht befand Djilas für schuldig, im Ausland Propaganda gegen den Kommunismus und die jugoslawische Regierung betrieben zu haben.

Der Prozeß gegen Djilas, der sich auf die Veröffentlichung seines Buches „Die neue Klasse" in den USA stützte, fand unter Ausschluß der Öffentlichkeit statt. Zur Urteilsverkündung wurden jedoch mit drei Ausnahmen die Pressevertreter wieder im Gerichtssaal zugelassen.

Djilas hörte der Urteilsverkündung mit unbewegtem Gesicht zu. (ap/dpa)

150 polnische Studenten bei Unruhen verhaftet

Keine weitere Verschärfung der Lage

Berichte unserer Nachrichtendienste — WARSCHAU, 6. Oktober

Das Leben in der polnischen Hauptstadt verlief am Sonntag nach den Unruhen am Wochenende im großen und ganzen wieder normal. Nur vor dem Haus der Kultur randalierten am Nachmittag einige hundert Jugendliche. Sowohl die Studenten des Warschauer Polytechnikums als auch die Regierung bemühen sich, ohne weitere Verschärfung der Lage ihre Standpunkte zu verteidigen und Zugeständnisse zu erreichen. Etwa 150 Studenten befinden sich in Haft.

Die Studenten bestehen nach wie vor auf den von ihnen am Wochenende an Erziehungsminister Zolkiewski übermittelten Forderungen nach Aufhebung des Verbots der Studentenzeitschrift „Po Prostu", der Entlassung aller Festgenommenen, der Rücknahme der Androhung von Disziplinarmaßnahmen gegen die Teilnehmer an den Unruhen und der Richtigstellung einseitiger Presseberichte. Demgegenüber hält das Zentralkomitee der polnischen KP an seinem Beschluß fest, das Studentenblatt nicht mehr erscheinen zu lassen.

Parteisekretär Gomulka, der nach Informationen aus gut unterrichteten Kreisen den Unruhen von vornherein wenig Bedeutung beimaß, soll die Zurückziehung der Miliz verfügt und außerdem der Polizei den Befehl gegeben haben, auf keinen Fall von der Schußwaffe Gebrauch zu machen.

Die Studenten haben in einem Kommuniqué inzwischen zugesichert, daß sie keine Demonstrationen mehr durchführen und Zusammenstöße mit der Miliz vermeiden wollen.

Siehe auch Seite 2

Gromyko lehnte Gespräch über Wiedervereinigung ab

WASHINGTON, 6. Oktober

Der sowjetische Außenminister Gromyko hat es am Wochenende bei dem fast vier Stunden dauernden Gespräch mit seinem amerikanischen Kollegen Dulles rundweg abgelehnt, die Frage der Wiedervereinigung Deutschlands zu diskutieren. In der gemeinsamen Erklärung der Minister über die Unterredung wurde das deutsche Problem nicht erwähnt, sondern nur „die Lage in Europa" als eines der vier Hauptgesprächsthemen verzeichnet. (ap/dpa)

FDP löst sich von Hamburger „Bürgerblock"

Bürgerliche Parteien gehen getrennt in den Wahlkampf

Von unserem Korrespondenten VOLKMAR HOFFMANN
HAMBURG, 6. Oktober

Die SPD wird bei der Hamburger Bürgerschaftswahl in fünf Wochen nicht mehr wie 1953 einer Einheitsfront der bürgerlichen Parteien gegenüberstehen. Der politische Ausschuß der FDP beschloß am Sonntag einstimmig, aus dem „Hamburg-Block" (CDU, FDP, DP) auszuscheiden und als Einzelpartei in den Wahlkampf zu gehen. Wahlziel der Freien Demokraten sei es jedoch weiterhin, wieder eine nichtsozialistische Mehrheit im Hamburger Senat zu erreichen.

Begründet wurde der Schritt der FDP u. a. mit verfassungsrechtlichen Bedenken, die von der SPD gegen den wahltaktischen Zusammenschluß mehrerer Parteien geltend gemacht werden könnten. Der Hamburg-Block war 1953 gegründet worden, weil das damals geltende Landeswahlrecht die SPD als stärkste einzelne Partei begünstigte. Das Hamburger Wahlgesetz ist inzwischen geändert worden und entspricht jetzt einem reinen Verhältniswahlrecht.

Nach den bisherigen Äußerungen der anderen Parteien, vor allem auch von Bürgermeister Dr. Sieveking (CDU), ist damit zu rechnen, daß auch CDU und DP getrennt in den Wahlkampf gehen werden. Ein prominentes Mitglied der Hamburger FDP, Dr. Weise, hat aus Protest gegen den Entschluß des FDP-Ausschusses seinen Austritt aus der Partei erklärt.

Pieck bleibt als Sowjetzonen-Präsident

WAZ BERLIN, 6. Oktober

Der schwerkranke Wilhelm Pieck bleibt Präsident der Sowjetzonenrepublik. Wie die sowjetzonale Nachrichtenagentur ADN bekanntgab, werden Volks- und Länderkammer der Sowjetzone in einer gemeinsamen Sitzung am Montag die „Verlängerung der Amtszeit des Präsidenten" beschließen. Der 81jährige Pieck soll im Laufe der letzten Jahre mehrere Schlaganfälle erlitten haben. Erst im Frühjahr dieses Jahres wurden offiziell „Kreislaufstörungen" Piecks zugegeben. Am Sonntag erklärte SED-Chef Ulbricht, die Sowjetzonenregierung habe sich während eines Besuches bei Pieck davon überzeugt, daß sich sein Gesundheitszustand gebessert habe.

Bayernpartei muß sich entscheiden

WAZ MÜNCHEN, 6. Oktober

In Bayern ist eine offene Regierungskrise ausgebrochen. Nach tagelangen Geheimverhandlungen zwischen der in der Opposition stehenden CSU und der am Kabinett maßgeblich beteiligten Bayernpartei, die am Freitag offiziell bestätigt wurden, hat der sozialdemokratische Ministerpräsident Hoegner seinen Stellvertreter, den BP-Vorsitzenden Joseph Baumgartner, aufgefordert, diese Verhandlungen abzubrechen oder offen den Austritt aus der Koalition zu erklären. Die Entscheidung, von der das Weiterbestehen der gegenwärtigen Regierung abhängt, wird für Anfang der Woche erwartet.

VW kauft Henschel-Teilwerk

WOLFSBURG, 6. Oktober

Das Volkswagenwerk hat das Gelände und die Gebäude des Henschel-Teilwerkes in Kassel-Altenbauna gekauft. Das VW-Werk wird dort voraussichtlich Ersatzteile für Volkswagen herstellen. (dpa)

Schlesier kritisieren Bonn

Bundestreffen in Stuttgart

WAZ STUTTGART, 6. Oktober

Ein Bekenntnis zum Rechtsanspruch auf die angestammte Heimat war das Hauptanliegen der rund 200 000 Schlesier, die am Wochenende zum 6. Bundestreffen ihrer Landsmannschaft nach Stuttgart gekommen waren. Bundesvertriebenenminister Oberländer bekannte sich in einer Großkundgebung zu den in der Charta der Vertriebenen festgelegten Grundsätzen und insbesondere zum Verzicht auf Gewaltanwendung. Das Recht auf Heimat, so sagte er, heiße nicht nur in einer bestimmten Stadt zu wohnen, sondern dort die Form des Lebens in Freiheit selbst zu bestimmen. Nur so sei das jüngste Interview des Bundeskanzlers aufzufassen. Die Bundesregierung sei bereit, für die Verständigung Opfer zu bringen.

Der Bundessprecher der Schlesischen Landsmannschaft, der niedersächsische Vertriebenenminister Schellhaus, äußerte demgegenüber die Auffassung, daß die Bundesregierung in der Frage der Wiedervereinigung und der Rückgabe der Ostgebiete nicht genug getan habe. Vor allem habe sie auf die Erklärungen des jugoslawischen Staatschefs Tito anläßlich des Gomulka-Besuches in Belgrad nicht in der Form reagiert, wie es nach Ansicht der Vertriebenen ihre Aufgabe gewesen wäre. Die Aufnahme diplomatischer Beziehungen zu Polen in vollem Umfange könne gegenwärtig nicht in Frage kommen.

Im Verlauf des 6. Bundestreffens wurde eine Schlesische Landesversammlung konstituiert, die der Weltöffentlichkeit den schlesischen Standpunkt in wichtigen Heimatbelangen darlegen will.

*

Mitte der Woche wird Bundeskanzler Dr. Adenauer voraussichtlich den Bundesvorstand des DGB zu einem Gespräch über Preise und Löhne empfangen.

Für die Kohlepreiserhöhung hat sich der Arbeitsdirektor der Bergwerksgesellschaft Hibernia, Jung, ausgesprochen. Wenn man eine Kapazitätserweiterung verlange, müsse man auch die finanziellen Voraussetzungen schaffen.

Der BHE in Hessen will an der Koalition mit der SPD festhalten, erklärte der BHE-Landesvorstand in Frankfurt.

In Frage gestellt ist die Verschmelzung der Vertriebenenorganisationen zu einem Einheitsverband, die für den 27. Oktober vorgesehen war. Es wird nur die Bildung einer lockeren Arbeitsgemeinschaft erwartet.

Papst Pius XII. hat am Wochenende im Petersdom in Rom den zweiten Weltkongreß des katholischen Laienapostolats eröffnet und dabei zum Kampf bis zum Letzten gegen den atheistischen Kommunismus, den erklärten Feind der Kirche, aufgerufen.

Der ehemalige sozialistische Ministerpräsident Guy Mollet hat am Sonntagabend darauf verzichtet, eine neue französische Regierung zu bilden.

(WAZ/dpa/ap)

ÖTV will Tarife kündigen

SALZGITTER, 6. Oktober

Tarifkündigungen größeren Ausmaßes kündigte das Mitglied des Hauptvorstandes der Gewerkschaft ÖTV, Raabe, am Wochenende in Salzgitter an. Damit solle den sich anbahnenden Preiserhöhungen entgegengewirkt werden. Geplant sei bis Ende dieses Jahres die Kündigung aller Tarifverträge für die Gemeindebediensteten und im Laufe des nächsten Jahres die Kündigung aller Verträge für den gesamten öffentlichen Dienst, soweit die Kündigungsklausel dies zuläßt. (dpa/ap)

300 Kerzen brannten bei der Trauung

Georg Adenauer heiratete

WAZ STOCKHOLM, 6. Oktober

Ulla-Britta Jeansson, älteste Tochter des schwedischen Multimillionärs und Margarinekönigs Sven Jeansson, wurde am Samstag in der Schloßkirche Kalmar mit Georg Adenauer, dem jüngsten Sohn des Bundeskanzlers, getraut. Die Trauung nahm Kaplan Paul Adenauer vor. Die Braut trug ein weißes Kleid mit langer Schleppe. Die Schloßkapelle war von 300 Kerzen erleuchtet und mit zahllosen japanischen Lilien geschmückt. Etwa 100 Pressevertreter wohnten der Trauung bei.

Die Hochzeitstafel für 150 offizielle Gäste war in Bergavik, dem Herrschaftssitz der Jeanssons, gedeckt. Es gab Kaviar-Toast, Schildkrötensuppe, Hummer und Rebhühner. Kurz nach Mitternacht traten Georg Adenauer und seine Frau ihre Hochzeitsreise nach Spanien an. Im Mittelpunkt des Interesses der 3000 Einwohner der schwedischen Küstenstadt Kalmar stand während dieser Tage jedoch nicht das Brautpaar, sondern Bundeskanzler Adenauer, zu dessen Ehren die Häuser der Stadt beflaggt waren.

Georg Adenauer (rechts) lauscht dem Gitarrenspiel seiner Frau Ulla-Britta. Links: Bundeskanzler Dr. Adenauer und seine Tochter Lotte Multhaupt. ap-Funkbild

10. Oktober 1957
Nach einem verheerenden Brand im Atomkraftwerk Windscale/England gerät der Reaktor
außer Kontrolle. Nur knapp kann eine atomare
Katastrophe verhindert werden.

23. Oktober 1957
Lehrer dürfen in Ausnahmefällen ihre Schüler
züchtigen: Diese Grundsatzentscheidung trifft
der Bundesgerichtshof in einem Urteil, das sich
auf ein 150 bis 200 Jahre altes Gewohnheits-
recht beruft.

31. Oktober 1957
In Garching bei München geht als erstes
bundesdeutsches Kernkraftwerk ein For-
schungsreaktor in Betrieb.

1. November 1957
Die Frankfurter Prostituierte Rosemarie
Nitribitt wird erwürgt in ihrer Wohnung
aufgefunden. Das Callgirl wird in Beziehung zu
zahlreichen Prominenten aus Wirtschaft und
Politik gebracht. Der Mord wird nie aufgeklärt
und als eine der aufsehenerregendsten
Affären der fünfziger Jahre bereits 1958
verfilmt.

1. Dezember 1957
Das Fernsehen wird regional: Der Westdeutsche und der Norddeutsche Rundfunk
strahlen erstmals ein eigenes Fernseh-
programm aus.

1958
1. Januar 1958
Als erster Bischof des neuen Bistums Essen
wird der 47 Jahre alte Franz Hengsbach in der
Essener Münsterkirche feierlich inthronisiert.

2. Januar 1958
Die „Verkehrssünderkartei" in Flensburg wird in
Betrieb genommen.

1. Februar 1958
Vom Raketenstützpunkt Cape Canaveral bringen jetzt auch die USA ihren ersten Satelliten in
den Weltraum. Er heißt Explorer 1.

6. Februar 1958
Es hatte nur ein Zwischenstopp in München-
Riem sein sollen. Dann behindert Schneematsch
den Weiterflug. Zwei Startversuche werden abgebrochen, der dritte führt in die Katastrophe:
Das Flugzeug rast in ein Haus, 23 Personen sterben; unter ihnen auch acht Fußballer des englischen Fußballmeisters Manchester United.

25. März 1958
Der Bundestag beschließt mit den Stimmen der
Unionsmehrheit, die Bundeswehr gegebenenfalls
mit Atomwaffen auszurüsten. Allerdings nur für
den Fall, dass die NATO dies verlangt. In der Bevölkerung wächst der Widerstand gegen die Atom-
rüstung in West und Ost; er findet vor allem
Ausdruck in der Aktion „Kampf dem Atomtod".

6. April 1958
Der persische Schah lässt sich von seiner Frau,
der deutschstämmigen Kaiserin Soraya, schei-
den. Grund ist die Kinderlosigkeit der Ehe.

7. April 1958
In London findet der erste „Ostermarsch" von
Atomgegnern statt.

18. Mai 1958
Mit einem 3:0-Sieg über den Hamburger SV
wird Schalke 04 in Hannover Deutscher Fußballmeister.

28. Mai 1958
Die DDR beendet die Rationierung von Lebensmitteln (Fleisch, Zucker u. a.). In der Folge offenbart sich der massive Konsumgütermangel.

1. Juni 1958
Der französische Kriegs- und Widerstandsheld, General Charles de Gaulle, wird französischer Ministerpräsident.

29. Juni 1958
Brasilien wird neuer Fußballweltmeister. Im Finale bezwingt Brasilien mit dem damals 17-jährigen Pelé den Gastgeber Schweden mit 5:2. Pelé erzielt zwei Tore. Die deutsche Mannschaft erreichte zwar das Halbfinale, scheiterte dort jedoch an Schweden. Im Spiel um den dritten Platz unterlag die deutsche Elf Frankreich mit 3:6.

1. Juli 1958
Das Gesetz über die Gleichberechtigung von Mann und Frau tritt in Westdeutschland in Kraft.

6. Juli 1958
Landtagswahl in Nordrhein-Westfalen. Die CDU erreicht mit 50,5 Prozent die absolute Mehrheit. Franz Meyers wird neuer Ministerpräsident. Die SPD kommt auf 39,2 Prozent, die FDP auf 7,1 Prozent. Auch das Zentrum ist noch dabei: 1,1 Prozent. Die Wahlbeteiligung liegt bei 76,6 Prozent.

10. Juli 1958
Der V. Parteitag der SED wird eröffnet. Die Parteiführung erklärt, der Lebensstandard Westdeutschlands solle bis 1961 übertroffen werden. Gleichzeitig beschließt die SED die Zwangskollektivierung der Landwirtschaft nach sowjetischem Vorbild. Das führt zu einem rapiden Anstieg der Flüchtlingszahlen aus der ostdeutschen Landbevölkerung.

29. Juli 1958
Die amerikanische Luft- und Raumfahrtbehörde NASA (National Aeronautics and Space Administration) wird gegründet.

3. August 1958
Das amerikanische Atom-U-Boot USS Nautilus erreicht den Nordpol.

23. August 1958
Die Gorch Fock, das erste Segelschulschiff der Bundesmarine, läuft vom Stapel.

6. September 1958
Der deutsche Sprinter Armin Hary läuft bei den Deutschen Leichtathletik-Meisterschaften als erster Mensch 100 Meter in 10,0 Sekunden. Der „Weltrekord" wird jedoch nicht anerkannt, weil die Bahn leicht abschüssig war.

14. September 1958
Das ehemalige Konzentrationslager des nationalsozialistischen Regimes Buchenwald bei Weimar wird zur Nationalen Gedenkstätte in der DDR.

1. Oktober 1958
Das Rock 'n' Roll-Idol Elvis Aaron Presley beginnt seinen Wehrdienst in Westdeutschland. Der Amerikaner ist in seiner Heimat bereits ein Superstar. Auch in Deutschland wird er verehrt: Scharen jubelnder Fans empfangen ihn bei der Ankunft in Bremerhaven. Stationiert ist Presley im hessischen Friedberg.

4. Oktober 1958
Als erste Fluggesellschaft eröffnet die britische BOAC den Passagierverkehr mit Düsenflugzeugen über den Atlantik.

4. Oktober 1958
Gustav „Bubi" Scholz gewinnt den Kampf gegen den Franzosen Charles Humez und wird Box-Europameister im Mittelgewicht.

9. Oktober 1958
Papst Pius XII. stirbt im Alter von 82 Jahren in seiner Sommerresidenz Castel Gandolfo. Nachfolger wird Kardinal Angelo Giuseppe Roncalli als Papst Johannes XXIII.

26. Oktober 1958
Der Rock 'n' Roll-Star Bill Haley gibt im Rahmen seiner Europa-Tournee ein Konzert in Westberlin. Anschließend kommt es – wie auch bei Auftritten in Essen und Hamburg im gleichen Monat – zu Krawallen unter jugendlichen Zuschauern. Der Film „Die Halbstarken" mit Horst Buchholz thematisiert diese Ausschreitungen.

28. Oktober 1958
Der Film „Wir Wunderkinder" mit Hansjörg Felmy und Johanna von Koczian feiert Premiere. Die Produktion befasst sich mit dem Aufstieg der Bundesrepublik in der Zeit des „Wirtschaftswunders".

1. Dezember 1958
Gründung der Zentralstelle zur Verfolgung nationalsozialistischer Gewaltverbrechen in Ludwigsburg. Erstmals wird eine systematische Verfolgung dieser Taten in Gang gesetzt.

21. Dezember 1958
Der französische Ministerpräsident Charles de Gaulle wird mit großer Mehrheit zum Staatspräsidenten gewählt.

1959

3. Februar 1959
Die krisengeschüttelten Bergbaureviere Ruhr, Aachen, Saarbrücken, Niedersachsen und Saar vereinigen sich zur Notgemeinschaft Deutscher Steinkohlenbergbau GmbH. Sitz der Organisation ist Essen.

1. Mai 1959
Arbeitgeber und Vertreter der IG Bergbau einigen sich auf die Fünf-Tage-Woche, heben die täglichen Schichteinheiten aber wieder auf acht Stunden an.

5. Mai 1959
In Hamm wird das neu gebaute Oberlandesgericht eröffnet.

26. September 1959
Mehr als 60.000 Bergarbeiter demonstrieren mit einem Marsch auf Bonn gegen die Energiepolitik der Bundesregierung.

15. November 1959
Die SPD verabschiedet ihr Godesberger Programm, das den Wechsel von der sozialistischen Arbeiterpartei zur sozialdemokratischen Volkspartei darstellt.

15. Dezember 1959
In Gelsenkirchen wird das neue Stadttheater mit Shakespeares „Sommernachtstraum" eröffnet.

1959
Kohlenkrise: In Essen wird die erste Zeche – die Kleinzeche Jungmann in Rellinghausen – stillgelegt.

Autoren I Erinnerungen

Bildnachweis

Rolf Potthoff | Achim Nöllenheidt (Hg.)
Mini, Beat und Texashosen
Erinnerungen an die 60er Jahre im Ruhrgebiet
176 Seiten, zahlr. Abb., € 13,95
ISBN 978-3-8375-0721-8

Der Aufbruch der Jugend!

Die 1960er Jahre – was für eine dramatische Zeit! Der
erste Mensch auf dem Mond, die DDR mauert sich ein,
die „68er" rebellieren, die Anti-Baby-Pille kommt auf
dem Markt. „Flowerpower" ist angesagt, die Beatles
und Rolling Stones erobern die Hitparaden, Oswald
Kolle klärt auf, der Minirock kommt. Das reich be-
bilderte Buch präsentiert bewegende Geschichten
über ein Jahrzehnt des Umbruchs und Wandels.

KLARTEXT   Heßlerstr. 37, 45329 Essen, info@klartext-verlag.de, www.klartext-verlag.de